中国語
常用軽声語
辞典

小川郁夫 ＋ 張科蕾 著

白帝社

装幀＝加藤浩志（木曜舎）

はじめに

　中国語を学び始めてすぐに軽声について学んだ。
　"爸爸 bàba""妈妈 māma"などの後ろの音節は軽声で発音する。"椅子 yǐzi""桌子 zhuōzi"などの"子"や"石头 shítou""枕头 zhěntou"などの"头"は軽声で発音する。"我们 wǒmen""你们 nǐmen"などの"们"や"什么 shénme""怎么 zěnme"などの"么"も軽声で発音する。"的 de""吗 ma""了 le"などの助詞は軽声語である。
　少し学習が進むと,"豆腐 dòufu""头发 tóufa"などの名詞のほか,"休息 xiūxi""漂亮 piàoliang"のように動詞や形容詞にも軽声語があることを知った。
　また,"东西"は"dōngxī"と発音すると「東西」という意味であるが,"dōngxi"のように後ろの音節を軽声で発音すると「物,品物」という意味になることも知った。
　さらに学習が進むと,"机会"のように後ろの音節を強く発音してもよいし,弱く発音してもよい語が存在することを知った。"机会"は"jīhuì"と発音しても,"jīhui"と発音しても「機会,チャンス」という意味である。
　中国人と会話をしている時,相手から「なぜ」と理由を尋ねられて,"因为……"と答える。「なぜなら…」と答えながら,気になり始めることがある。
　"因为"の発音は"yīnwèi""yīnwei"のどちらでもよかったはずだ。しかし,"yīnwéi"と発音する中国人もいる。
　ある語の発音について,軽声かどうかを確認したい時,筆者は真っ先に中国で発行されている中国語辞典『現代漢語詞典』を引く。
　『現代漢語詞典』によれば,"因为"の発音は"yīnwèi"

"yīnwei"のどちらでもよい。時々耳にする"yīnwéi"は「間違いの」発音である。「間違いの」というのは「規範的でない」という意味である。

中国人と会話をする時,"因为"を"yīnwéi"と発音しても通じるし,とがめられることもない。"yīnwéi"は「規範的でない」発音であるが,そのように発音する中国人が実際に存在するからである。

それにしても,"yīnwèi""yīnwei"あるいは"yīnwéi"のどの発音をすればいいのか。筆者は中国語を学び始めてから,また特に中国語の教師として中国語を教え始めてからしばしばこのような問題に遭遇した。中国語を教える立場では「規範的な発音」を教えなければならない。従って,"因为"を"yīnwéi"と教えてはいけない。しかし,"yīnwèi"と"yīnwei"のどちらの発音を教えるべきか。中国語のテキストを作成する場合,"因为"を"yīnwèi""yīnwei"のどちらのピンインで提示するのがよいのか。また,軽声語には"爸爸""椅子""石头"のようにある種の規則性が認められそうなものも多いが,"豆腐""休息"のように規則性が見出し難いものも数多く存在する。このような問題を少しでも整理したいと思ったのが本書作成の動機である。

『現代漢語詞典』は中国で1978年に発行されて以来,現代中国語の語音の実態を正確に記述する辞典と評されている。現在最も新しいものは『現代漢語詞典』第6版である。筆者自身は中国語の教師になってからしばらく第2版を使用していたが,『現代漢語詞典』が1996年以降改訂されるにつれて,軽声語が減少していることに気がついた。特に第6版における軽声語の減少はきわめて顕著である。

本書の主要部分「中国語 常用軽声語辞典」は,『現代漢語詞典』第6版が軽声語とするもののうち,比較的よく使

われると思われるものを「常用軽声語」として，その品詞・意味及び用例を挙げたものである。

「中国語 常用軽声語辞典」には，"爸爸""椅子""石头""我们""什么""的""吗""了" などのように規則性が認められそうな軽声語は収録しなかった。その他にも収録しなかったものがあるが，それについては，本書の「おわりに」を参照していただきたい。「おわりに」と題する少し長めの文章では，「中国語 常用軽声語辞典」作成に当たって考察したことを述べたほか，「中国語 常用軽声語辞典」を使用する際の説明や，用例に用いたピンイン表記についての説明を加えている。

本書の作成に当たっては，「おわりに」の末尾に挙げた参考文献以外に，日本及び中国で発行されているいくつかの中国語辞典を参考にした。

2014年春

小川郁夫

「中国語 常用軽声語辞典」の使い方

1) 品詞の略号は次のように示す。ただし，数詞・方位詞・助動詞・数量詞の略号は本文に登場しない。

名	名詞	**動**	動詞	**形**	形容詞
代	代詞	**副**	副詞	**数**	数詞
量	量詞	**方**	方位詞	**介**	介詞
助動	助動詞	**助**	助詞	**接**	接続詞
数量	数量詞	**感**	感嘆詞	**擬声**	擬声語

2) 見出し語のピンイン中の"・"はその後ろの音節が軽声であることを示す。軽声には絶対的軽声と任意的軽声がある。例えば，下の"dòu・fu"の"・fu"は絶対的軽声で，"yīn・wèi"の"・wèi"は任意的軽声である。絶対的軽声の"・fu"は必ず軽声で発音するが，任意的軽声の"・wèi"は強く"wèi"と発音してもよいし，軽声で"wei"と発音してもよい。本書では"豆腐"のような語を絶対的軽声語，"因为"のような語を任意的軽声語と呼ぶ。

【豆腐】dòu・fu
【因为】yīn・wèi

3) 見出し語の1文字目の漢字が同音の場合は，画数の少ないものから挙げた。例えば，"bā"は"八""巴""扒"の順に挙げる。同じ漢字で始まるものはアルファベット順に挙げた。"巴~"は【巴结】【巴掌】の順に挙げる。

bā
【八哥】bā・ge
【巴结】bā・jie
【巴掌】bā・zhang
【扒拉】bā・la

4) 見出し語の漢字表記の後ろに（ ）で示したものは，別に許容される漢字表記である。

  【比划】(比画) bǐ·hua
  【身份】(身分) shēn·fèn

5) 見出し語が別の見出し語と同義で，用例を挙げないものは，「＝」を用い下のように示した。

  【福分】fú·fen ＝【福气】fú·qi
   名 幸運。運。
  【师父】shī·fu
   名 ①師匠。親方。先生。＝【师傅】shī·fu ①
    ②僧・尼僧・道士に対する敬称。

6) 〈方言〉は方言語彙であることや方言の用法であることを示す。

  【编派】biān·pai
   動 〈方言〉(他人の欠点やミスを)誇張して中傷する。
  【出息】chū·xi
   名 見込み。将来性。
   動 〈方言〉立派になる。美しくなる。

7) [比較]は，別の発音をすると意味が異なることを示す。

  【生意】shēng·yi
   名 商売。
   [比較]【生意】shēngyì 名 生気。
  【颜色】yán·shai
   名 顔料。染料。
   [比較]【颜色】yánsè 名 色。

8) 用例のピンイン中の"～"は見出し語のピンインと同じであることを示す。「⇒」の右側に挙げたピンインは用例中に用いられた軽声語で、「中国語 常用軽声語辞典」に見出し語として収録されているものであることを示す。下の例では"～"が"yào·shi"であること、軽声語"**机会** jī·huì"がこの辞典に見出し語として収録されていることを示す。用例に用いられる任意的軽声語のピンインは非軽声で表記した。下の用例では任意的軽声語"机会 jī·huì"のピンインが"jīhuì"になっている。

【要是】**yào·shi**
  接 もしも…ならば。
  ¶要是有机会，我一定再来。～ yǒu jīhuì, wǒ yídìng zài lái.（もしも機会があれば，必ずまた来ます。）⇒ jī·huì

9) "**不** bù" "**一** yī"が変調する場合，学習者の便を考慮して，ピンインは変調後の声調で示した。

【不是】**bú·shi**
  名 過ち。
【云彩】**yún·cai**
  名 雲。
  ¶一朵云彩 yì duǒ ～（ひとひらの雲）¶天空上一片云彩也没有。Tiānkōng shàng yí piàn ～ yě méiyǒu.（空には1片の雲もない。）⇒ méi·yǒu

「中国語 常用軽声語辞典」

小川郁夫
張　科蕾

A

【爱人】ài·ren

名 ①夫。妻。配偶者を指す。

¶我爱人 wǒ ～（私の夫,または私の妻）¶李大姐的爱人是医生。Lǐ dàjiě de ～ shì yīshēng.（李姉さんのご主人は医者だ。）¶那位就是王先生的爱人。Nà wèi jiù shì Wáng xiānsheng de ～.（あの方が王さんの奥さんだ。）⇒ xiān·sheng

②恋人。

¶她是我上大学时唯一的爱人。Tā shì wǒ shàng dàxué shí wéiyī de ～.（彼女は私の大学時代唯一の恋人だ。）

【安生】ān·shēng

形 ①（生活が）穏やかだ。

¶她和婆婆老吵架，搅得整个家里不得安生。Tā hé pópo lǎo chǎojià, jiǎo de zhěnggè jiā lǐ bùdé ～.（彼女はしゅうとめと口争いばかりして，家中が落ち着かない。）

②（子どもが）おとなしい。

¶别闹了，安生会儿吧。Bié nào le, ～ huìr ba.（騒がずに，いい子にして。）

【鹌鹑】ān·chún

名 ウズラ。鳥の一種。

¶鹌鹑蛋 ～dàn（ウズラの卵）¶一只鹌鹑 yì zhī ～（1羽のウズラ）

B

【八哥】bā·ge

名 キュウカンチョウ。鳥の一種。

¶一只八哥 yì zhī ~（1羽のキュウカンチョウ）¶八哥会说话。~ huì shuōhuà.（キュウカンチョウは話ができる。）

【巴结】bā·jie

動 取り入る。へつらう。

¶他很会巴结领导。Tā hěn huì ~ lǐngdǎo.（彼は上司の機嫌を取るのがうまい。）¶那个人没钱也没势，巴结他也捞不到什么好处。Nàge rén méi qián yě méi shì, ~ tā yě lāobudào shénme hǎochù.（あの人には金も力もない。彼にへつらっても何もうまい汁は吸えない。）

【巴掌】bā·zhang

名 手のひら。

¶拍巴掌 pāi ~（手をたたく，拍手する）¶我太生气了，打了他一巴掌。Wǒ tài shēngqì le, dǎle tā yì ~.（あまりに腹が立ったので，彼を平手でなぐった。）

【扒拉】bā·la

動 ①（指先で）はじく。

¶扒拉算盘珠 ~ suànpánzhū（そろばん玉をはじく）⇒ suàn·pán 她看上去不慌不忙，其实心里面扒拉小算盘呢。Tā kàn shàngqù bùhuāng bùmáng, qíshí xīn lǐmiàn ~zhe xiǎosuànpán ne.（彼女は落ち着いて見えるが，実は腹の中でいつもそろばんをはじいている。）⇒ suàn·pán

②取り除く。かき分ける。

¶他扒拉开人群挤到了前面。Tā ~ kāi rénqún jǐdàole qiánmiàn.（彼は人込みをかき分けて，前方に抜け出した。）

[比較]【扒拉】pá·la 動〈方言〉（箸で飯を口の中に）かき込む。

【把式】(把势) bǎ·shi

名 ①武術。

¶练把式 liàn ~（武術の練習をする）

②武術のできる人。ある技術に精通した人。

¶车把式 chē~（車夫）¶花把式 huā~（ベテランの園芸家）¶

干这行，他是老把式了。Gàn zhè háng, tā shì lǎo ～ le.(この道で彼はもうベテランだ。)

【把手】bǎ·shou

名 （ドアや引き出しなどの）取っ手。（器物の）握る所。

¶门把手 mén ～（ドアノブ）¶茶壶把手 cháhú ～（急須の柄）
¶自行车把手 zìxíngchē ～（自転車のハンドル）

【白话】bái·hua

動〈方言〉無駄話をする。

¶今天很忙，没空听你瞎白话。Jīntiān hěn máng, méi kòng tīng nǐ xiā ～.(今日は忙しくて，君の無駄話を聞いている暇はない。)

[比較]【白话】báihuà 名 ①空言。②白話。口語の文章。

【白净】bái·jing

形 （肌などが）白くてきれいだ。

¶白净的皮肤 ～ de pífū（白い肌）¶我把衣服洗白净了。Wǒ bǎ yīfu xǐ ～ le.(服を真っ白に洗った。)⇒ yī·fu ¶那个孩子长得白白净净，很招人喜欢。Nàge háizi zhǎng de báibáijìngjìng, hěn zhāo rén xǐhuan.(その子は肌が真っ白で，みんなに好かれる。)
⇒ xǐ·huan

【摆布】bǎi·bù

動 （人を）操る。

¶你怎么能任人摆布呢？Nǐ zěnme néng rèn rén ～ ne？（どうして人の言いなりでいられるのか？）¶他结婚前受父母摆布，结婚后受老婆摆布，在公司受老板摆布，很可怜。Tā jiéhūn qián shòu fùmǔ ～, jiéhūn hòu shòu lǎopo ～, zài gōngsī shòu lǎobǎn ～, hěn kělián.(彼は結婚前は両親の言いなり，結婚後は奥さんの言いなり，会社では社長の言いなりで，とてもかわいそうだ。)
⇒ lǎo·po

【摆设】bǎi·she

名 ①（室内装飾用の）飾り物。

¶她家客厅的摆设很漂亮。Tā jiā kètīng de ～ hěn piàoliang.(彼女の家の応接間はきれいに飾り付けられている。)⇒ piào·liang
　②無用の長物。

¶他家的钢琴只是摆设，没人弹。Tā jiā de gāngqín zhǐ shì ～, méi rén tán.(彼の家のピアノは単なる飾り物で，弾く人がいない。)

[比較]【摆设】bǎishè 動（室内を）飾り付ける。

【扳手】bān·shou
名 ①スパナ。
¶一把扳手 yì bǎ ～（1本のスパナ）
②（器物の）レバー。
¶你操纵这个扳手来控制机器。Nǐ cāozòng zhège ～ lái kòngzhì jīqì.（このレバーを操作して機械を制御してください。）⇒ jī·qì

【拌和】bàn·huò
動 かき混ぜる。
¶拌和饺子馅 ～ jiǎozi xiàn（ギョーザのあんをかき混ぜる）

【帮手】bāng·shou
名 手伝い人。助手。
¶好帮手 hǎo ～（よい助手）¶这个工作我自己干不行，得需要个帮手。Zhège gōngzuò wǒ zìjǐ gàn bù xíng, děi xūyào ge ～.（この仕事は私ひとりではできない。どうしても手伝ってくれる人が必要だ。）

【棒槌】bàng·chui
名 ①（洗濯用の）たたき棒。
¶以前，在河边洗衣服时用棒槌敲。Yǐqián, zài hébiān xǐ yīfu shí yòng ～ qiāo.（昔，川辺で洗濯をする時は棒でたたいた。）⇒ yī·fu
②素人。
¶别笑话我，我是个棒槌。Bié xiàohua wǒ, wǒ shì ge ～.（笑わないでください。私は素人ですから。）⇒ xiào·hua

【包袱】bāo·fu
名 ①ふろしき。ふろしき包み。
¶包袱皮儿 ～pír（ふろしき）¶用包袱包起来 yòng ～ bāo qǐlái（ふろしきで包む）¶她手里拿着一个小红包袱。Tā shǒu li názhe yí ge xiǎo hóng ～.（彼女は小さな赤いふろしき包みを手に持っている。）
②（精神的な）負担。
¶放下心理包袱 fàngxià xīnlǐ ～（心の重荷をおろす）
③（漫才の）ネタ。ギャグ。
¶那个相声演员很会抖包袱。Nàge xiàngsheng yǎnyuán hěn huì

dǒu 〜。(あの漫才師はギャグを入れるのがうまい。) ⇒ xiàng·sheng

【包涵】bāo·hán

動 勘弁する。大目に見る。

¶我讲得不好，请大家多多包涵。Wǒ jiǎng de bù hǎo, qǐng dàjiā duōduō 〜。(話べたですので，みなさんどうかご勘弁を。) ¶有什么照顾不周的地方，还请您多包涵。Yǒu shénme zhàogù bùzhōu de dìfang, hái qǐng nín duō 〜。(何か至らない所があっても，どうか大目に見てください。) ⇒ dì·fang

【褒贬】bāo·bian

動 あげつらう。非難する。

¶她总在背后褒贬人。Tā zǒng zài bèihòu 〜 rén.(彼女はいつも陰で人を非難する。)

[比較]【褒贬】bāobiǎn **動** 善し悪しを論ずる。

【宝贝】bǎo·bèi

名 ①宝物。

¶这幅画是他家的宝贝。Zhè fú huà shì tā jiā de 〜。(この絵は彼の家の宝物だ。)

②子どもに対する愛称。

¶宝贝，别闹了。〜, bié nào le.(いい子だから，騒がないで。) ¶你家小宝贝几岁了? Nǐ jiā xiǎo 〜 jǐ suì le ? (お宅のお子さんはいくつになりましたか?)

③無能な人や変わり者を指す。

¶这人真是个宝贝，整天一句话也不说。Zhè rén zhēn shì ge 〜, zhěngtiān yí jù huà yě bù shuō.(この人は本当に変わり者だ，一日中ひと言もしゃべらない。)

【保人】bǎo·rén

名 保証人。

¶我要找保人。Wǒ yào zhǎo 〜。(私は保証人を探さなければならない。) ¶您能不能给我当保人? Nín néng bù néng gěi wǒ dāng 〜？(保証人になってくれますか?)

【报酬】bào·chóu

名 報酬。謝礼。

¶报酬多 〜 duō (報酬が多い) ¶不计报酬 bú jì 〜 (報酬を当

てにしない）¶这个活儿报酬太少了，没人愿意干。Zhège huór ~ tài shǎo le,méi rén yuànyì gàn.(この仕事は報酬が少ないので，誰もやりたがらない。)

【报复】bào·fù

動 報復する。仕返しする。

¶打击报复 dǎjī ~（人に報復攻撃する，仕返しする）¶受到报复 shòudào ~（報復を受ける）¶他一定会报复你的。Tā yídìng huì ~ nǐ de.(彼はきっとあなたに仕返しするだろう。)

【报应】bào·yìng

動 因果応報である。

【抱怨】bào·yuàn

動 恨みに思う。恨み言を言う。

¶别抱怨了，她也不是故意的。Bié ~ le, tā yě bú shì gùyì de.(恨み言を言ってはいけない。彼女もわざとやったわけではない。)¶这件事只能怪自己，不能抱怨别人。Zhè jiàn shì zhǐ néng guài zìjǐ, bù néng ~ biérén.(この事はすべて自分が悪いのだ。人を恨んではいけない。) ⇒ bié·rén

【背静】bèi·jing

形 へんぴで静かだ。

¶他从大城市搬到了背静的乡下。Tā cóng dàchéngshì bāndàole ~ de xiāngxia.(彼は大都会からへんぴな田舎に引っ越した。) ⇒ xiāng·xia¶晚上你不要一个人从这条路走，太背静，不安全。Wǎnshang nǐ búyào yí ge rén cóng zhè tiáo lù zǒu, tài ~, bù ānquán.(夜，ひとりでこの道を通ってはいけない。人通りが少なく危険だ。) ⇒ wǎn·shang

【被卧】bèi·wo

名 掛け布団。

¶晒被卧 shài ~（掛け布団を干す）

【辈分】bèi·fen

名 長幼の順序。世代。

¶她虽然比我小，但是辈分比我大，所以我得叫她姨妈。Tā suīrán bǐ wǒ xiǎo, dànshì ~ bǐ wǒ dà, suǒyǐ wǒ děi jiào tā yímā.(彼女は私より年下だが，世代が上なので「おばさん」と呼ばなければならない。)¶论辈分，他是你叔叔。Lùn ~, tā shì nǐ shūshu.(世代から言うと，彼はあなたのおじさんに当たる。)

【本事】běn·shi

名 腕前。能力。

¶他本事大。Tā ~ dà.(彼はやり手だ。) ¶他没什么本事。Tā méi shénme ~.(彼には何の能力もない。)

[比較]【本事】běnshì 名（文学作品などの）題材。

【蹦跶】bèng·da

動 とび跳ねる。もがく。

¶那个总是欺负我的同事下月就要调到分公司，在这里蹦跶不了几天了。Nàge zǒngshì qīfu wǒ de tóngshì xiàyuè jiùyào diàodào fēngōngsī, zài zhèlǐ ~buliǎo jǐ tiān le.(いつも私をいじめるあの同僚が来月，支店に異動する。ここでもう偉そうにできまい。)

⇒ qī·fu

【荸荠】bí·qí

名 クログワイ。植物の一種。

【比方】bǐ·fang

動 例える。例えば。

¶比方说 ~ shuō（例えば）¶很多人把人生比方成一场梦。Hěn duō rén bǎ rénshēng ~ chéng yì cháng mèng.(多くの人が人生を夢に例える。)¶如果用动物来比方，他就是一只老虎。Rúguǒ yòng dòngwù lái ~, tā jiù shì yì zhī lǎohǔ.(動物に例えるなら，彼はまさに1頭のトラだ。)

名 例え。

¶如果给爱情打个比方，你觉得它像什么? Rúguǒ gěi àiqíng dǎ ge ~, nǐ juéde tà xiàng shénme？（愛情を例えるなら，何に似ていると思いますか？）¶这只不过是个比方。Zhè zhǐ búguò shì ge ~.(これは例えに過ぎない。)

接 仮に…ならば。

¶比方那天我们没有相遇，现在我们会是怎样呢? ~ nà tiān wǒmen méiyǒu xiāngyù, xiànzài wǒmen huì shì zěnyàng ne？（もしもあの日出会わなかったら，いまの私たちはどうなっていたでしょう？）⇒ méi·yǒu

【比划】(比画) bǐ·hua

動（話す時）身振り手振りをする。

¶他汉语说得不好，边说边比划，总算让对方听明白了。Tā Hànyǔ shuō de bù hǎo, biān shuō biān ～, zǒngsuàn ràng duìfāng tīng míngbai le.（彼は中国語がへたなので，身振り手振りで話してどうにか相手に分からせた。）⇒ míng·bai

【比量】bǐ·liang

動 ①（手などで）大まかにはかる。

¶她用手一比量就知道这双鞋孩子穿合不合适。Tā yòng shǒu yī ～ jiù zhīdào zhè shuāng xié háizi chuān hé bù héshì.（彼女は手でちょっとはかれば，この靴が子どもに合うかどうかすぐ分かる。）⇒ zhī·dào

②ある動作の姿勢をとる。構えをする。

¶他比量了一下手里的棍子，把坏蛋吓跑了。Tā ～le yíxià shǒulǐ de gùnzi, bǎ huàidàn xiàpǎo le.（彼は手に持った杖を振り上げる構えをして，悪者を追い払った。）

【比试】bǐ·shi

動 ①競う。腕比べをする。

¶咱们比试比试，看谁跑得快。Zánmen ～ ～, kàn shéi pǎo de kuài.（誰の足が速いか，ちょっと勝負してみよう。）¶你不服气的话，咱们就比试一下。Nǐ bù fúqì dehuà, zánmen jiù ～ yíxià.（納得がいかないなら，ちょっと腕比べをしよう。）

②ある動作の姿勢をとる。構えをする。＝【比量】bǐ·liang ②

【避讳】bì·hui

動 禁句を口にしない。忌み嫌う。

¶过年时避讳说不吉利的话。Guònián shí ～ shuō bù jílì de huà.（正月に不吉な話はタブーだ。）¶我们两个关系这么好，你说话不用避讳什么。Wǒmen liǎng ge guānxì zhème hǎo, nǐ shuōhuà búyòng ～ shénme.（私たちふたりはこんなに仲よしだから，何を言ってもかまわないよ。）⇒ guān·xì

[比較]【避讳】bìhuì **動** 君主や先祖の名前を直接言ったり書いたりしない。

【编派】biān·pai

動〈方言〉（他人の欠点やミスを）誇張して中傷する。

¶我才不是那样的人呢，这是谁编派我的？Wǒ cái bú shì nàyàng de rén ne, zhè shì shéi ～ wǒ de?（私はそんな人間では

ない。これは誰が中傷しているのか?)

【扁担】biǎn·dan

名 てんびん棒。

¶挑扁担 tiāo ~(てんびん棒をかつぐ)

【便当】biàn·dang

形 便利だ。容易だ。

¶那里乘车很便当。Nàli chéng chē hěn ~.(あそこはバスの便がいい。)

[比較]【便当】biàndāng 名 弁当。

【标致】biāo·zhì

形 (女性の)容姿が美しい。

¶她长得很标致。Tā zhǎng de hěn ~.(彼女は器量よしだ。) ¶那姑娘打扮起来更加标致了。Nà gūniang dǎban qǐlái gèngjiā ~ le.(その娘は着飾ると一層美しくなった。) ⇒ gū·niang, dǎ·ban

【憋闷】biē·men

形 気がふさいでいる。滅入る。

¶整天一个人呆在家里没人说话，觉得很憋闷。Zhěngtiān yí ge rén dāi zài jiā lǐ méi rén shuōhuà, juéde hěn ~.(一日中ひとりで家にいて，話し相手もいなくては気が滅入る。)

【憋屈】biē·qū

形 やり切れない。

¶他在这个公司干了二十年，一直没得到升职的机会，觉得很憋屈。Tā zài zhège gōngsī gànle èrshí nián, yìzhí méi dédào shēngzhí de jīhuì, juéde hěn ~.(彼はこの会社で20年も働いてずっと昇進の機会が得られず，やり切れない思いでいる。) ⇒ jī·huì

【别人】bié·rén

代 他人。

¶别人说什么，我都不管。~ shuō shénme, wǒ dōu bù guǎn.(人が何と言おうと，私はかまわない。) ¶别人有别人的生活方式，我们不能干涉。~ yǒu ~ de shēnghuó fāngshì, wǒmen bù néng gānshè.(人には人それぞれの生活様式がある。我々は干渉してはいけない。)

[比較]【别人】biérén 名 その他の人。

【别扭】biè·niu

形 ①思い通りにいかない。きまりが悪い。扱いにくい。

¶跟领导一起吃饭总感觉很别扭。Gēn lǐngdǎo yìqǐ chīfàn zǒng gǎnjué hěn ～.(上司と一緒に食事をするといつもきまりが悪い。) ¶这人真别扭,不好相处。Zhè rén zhēn ～, bù hǎo xiāngchǔ.(この人は本当に変な人で,付き合いにくい。) ¶最近天气很别扭,老下雨。Zuìjìn tiānqì hěn ～, lǎo xià yǔ.(最近変な天気だ。雨ばかり降って。) ¶他脾气别别扭扭的。Tā píqi bièbièniūniū de.(彼は性格がひねくれている。) ⇒ pí·qi

②意見が合わない(こと)。

¶闹别扭 nào ～ (意見が合わずにもめる) ¶夫妻之间有点儿小别扭很正常。Fūqī zhījiān yǒu diǎnr xiǎo ～ hěn zhèngcháng.(夫婦の間で多少意見が合わないのは正常なことだ。)

③(話や文章の筋が)通っていない。

¶他的汉语口音很重,听着很别扭。Tā de Hànyǔ kǒuyīn hěn zhòng, tīngzhe hěn ～.(彼の中国語はなまりがきつくて,聞いても分かりにくい。) ⇒ kǒu·yīn ¶这篇文章有点儿别扭。Zhè piān wénzhāng yǒudiǎnr ～.(この文章はへんてこだ。)

【槟榔】bīng·láng

名 ビンロウ。植物の一種。

【拨拉】bō·la =【扒拉】bā·la ①

動 (指先で)はじく。

【拨浪鼓】bō·langgǔ

名 でんでん太鼓。玩具の一種。

【拨弄】bō·nòng

動 ①(手などで)かき回す。(指で)つつく。

¶这个女生经常拨弄头发玩儿。Zhège nǚshēng jīngcháng ～ tóufa wánr.(この女子学生はしょっちゅう髪の毛をいじくって遊んでいる。) ⇒ tóu·fa ¶这个男生上课时老在课桌下面拨弄手机。Zhège nánshēng shàngkè shí lǎo zài kèzhuō xiàmiàn ～ shǒujī.(この男子学生は授業中いつも机の下で携帯電話をいじっている。)

②(人を)操る。

¶被人拨弄 bèi rén ～ (人に操られる) ¶他没什么自己的主张,全凭别人拨弄。Tā méi shénme zìjǐ de zhǔzhāng, quán píng biérén

～.(彼には自分の主張が何もなく，人の意のままに操られている。) ⇒ bié·rén

③そそのかす。

¶拨弄是非 ～ shìfēi (そそのかして悶着を引き起こす)

【玻璃】bō·li

名 ①ガラス。

¶玻璃杯 ～bēi (ガラスのコップ，グラス) ¶玻璃窗 ～chuāng (ガラス窓)

②ナイロン。ビニール。

¶玻璃丝袜 ～ sīwà (ナイロンのストッキング)

【薄荷】bò·he

名 ハッカ。植物の一種。

¶薄荷糖 ～ táng (ハッカのあめ) ¶薄荷味儿 ～ wèir (ミント味)

【簸箕】bò·ji

名 ①箕。ちりとり。

¶扫帚和簸箕 sàozhou hé ～ (ほうきとちりとり) ⇒ sào·zhou

②箕型の指紋。

【不是】bú·shi

名 過ち。

¶这都是我的不是，你别生气。Zhè dōu shì wǒ de ～, nǐ bié shēngqì.(これはすべて私の手落ちです。腹を立てないでください。)

¶我向你赔不是。Wǒ xiàng nǐ péi ～.(あなたにおわびします。)

【补丁】bǔ·ding

名 継ぎはぎ。

¶打补丁 dǎ ～ (継ぎを当てる) ¶现在生活好了，没人穿带补丁的衣服了。Xiànzài shēnghuó hǎo le, méi rén chuān dài ～ de yīfu le.(いまは生活がよくなって，継ぎを当てた服を着る人はいない。) ⇒ yī·fu

【部分】bù·fen

名 部分。

¶一部分人 yí ～ rén (一部の人) ¶华北部分地区有雨。Huáběi ～ dìqū yǒu yǔ.(華北地区の一部で雨が降る。) ¶作业我完成了一大部分了。Zuòyè wǒ wánchéngle yí dà～ le.(宿題は大部分やり終えた。)

C

【财主】cái·zhu

名 金持ち。

¶大财主 dà~(大金持ち,長者) ¶土财主 tǔ~(その土地の長者,田舎の金持ち)

【裁缝】cái·feng

名 衣服の仕立て職人。

¶那个裁缝手艺不错。Nàge ~ shǒuyì búcuò.(あの仕立て屋の腕はなかなかのものだ。)

[比較]【裁缝】cáiféng 動 衣服を仕立てる。

【残疾】cán·jí

名 身体障害。

¶残疾人 ~rén(身体障害者) ¶他的腿有点儿残疾,走路不利落。Tā de tuǐ yǒu diǎnr ~,zǒulù bú lìluo.(彼は足に少し障害があって,歩き方がぎこちない。) ⇒ lì·luo

【苍蝇】cāng·ying

名 ハエ。

¶苍蝇拍 ~pāi(ハエたたき) ¶一只苍蝇 yì zhī ~(1匹のハエ)

【差事】chāi·shi

名 (派遣されて行う)仕事。

¶帮你找了个好差事,你干不干?Bāng nǐ zhǎole ge hǎo ~,nǐ gàn bú gàn?(いい仕事を探してあげたけれど,やりますか?)

[比較]【差事】chàshì 形 役に立たない。

【柴火】chái·huo

名 火を燃やすために使う枝やわらなど。たきぎ。

¶烧柴火 shāo ~(たきぎを燃やす)

【掺和】chān·huo

動 ①混ぜ合わせる。

¶她把可可粉掺和在面粉里,做了可可味儿的面包。Tā bǎ kěkě fěn ~ zài miànfěn lǐ, zuòle kěkě wèir de miànbāo.(彼女はココアの粉を小麦粉に混ぜて,ココア味のパンを作った。)

②(ある事に)口を出す。

¶这事你不清楚,别瞎掺和了。Zhè shì nǐ bù qīngchu, bié xiā ~

le.(このことは君には分からない。むやみに口を出すな。) ⇒ qīng·chu ¶她就爱掺和别人的事。Tā jiù ài ～ biérén de shì.(彼女は他人事に口を出したがる。) ⇒ bié·rén

【缠磨】chán·mo

動 まつわりつく。邪魔をする。

¶我家孩子小，缠磨人，周末我没法儿出去玩儿。Wǒ jiā háizi xiǎo, ～ rén, zhōumò wǒ méifǎr chūqù wánr.(我が家では小さな子がまつわりついて，週末に遊びに出かけることもままならない。)

【颤悠】chàn·you

動 ゆらゆらと揺れる。

¶发生地震时高架桥颤悠起来了。Fāshēng dìzhèn shí gāojiàqiáo ～ qǐlái le.(地震が起きた時，陸橋が揺れ始めた。) ¶他提着沉重的行李箱，走起路来颤颤悠悠的。Tā tízhe chénzhòng de xínglixiāng, zǒuqǐ lù lái chànchànyōuyōu de.(彼は重いトランクを提げて，歩くとふらふらしている。) ⇒ xíng·li

【长虫】cháng·chóng

名 ヘビ。

¶一条长虫 yì tiáo ～（1匹のヘビ）¶小心，草里有长虫。Xiǎoxīn, cǎo lǐ yǒu ～.(用心して。草むらにヘビがいる。)

【称呼】chēng·hu

動 呼ぶ。

¶我怎么称呼您？Wǒ zěnme ～ nín？（あなたを何とお呼びしましょうか？）¶您就称呼我小李吧。Nín jiù ～ wǒ Xiǎo Lǐ ba.（じゃあ，私を「小李」と呼んでください。）

名 呼称。

¶李阿姨这个称呼我不喜欢，你叫我李大姐吧。Lǐ āyí zhège ～ wǒ bù xǐhuan, nǐ jiào wǒ Lǐ dàjiě ba.(「李おばさん」と呼ばれるのは好きではないので,「李姉さん」と呼んでください。) ⇒ xǐ·huan

【诚实】chéng·shí

形 誠実だ。

¶为人诚实 wéirén ～（人柄が誠実だ）¶他是个诚实的好孩子。Tā shì ge ～ de hǎo háizi.(彼は正直ないい子だ。)

【吃食】chī·shi
　名 食べ物。
　¶家里没什么吃食了，快去买点儿吧。Jiā li méi shénme ~ le, kuài qù mǎi diǎnr ba.（家に食べ物がなくなったので，急いで何か買ってきなさい。）

【尺寸】chǐ·cùn
　名 (物の) 長さ。サイズ。
　¶量尺寸 liáng ~（サイズをはかる）¶这件衣服尺寸不合适。Zhè jiàn yīfu ~ bù héshì.（この服はサイズが合わない。）⇒ yī·fu

【抽打】chōu·da
　動（はたきなどでたたいてほこりを）払い落とす。はたく。
　¶在外面晒过的被子要抽打几下再拿进屋里来。Zài wàimiàn shàiguo de bèizi yào ~ jǐ xià zài nájìn wū lǐ lái.（外で干した布団はよくはたいてから部屋に運び込むように。）
　[比較]【抽打】chōudǎ **動**（むちなどで）打つ。

【抽搭】chōu·da
　動 すすり泣く。
　¶不停地抽搭 bù tíng de ~（泣きじゃくる）¶她挨了老师的批评，抽抽搭搭地哭了。Tā áile lǎoshī de pīpíng, chōuchoudādā de kū le.（彼女は先生に叱られて，しくしく泣いた。）

【抽屉】chōu·ti
　名 引き出し。
　¶拉开抽屉 lākāi ~（引き出しを開ける）¶关上抽屉 guānshàng ~（引き出しを閉める）¶他把那张照片放进桌子抽屉里了。Tā bǎ nà zhāng zhàopiàn fàngjìn zhuōzi ~ li le.（彼はその写真を机の引き出しに入れた。）

【臭虫】chòu·chóng
　名 トコジラミ。ナンキンムシ。
　¶臭虫是一种害虫。~ shì yì zhǒng hàichóng.（トコジラミは害虫の一種だ。）

【出溜】chū·liu
　動〈方言〉滑る。
　¶地上结冰了，他一不小心出溜了一个跟头。Dìshàng jiébīng le, tā yí bù xiǎoxīn ~le yí ge gēntou.（地面が凍っていて，彼はう

っかり滑って転んだ。)

【出落】chū·luo
動 (若い女性が) 美しくなる。
¶几年不见，她出落成大姑娘了。Jǐ nián bú jiàn, tā ~ chéng dà gūniang le.(数年会わないうちに，彼女はいい娘さんになった。) ⇒ gū·niang ¶上了大学，她出落得越发漂亮了。Shàngle dàxué, tā ~ de yuèfā piàoliang le.(大学に進学して，彼女は一層きれいになった。) ⇒ piào·liang

【出息】chū·xi
名 見込み。将来性。
¶有出息的青年 yǒu ~ de qīngnián (前途ある青年) ¶这孩子将来肯定有出息。Zhè háizi jiānglái kěndìng yǒu ~.(この子は将来きっと見込みがある。) ¶真没出息! Zhēn méi ~!(この意気地なし!)
動 〈方言〉立派になる。美しくなる。
¶他的笨儿子也出息了很多。Tā de bèn érzi yě ~le hěn duō.(彼のばか息子も随分立派になった。) ¶毕业后，她出息得更漂亮了。Bìyè hòu, tā ~ de gèng piàoliang le.(卒業後，彼女は一層きれいになった。) ⇒ piào·liang

【畜生】(畜牲) chù·sheng
名 畜生。人を罵る言葉として使う。
¶你这个畜生! Nǐ zhège ~!(この人でなし!)

【窗户】chuāng·hu
名 窓。
¶打开窗户 dǎkāi ~ (窓を開ける) ¶关上窗户 guānshàng ~ (窓を閉める)

【炊帚】chuī·zhou
名 (鍋や食器を洗う) たわし。
¶一把炊帚 yì bǎ ~ (1個のたわし)

【瓷实】cí·shi
形 〈方言〉丈夫だ。しっかりしている。
¶地基瓷实 dìjī ~ (地盤が丈夫だ) ¶他都七十多岁了，但是身体仍然很瓷实。Tā dōu qīshí duō suì le, dànshì shēntǐ réngrán hěn ~.(彼は70歳を超えているが，依然としてがっしりとした

体格をしている。)

【慈姑】(茨菰) cí·gu
　名 クワイ。植物の一種。

【伺候】 cì·hou
　動 (身の回りの) 世話をする。

　¶伺候病人 ～ bìngrén (病人の世話をする) ¶伺候老父母 ～ lǎo fùmǔ (年老いた両親の世話をする) ¶你这人真难伺候。Nǐ zhè rén zhēn nán ～. (君は本当に世話のやける人だ。)

【刺猬】 cì·wei
　名 ハリネズミ。

【刺痒】 cì·yang
　形 かゆい。

　¶背上被蚊子咬了,很刺痒。Bèi shàng bèi wénzi yǎo le, hěn ～. (背中を力に刺され、とてもかゆい。)

【聪明】 cōng·míng
　形 賢い。

　¶耍小聪明 shuǎ xiǎo～ (小ざかしく立ち回る) ¶她又漂亮又聪明。Tā yòu piàoliang yòu ～. (彼女はきれいで賢い。) ⇒ piào·liang

【凑和】 còu·he
　動 ①集まる。

　¶几个人凑和在一个房间里住。Jǐ ge rén ～ zài yí ge fángjiān lǐ zhù. (何人かがひとつの部屋に集まって暮らしている。)

　②かき集める。寄せ集める。

　¶我们小组是临时凑和起来的。Wǒmen xiǎozǔ shì línshí ～ qǐlái de. (私たちのグループは臨時にかき集めて作ったものだ。)

　③間に合わせる。我慢する。

　¶这个书包还可以凑和着用。Zhège shūbāo hái kěyǐ ～zhe yòng. (このかばんはまだ何とか使える。)

【撺掇】 cuān·duo
　動 そそのかす。

　¶你别撺掇他去做坏事。Nǐ bié ～ tā qù zuò huàishì. (彼をそそのかして悪事を働かせてはいけない。)

【脆生】 cuì·sheng
　形 ①(食べ物が) さくさくしている。

¶刚摘下来的黄瓜很脆生。Gāng zhāi xiàlái de huángguā hěn ～.（もぎたてのキュウリはさくさくと歯触りがいい。）⇒ huáng·guā ¶我喜欢吃脆生生的苹果。Wǒ xǐhuan chī cuìshēngshēng de píngguǒ.（私はさくさくしたリンゴが好きだ。）⇒ xǐ·huan

②（声や音が）澄みきってよく通る。

¶嗓音脆生 sǎngyīn ～（声がよく通る）¶她说起话来声音脆生生的，真好听。Tā shuōqǐ huà lái shēngyīn cuìshēngshēng de, zhēn hǎotīng.（彼女の話し声は澄みきったいい声だ。）

【忖摸】cǔn·mo

動 推測する。見当をつける。

¶这么晚了，我忖摸着他不会来了。Zhème wǎn le, wǒ ～zhe tā bú huì lái le.（こんなに遅くなっては，彼はもう来ないだろう。）

【撮合】cuō·he

動 （結婚を）取り持つ。

¶他俩是我撮合的。Tā liǎ shì wǒ ～ de.（あのカップルは私が取り持ったのだ。）

D

【耷拉】(搭拉) dā·la

動 垂れる。垂らす。

¶他被女朋友甩了，这几天总是耷拉着脑袋，没什么精神。Tā bèi nǚ péngyou shuǎi le, zhè jǐ tiān zǒngshì ~zhe nǎodai, méi shénme jīngshen.（彼は恋人にふられて，ここ数日頭を垂れて元気がない。）⇒ péng·you, nǎo·dai, jīng·shen¶几天没浇水，花的叶子就耷拉下来了。Jǐ tiān méi jiāo shuǐ, huā de yèzi jiù ~ xiàlái le.（何日か花に水をやらなかったら，葉が垂れてきた。）

【搭理】(答理) dā·li

動 相手にする。多く否定文で用いる。

¶她从来不搭理不喜欢的人。Tā cónglái bù ~ bù xǐhuan de rén.（彼女はこれまで嫌いな人を相手にしたことがない。）⇒ xǐ·huan¶那个人很自私，没人爱搭理他。Nàge rén hěn zìsī, méi rén ài ~ tā.（あの人はわがままで，誰も相手にしたがらない。）

【搭讪】 dā·shàn

動（人に近付くためや照れ隠しに）話をする。

¶他搭讪几句就走开了。Tā ~ jǐ jù jiù zǒukāi le.（彼はひと言ふた言取りつくろうと立ち去った。）

【答应】 dā·ying

動 ①返事をする。

¶我叫你，你怎么不答应？Wǒ jiào nǐ, nǐ zěnme bù ~?（呼んでいるのに，どうして返事をしないのか？）

②承諾する。

¶答应下来的事情一定要做。~ xiàlái de shìqing yídìng yào zuò.（承諾した事は必ずやらなければならない。）⇒ shì·qing¶希望你能答应我的请求。Xīwàng nǐ néng ~ wǒ de qǐngqiú.（私の願いをどうか聞き入れてください。）

【褡裢】 dā·lian

名 ①財布の一種。ふたつ折りで両側にお金を入れられる袋。

②中国相撲の選手が着る布を重ねて作った上着。

【答复】 dá·fù

動 返答する。

¶及时答复 jíshí 〜（すぐに回答する）¶希望您能尽早答复我。Xīwàng nín néng jǐnzǎo 〜 wǒ.（できるだけ早くご返答願います。）

名 返答。回答。

¶他的答复很令人满意。Tā de 〜 hěn lìng rén mǎnyì.（彼の返答は満足できるものだ。）¶这件事我已作了明确的答复。Zhè jiàn shì wǒ yǐ zuòle míngquè de 〜.（この件にはすでにはっきりと回答した。）

【打扮】dǎ·ban

動 着飾る。

¶她很会打扮。Tā hěn huì 〜.（彼女はおしゃれ上手だ。）¶今天她打扮得特别漂亮。Jīntiān tā 〜 de tèbié piàoliang.（今日彼女は特別きれいに着飾っている。）⇒ piào·liang ¶见男朋友之前要好好儿打扮打扮。Jiàn nán péngyou zhīqián yào hǎohāor 〜 〜.（ボーイフレンドに会う前にはしっかりおしゃれしなければ。）⇒ péng·you

名 装い。いでたち。

¶她的打扮很朴素。Tā de 〜 hěn pǔsù.（彼女は地味な身なりをしている。）¶你这身打扮可不能去参加舞会。Nǐ zhè shēn 〜 kě bù néng qù cānjiā wǔhuì.（こんな格好でダンスパーティーに参加してはいけない。）

【打点】dǎ·dian

動 ①（贈り物や荷物を）準備する。支度する。

¶明天老公要出差，我得帮他打点行李。Míngtiān lǎogōng yào chūchāi, wǒ děi bāng tā 〜 xíngli.（明日亭主が出張するので，荷物の準備を手伝わなければならない。）⇒ xíng·li ¶送给朋友的礼物还没打点好呢。Sòng gěi péngyou de lǐwù hái méi 〜 hǎo ne.（友人に贈るプレゼントをまだ準備していない。）⇒ péng·you

②賄賂を使う。

¶他上下打点，总算让孩子进了这个大公司。Tā shàngxià 〜, zǒngsuàn ràng háizi jìnle zhège dà gōngsī.（彼はあちこちに袖の下を使って，何とか子どもをこの大会社に入れた。）

【打发】dǎ·fa

動 ①派遣する。

¶王经理打发我来找您。Wáng jīnglǐ ~ wǒ lái zhǎo nín.（王社長に言われてあなたを訪ねて来ました。）

②追い払う。

¶她把推销员打发走了。Tā bǎ tuīxiāoyuán ~ zǒu le.（彼女はセールスマンを追い払った。）

③（日を）過ごす。（時間を）つぶす。

¶日子难打发。Rìzi nán ~.（日々の暮らしがつらい。）¶我经常听音乐来打发时间。Wǒ jīngcháng tīng yīnyuè lái ~ shíjiān.（私はよく音楽を聴いて暇をつぶす。）

【打量】dǎ·liang

動 （人を）じろじろ見る。

¶他们把我从头到脚打量了一番。Tāmen bǎ wǒ cóng tóu dào jiǎo ~le yì fān.（彼らは私の頭の先からつま先までひとしきりじろじろ見た。）¶我仔细打量眼前这个陌生人。Wǒ zǐxì ~ yǎnqián zhège mòshēngrén.（私は目の前のこの見知らぬ人をしげしげと見た。）

【打手】dǎ·shou

名 親分のために悪を働く者。手下。

¶那个坏蛋身边有一群打手。Nàge huàidàn shēnbiān yǒu yì qún ~.（あの悪者のもとにはひと群の手下がいる。）

【打算】dǎ·suàn

動 …するつもりだ。計画する。

¶暑假我打算回老家。Shǔjià wǒ ~ huí lǎojiā.（夏休みにふるさとに帰るつもりだ。）¶将来你想做什么工作，得好好儿打算打算了。Jiānglái nǐ xiǎng zuò shénme gōngzuò, děi hǎohāor ~ ~ le.（将来どんな仕事をしたいか，じっくり考えてみなさい。）

名 つもり。考え。

¶下一步你有什么打算? Xià yí bù nǐ yǒu shénme ~?（次はどうするつもりですか?）

【打听】dǎ·ting

動 尋ねる。問い合わせる。

¶我去打听一下。Wǒ qù ~ yíxià.（ちょっと聞いてきます。）¶对不起，跟您打听一下，到邮局怎么走? Duìbuqǐ, gēn nín ~ yíxià, dào yóujú zěnme zǒu？（すみません。ちょっとお尋ねしますが、郵便局にはどう行くのですか？）

【大方】dà·fang
形 ①気前がいい。

¶他请客吃饭一向很大方。Tā qǐngkè chīfàn yíxiàng hěn ～.（彼は客を招きご馳走していつも気前がいい。）

②（話し方や振る舞いが）自然だ。おっとりしている。

¶举止大方 jǔzhǐ ～（振る舞いがおっとりしている）¶这个姑娘又漂亮又大方。Zhège gūniang yòu piàoliang yòu ～.（この娘はかわいくて屈託がない。）⇒ gū·niang, piào·liang ¶他在讲台上大大方方地讲话，一点儿也不紧张。Tā zài jiǎngtái shàng dàdàfāngfāng de jiǎnghuà, yìdiǎnr yě bù jǐnzhāng.（彼はステージで堂々とスピーチをして、まったく緊張していない。）

③（デザインや色が）あか抜けている。

¶这件衣服款式很大方。Zhè jiàn yīfu kuǎnshì hěn ～.（この服のデザインは品がある。）⇒ yī·fu

［比較］【大方】dàfāng 名 ①博識家。専門家。②緑茶の一種。

【大气】dà·qì
形 ①太っ腹だ。

¶他做事很大气，从不斤斤计较。Tā zuòshì hěn ～, cóng bù jīnjīn jìjiào.（彼のやることは太っ腹で、けちけちしたことがない。）

②（デザインや色が）あか抜けている。

¶这件衣服的款式很大气，不土气。Zhè jiàn yīfu de kuǎnshì hěn ～, bù tǔqì.（この服のデザインは品があって、しゃれている。）⇒ yī·fu, tǔ·qì

［比較］【大气】dàqì 名 ①大気。②気勢。

【大人】dà·ren
名 ①成人。大人。

¶大人说话，小孩儿别插嘴。～ shuōhuà, xiǎoháir bié chāzuǐ.（大人の話に子どもが口を出すな。）

②旧時の高級官僚に対する敬称。

［比較］【大人】dàrén 名 年長者に対する敬称。旧時の書簡に用いた。

【大师傅】dà·shi·fu

名 料理人。

¶那个大师傅做的菜很好吃。Nàge ~ zuò de cài hěn hǎochī.（あのコックの作る料理はとてもおいしい。）¶他是学校食堂的大师傅。Tā shì xuéxiào shítáng de ~.（彼は学食の調理人だ。）

【大爷】dà·ye

名 ①伯父。父の兄。

②年長の男性に対する敬称。

¶王大爷，您儿子考上大学了？Wáng ~, nín érzi kǎoshàng dàxué le?（王さん，息子さんは大学に合格されましたか？）

[比較]【大爷】dàyé **名** 旦那様。働かず自分勝手な男性。

【大意】dà·yi

形 うかつだ。不注意だ。

¶这次失败都是怪我太大意。Zhè cì shībài dōu shì guài wǒ tài ~.（今回の失敗はすべて私の不注意によるものだ。）¶仔细一点儿，别大意。Zǐxì yìdiǎnr, bié ~.（慎重にやりなさい，油断せずに。）

[比較]【大意】dàyì **名** 大意。あらまし。

【大夫】dài·fu

名 医者。

¶这个病最好找大夫看看。Zhège bìng zuìhǎo zhǎo ~ kànkan.（この病気は医者に診てもらうのが一番だ。）¶大夫，我肚子疼。~, wǒ dùzi téng.（先生，おなかが痛いのですが。）

[比較]【大夫】dàfū **名** 大夫。古代の官職名。

【待见】dài·jiàn

動 好む。多く否定形で用いる。

¶他工作拖拖拉拉，老板不待见他。Tā gōngzuò tuōtuōlālā, lǎobǎn bú ~ tā.（彼の仕事はだらだらしているので，店主から嫌われている。）

【耽搁】dān·ge

動 ①とどまる。滞在する。

¶他在青岛多耽搁了几天。Tā zài Qīngdǎo duō ~le jǐ tiān.（彼は青島に数日長めに滞在した。）

②（時間を）引き延ばす。ぐずぐずする。

¶这病不能再耽搁了，快找医生看一看吧。Zhè bìng bù néng zài ~ le, kuài zhǎo yīshēng kàn yí kàn ba.（この病気はこれ以上

ぐずぐずしていてはいけない。早く医者に診てもらいなさい。)

¶别在这儿耽搁了，再不去就来不及了。Bié zài zhèr ~ le, zài bú qù jiù láibují le.（もうぐずぐずしていてはいけない。いま行かないと間に合わなくなる。）

③（時間を無駄にして）支障をきたす。

¶他整天忙杂事，耽搁了工作。Tā zhěngtiān máng záshì, ~le gōngzuò.（彼は終日雑用に追われて、仕事が遅れた。）

【耽误】dān·wu

動（時間を無駄にして）支障をきたす。手遅れになる。

¶很抱歉，耽误您的时间了。Hěn bàoqiàn, ~ nín de shíjiān le.（時間をお取りして、申し訳ありません。）¶快去学校吧，别耽误了上课。Kuài qù xuéxiào ba, bié ~le shàngkè.（早く学校に行きなさい。授業に遅れないように。）¶她的病被庸医耽误了。Tā de bìng bèi yōngyī ~ le.（彼女の病気はやぶ医者のせいで手遅れになった。）

【当口儿】dāng·kour

名 ちょうどその時。

¶正在我们需要帮助的当口儿，他来了。Zhèng zài wǒmen xūyào bāngzhù de ~, tā lái le.（ちょうど我々が助けを必要としている時、彼が来た。）

【荡悠】dàng·you

動 ①ゆらゆら揺れる。

¶这个孩子在秋千上荡悠了半天了。Zhège háizi zài qiūqiān shàng ~le bàntiān le.（この子はもうずっと長い間ぶらんこに乗ってゆらゆらしている。）

②ぶらぶらする。ぶらつく。

¶快回家吧，别在外边荡悠了。Kuài huíjiā ba, bié zài wàibian ~ le.（早く家に帰りなさい。外でぶらぶらしていないで。）

【捯饬】dáo·chi

動〈方言〉飾る。着飾る。

¶她每天出门前都要捯饬一番。Tā měi tiān chūmén qián dōu yào ~ yì fān.（彼女は毎日お出かけ前にしっかりおめかしする。）

【捣鼓】dǎo·gu

動 ①〈方言〉いじくり回す。

¶他喜欢捣鼓飞机模型。Tā xǐhuan ～ fēijī móxíng.(彼は飛行機の模型をいじってばかりいる。) ⇒ xǐ·huan

②〈方言〉営む。

¶他没有正式工作，平时捣鼓点儿小买卖。Tā méiyǒu zhèngshì gōngzuò, píngshí ～ diǎnr xiǎo mǎimai.(彼には本職がなく、普段はちょっとした商売をしている。) ⇒ méi·yǒu, mǎi·mai

【倒腾】(捣腾) dǎo·teng

動 ①運ぶ。

¶你把这些用不着的东西都倒腾到仓库去吧。Nǐ bǎ zhèxiē yòngbuzháo de dōngxi dōu ～ dào cāngkù qù ba.(この不用品を全部倉庫に運び込んでください。) ⇒ dōng·xi

②配置する。配分する。

¶事情太多，这么几个人倒腾不过来。Shìqing tài duō, zhème jǐ ge rén ～buguòlái.(仕事が多すぎて、これっぽっちの人では割り振れない。) ⇒ shì·qing

③販売する。経営する。

¶他靠倒腾小买卖生活。Tā kào ～ xiǎo mǎimai shēnghuó.(彼は小商いを営んで生活している。) ⇒ mǎi·mai

【道行】dào·héng

名 僧侶や道士の修行。技能や腕前を例える。

¶道行不浅 ～ bù qiǎn（なかなかの腕前だ）

【道理】dào·lǐ

名 道理。理由。

¶你说得没道理。Nǐ shuō de méi ～.(君の言うことは道理に合わない。) ¶哪儿有这个道理? Nǎr yǒu zhège ～?(どこにそんな理屈があるのか?) ¶他这么生气是有道理的。Tā zhème shēngqì shì yǒu ～ de.(彼がこんなに怒るのももっともだ。)

【道士】dào·shi

名 道士。道教の僧。

【德性】(德行) dé·xing

名 つら。ざま。嫌な奴。

¶看他那副德性! Kàn tā nà fù ～!(あいつのあのざまときたら!) ¶那家伙真德性。Nà jiāhuo zhēn ～.(本当に嫌な奴だ。) ⇒ jiā·huo

【灯笼】dēng·long
名 ちょうちん。

¶点灯笼 diǎn ~（ちょうちんに灯をともす）¶过年了，到处都挂着红灯笼。Guònián le, dàochù dōu guàzhe hóng ~.（新年を迎えて，至る所に赤いちょうちんが掛かっている。）

【提防】dī·fang
动 用心して防ぐ。警戒する。

¶那个人品行不好，得提防着他。Nàge rén pǐnxíng bù hǎo, děi ~zhe tā.（あの人は嫌らしいので，用心しなければいけない。）
¶据说最近小偷儿很多，要小心提防。Jùshuō zuìjìn xiǎotōur hěn duō, yào xiǎoxīn ~.（最近すりが多いそうなので，十分に警戒しなければならない。）

【提溜】dī·liu
动 （手に）提げる。

¶阿姨手里提溜着不少菜，看来是去菜店买菜了。Āyí shǒu li ~zhe bù shǎo cài, kànlái shì qù càidiàn mǎi cài le.（おばさんは野菜をいっぱい手に提げている。きっと八百屋で買ってきたのだ。）

【滴答】(嘀嗒) dī·da
动 したたり落ちる。

¶水龙头关不紧，总是滴答着水。Shuǐlóngtóu guānbujǐn, zǒngshì ~zhe shuǐ.（蛇口がしっかりしまらず，いつも水がしたたっている。）¶外面开始滴答小雨了。Wàimiàn kāishǐ ~ xiǎoyǔ le.（外で小雨がぱらつき始めた。）

【嘀咕】dí·gu
动 ①ひそひそ話す。

¶你们嘀咕什么呢？Nǐmen ~ shénme ne?（君たちは何をひそひそ話しているのか？）¶他俩总是背后嘀嘀咕咕。Tā liǎ zǒngshì bèihòu dídígūgū.（彼らふたりはいつも陰でとやかく言っている。）

②ためらう。疑う。

¶你心里别嘀咕了，就这么办吧。Nǐ xīnli bié ~ le, jiù zhème bàn ba.（ためらわずに，こうしなさい。）

【底下】dǐ·xia
名 下。下方。

¶桌子底下 zhuōzi～（机の下）¶树底下 shù～（木の下）¶手底下 shǒu～（手もと）

【地道】dì·dao

形 ①本場の。生粋の。本物の。

¶我吃过地道的北京烤鸭。Wǒ chīguo ～ de Běijīng kǎoyā.（本場の北京ダックを食べたことがある。）¶他说一口地道的汉语。Tā shuō yì kǒu ～ de Hànyǔ.（彼は本物の中国語を話す。）¶她是地地道道的日本人。Tā shì dìdìdàodào de Rìběnrén.（彼女は生粋の日本人だ。）

②（仕事や品質が）確かだ。

¶这个活儿干得很地道。Zhège huór gàn de hěn ～.（この仕事はよくできている。）

[比較]【地道】dìdào 名 地下道。

【地方】dì·fang

名 所。場所。部分。

¶这个地方我以前来过。Zhège ～ wǒ yǐqián láiguo.（ここには以前来たことがある。）¶你是从什么地方来的？Nǐ shì cóng shénme ～ lái de?（どこからいらっしゃったのですか？）¶咱们在老地方见面吧。Zánmen zài lǎo ～ jiànmiàn ba.（いつもの所で会いましょう。）¶这篇作文，有的地方写得很好，有的地方写得不好。Zhè piān zuòwén yǒude ～ xiě de hěn hǎo, yǒude ～ xiě de bù hǎo.（この作文はよく書けている部分もあれば、よく書けていない部分もある。）

[比較]【地方】dìfāng 名 （中央に対する）地方。

【地下】dì·xia

名 地面。床。

¶东西掉在地下了。Dōngxi diào zài ～ le.（物が地面に落ちた。）⇒ dōng·xi ¶地下有只蟑螂。～ yǒu zhī zhāngláng.（床にゴキブリが1匹いる。）

[比較]【地下】dìxià 名 地下。

【弟兄】dì·xiong

名 弟と兄。男兄弟。

¶他有一个妹妹，没弟兄。Tā yǒu yí ge mèimei, méi ～.（彼には妹がひとりいるだけで、男兄弟はいない。）

【掂量】diān·liang

動 ①手の上に載せて重さをはかる。

¶你掂量掂量，看看这个苹果有多沉？Nǐ ～ ～, kànkan zhège píngguǒ yǒu duō chén?（手に載せてみて、このリンゴはどれほどの重さがあると思う？）

②よく考える。

¶这件事交给你了，你掂量着办吧。Zhè jiàn shì jiāo gěi nǐ le, nǐ ～zhe bàn ba.（この件は君に任せる。よく考えてやってください。）

【点拨】diǎn·bō

動 指摘する。ヒントを与える。

¶我是新手，请您多点拨点拨。Wǒ shì xīnshǒu, qǐng nín duō ～ ～.（新米ですので、いろいろご指摘ください。）¶这道题经他一点拨，很快就做出来了。Zhè dào tí jīng tā yì ～, hěn kuài jiù zuò chūlái le.（この問題は、彼がちょっとヒントをくれたらすぐにできた。）

【点补】diǎn·bu

動（空腹しのぎに）少し何か食べる。

¶你饿了的话先吃点儿东西点补点补吧。Nǐ è le dehuà xiān chī diǎnr dōngxi ～ ～ ba.（おなかがすいたのなら、まずちょっと何か食べてください。）⇒ dōng·xi

【点心】diǎn·xin

名 菓子。

¶这个点心很好吃。Zhège ～ hěn hǎochī.（この菓子はおいしい。）
¶快吃点儿点心吧。Kuài chī diǎnr ～ ba.（早くお菓子を召し上がれ。）

【惦记】diàn·jì

動 気にかける。

¶我一直惦记着这件事。Wǒ yìzhí ～zhe zhè jiàn shì.（私はずっとこの事を気にかけている。）¶谢谢您惦记着我的身体。Xièxie nín ～zhe wǒ de shēntǐ.（体を気遣ってくださり、ありがとうございます。）

【顶针】dǐng·zhen

名 指ぬき。

¶戴上顶针 dàishàng ～（指ぬきをはめる）

【东家】dōng·jia

 名 旧時の雇い主や地主。

【东西】dōng·xi

 名 ①物。品物。

 ¶这是什么东西? Zhè shì shénme ～?(これは何ですか?) ¶我去买东西。Wǒ qù mǎi ～.(買い物に行ってきます。) ¶您寄来的东西收到了。Nín jìlái de ～ shōudào le.(送ってくださった品は受け取りました。)

 ②(嫌悪感や好感を抱いて)人や動物を指す。

 ¶那个人不是什么好东西。Nàge rén bú shì shénme hǎo ～.(あいつはろくな奴じゃない。) ¶这小东西真可爱。Zhè xiǎo ～ zhēn kě'ài.(このちびちゃんは本当にかわいい。)

 [比較]【东西】dōngxī 名 東と西。

【冬瓜】dōng·guā

 名 トウガン。植物の一種。

【动静】dòng·jing

 名 ①物音。話し声。

 ¶这么大动静,是谁在说话? Zhème dà ～, shì shéi zài shuōhuà?(こんな大声がして,誰が話しているのか?) ¶屋里漆黑漆黑的,一点儿动静也没有。Wū li qīhēi qīhēi de, yìdiǎnr ～ yě méiyǒu.(部屋の中は真っ暗で,物音ひとつしない。) ⇒ méi·yǒu

 ②動静。状況。

 ¶可疑动静 kěyí ～(怪しげな動き) ¶如果发现这个人有什么动静,请马上汇报。Rúguǒ fāxiàn zhège rén yǒu shénme ～, qǐng mǎshàng huìbào.(この人の動きが何か分かったら,すぐに報告してください。)

【动弹】dòng·tan

 動 (人・動物・機械が)動く。

 ¶最近很懒,不喜欢动弹。Zuìjìn hěn lǎn, bù xǐhuan ～.(最近無精になって,動くのがおっくうだ。) ⇒ xǐ·huan ¶电动玩具不动弹了。Diàndòng wánjù bú ～ le.(電動玩具が動かなくなった。) ¶汽车轮子陷在泥里,动弹不得。Qìchē lúnzi xiàn zài ní li, ～bude.(車のタイヤがぬかるみにはまり,動けなくなった。)

【兜肚】dōu·du

名 腹掛け。

¶晚上睡觉时得给孩子戴上条兜肚，要小心着凉。Wǎnshang shuìjiào shí děi gěi háizi dàishàng tiáo ～, yào xiǎoxīn zháoliáng.（夜寝る時は子どもに腹掛けをかけて，風邪をひかせないように注意しなければならない。）⇒ wǎn·shang

【斗篷】dǒu·peng

名 マント。

¶披斗篷 pī ～（マントを羽織る）

【抖搂】dǒu·lou

動 ①（衣服や布団に付いた物を）払い落とす。

¶你把衣服上的雪抖搂一下再进屋吧。Nǐ bǎ yīfu shàng de xuě ～ yíxià zài jìn wū ba.（服に付いた雪を払い落としてから部屋に入ってください。）⇒ yī·fu

②（物を全部）ひっくり返す。（事柄を）さらけ出す。

¶他把这件事情的内幕都抖搂出来了。Tā bǎ zhè jiàn shìqing de nèimù dōu ～ chūlái le.（彼はこの件の内幕をすべて暴露した。）⇒ shì·qing

③（お金を）浪費する。

¶她喜欢买高档货，工资不几天就被她抖搂没有了。Tā xǐhuan mǎi gāodànghuò, gōngzī bù jǐ tiān jiù bèi tā ～ méiyǒu le.（彼女は高級品を買うのが好きで，給料をほんの数日で使い果たしてしまった。）⇒ xǐ·huan, méi·yǒu

【豆腐】dòu·fu

名 豆腐。

¶嫩豆腐 nèn～（やわらかめの豆腐，絹ごし豆腐）¶豆腐皮 ～pí（湯葉）¶豆腐渣 ～zhā（おから）¶豆腐脑儿 ～nǎor（豆乳を沸騰させ，石膏を加えて半固体に固めた食品）¶一块豆腐 yí kuài ～（豆腐1丁）¶麻婆豆腐 mápó ～（マーボー豆腐）

【逗弄】dòu·nong

動 ①あやす。

¶费了好大劲，总算把这个孩子逗弄笑了。Fèile hǎo dà jìn, zǒngsuàn bǎ zhège háizi ～ xiào le.（ひと苦労して何とかこの子をあやして笑わせた。）

②からかう。

¶这个女孩儿很爱生气，你最好别逗弄她。Zhège nǚháir hěn ài shēngqì, nǐ zuìhǎo bié ~ tā.(この女の子は怒りっぽいので、からかわないに限る。)

【嘟噜】dū·lu

量 房。束。房や束になった物を数える。

¶一嘟噜葡萄 yì ~ pútáo（ひと房のブドウ）⇒ pú·táo ¶一嘟噜钥匙 yì ~ yàoshi（ひと束の鍵）⇒ yào·shi

动 垂れる。垂らす。

¶他嘟噜着脸，很不高兴。Tā ~zhe liǎn, hěn bù gāoxìng.(彼はうつむいたままで、機嫌が悪い。)

名 舌やのどを震わせる音。

¶打嘟噜 dǎ ~（舌を震わせる）

【嘟囔】dū·nang

动 ぶつぶつ独り言を言う。

¶你在嘟囔什么? Nǐ zài ~ shénme?（何をぶつぶつ言っているのか?）¶有什么意见大声说，别在那里嘟嘟囔囔! Yǒu shénme yìjiàn dàshēng shuō, bié zài nàlǐ dūdūnāngnāng!（何か文句があったらはっきり言いなさい。陰でぶつぶつ言わずに!）⇒ yì·jiàn

【度数】dù·shu

名 度数。目盛り。

¶眼镜度数 yǎnjìng ~（眼鏡の度）¶这酒度数很高。Zhè jiǔ ~ hěn gāo.（この酒はアルコール度数が高い。）

【端量】duān·liang

动 じろじろ見る。

¶他把我从头到脚端量了一番，搞得我很不自在。Tā bǎ wǒ cóng tóu dào jiǎo ~le yì fān, gǎo de wǒ hěn bú zìzai.（彼が私の頭の先からつま先までじろじろ見るので、落ち着けなかった。）⇒ zì·zai

【端详】duān·xiang

动 じっくり見る。

¶她今天打扮得很奇怪，我端详了半天才认出她来。Tā jīntiān dǎban de hěn qíguài, wǒ ~le bàntiān cái rènchū tā lái.（彼女は今日奇妙な格好をしていたので、しばらくじっくり見なければ彼

女だと分からなかった。）⇒ dǎ·ban

[比較]【端详】duānxiáng 名 詳しい事情。形 端正で落ち着いている。

【队伍】duì·wu

名 ①軍隊。

¶这支队伍 zhè zhī ～（この軍隊，この部隊）

②隊列。

¶游行队伍 yóuxíng ～（デモ隊）

【对付】duì·fu

動 ①対処する。

¶那个人不讲理，很难对付。Nàge rén bù jiǎnglǐ, hěn nán ～. （あの人は理屈の通らない人で，あしらいにくい。）¶我会一点儿汉语，简单的对话能勉强对付。Wǒ huì yìdiǎnr Hànyǔ, jiǎndān de duìhuà néng miǎnqiǎng ～. （中国語が少しできるので，簡単な会話なら何とかなる。）

②間に合わせる。我慢する。

¶能对付着用的东西不要扔掉。Néng ～zhe yòng de dōngxi búyào rēngdiào. （まだ使える物を捨ててはいけない。）⇒ dōng·xi

形 〈方言〉気が合う。多く否定形で用いる。

¶他们两个不对付，老打架。Tāmen liǎng ge bú ～, lǎo dǎjià. （彼らふたりは気が合わず，しょっちゅうつかみ合いをしている。）

【敦实】dūn·shi

形 どっしりとして丈夫だ。

¶他长得很敦实，不过并不胖。Tā zhǎng de hěn ～, búguò bìng bú pàng. （彼は小柄でがっしりとした体格をしているが，太っているわけではない。）

【多少】duō·shao

代 ①いくつ。どれほど。

¶中国有多少人口？Zhōngguó yǒu ～ rénkǒu？（中国の人口はどれほどですか？）¶这个书包多少钱？Zhège shūbāo ～ qián？（このかばんはいくらですか？）

②いくつか。いくらか。

¶你要多少拿多少吧。Nǐ yào ～ ná ～ ba. （ほしいだけ持って行

きなさい。）¶中午没吃多少饭，才四点就饿了。Zhōngwǔ méi chī ~ fàn, cái sì diǎn jiù è le.（昼にどれほどもご飯を食べなかったので，4時にもうおなかがすいてしまった。）

[比較]【多少】duōshǎo 名 多少。多寡。副 ①多かれ少なかれ。②いささか。

【哆嗦】duō·suō

動（体が）震える。

¶浑身哆嗦 húnshēn ~（全身が震える）¶她吓得直哆嗦。Tā xià de zhí ~.（彼女はびっくりしてしきりに震えている。）¶他冻得哆哆嗦嗦的。Tā dòng de duōduōsuōsuō de.（彼は凍えてぶるぶる震えている。）

E

【恶心】ě·xin

形 ①吐き気がする。

¶胃不舒服，有点儿恶心。Wèi bù shūfu, yǒudiǎnr ～.（胃が不快で、ちょっと吐き気がする。） ⇒ shū·fu

②嫌らしい。

¶那个男人老盯着我看，真恶心。Nàge nánrén lǎo dīngzhe wǒ kàn, zhēn ～.（あの男はずっと私をじろじろ見て、本当に嫌らしい。）

動 ①（嫌悪感により）むかむかする。むかつく。

¶他经常说漂亮话，真让人恶心。Tā jīngcháng shuō piàolianghuà, zhēn ràng rén ～.（彼はきれい事ばかり言って、本当にむかつく。） ⇒ piào·liang

②（欠点をあばいて）嫌がらせをする。

¶别恶心人。Bié ～ rén.（人に嫌がらせをしてはいけない。）

【耳朵】ěr·duo

名 耳。

¶两只耳朵 liǎng zhī ～（ふたつの耳） ¶耳朵尖 ～ jiān（耳が早い） ¶耳朵软 ～ ruǎn（他人の言葉をすぐ信用する）

【二乎】èr·hu

形 ①〈方言〉ひるんでいる。尻込みしている。

¶困难面前他从不二乎。Kùnnan miànqián tā cóng bú ～.（困難を前にして、彼は尻込んだことがない。） ⇒ kùn·nan

②〈方言〉ためらっている。

¶他越解释，我越二乎。Tā yuè jiěshì, wǒ yuè ～.（彼が説明すればするほど、私はためらってしまう。）

③〈方言〉望みが薄い。

¶这事说不准，说不定到时候就二乎了。Zhè shì shuōbuzhǔn, shuōbudìng dào shíhou jiù ～ le.（この件は何とも言えない。いつかだめになるかもしれない。） ⇒ shí·hou

F

【翻腾】fān·téng

動 ①逆卷く。渦卷く。

¶波浪翻腾 bōlàng ~（波が逆卷く）¶这些话在他脑子里翻腾。Zhèxiē huà zài tā nǎozi li ~.（この話が彼の脳裏に渦卷いていた。）

②引っかき回す。

¶整个抽屉都翻腾遍了，也没找到那支笔。Zhěnggè chōuti dōu ~ biàn le, yě méi zhǎodào nà zhī bǐ.（引き出しを引っかき回したが，あのペンは見つからなかった。）⇒ chōu·ti

【反正】fǎn·zhèng

副 いずれにせよ。どうせ。

¶反正要去，不如早去。~ yào qù, bùrú zǎo qù.（どうせ行くのなら，早く行くのがいい。）¶不管你怎么说，反正我不信。Bùguǎn nǐ zěnme shuō, ~ wǒ bú xìn.（あなたがどう言おうと，私はどのみち信じない。）¶不要紧，反正不是什么重要的事。Bú yàojǐn, ~ bú shì shénme zhòngyào de shì.（かまいません。どうせ大した事じゃないから。）

[比較]【反正】fǎnzhèng **動** ①正道に復する。②（敵軍が）投降する。

【饭量】fàn·liàng

名 （人の）食事の量。

¶饭量小 ~ xiǎo（少食だ）¶他饭量特别大。Tā ~ tèbié dà.（彼は本当によく食べる。）

【饭食】fàn·shi

名 ご飯とおかず。食事。

¶学校食堂饭食不错。Xuéxiào shítáng ~ búcuò.（学食の食事はまずまずだ。）

【方丈】fāng·zhang

名 （寺で）住職の住む部屋。または，住職。

[比較]【方丈】fāngzhàng **量** 1丈平方。

【肥实】féi·shi

形 ①太っている。

¶这头猪长得挺肥实。Zhè tóu zhū zhǎng de tǐng ~.(このブタはよく太っている。)
　②脂肪が多い。
¶这块肉很肥实。Zhè kuài ròu hěn ~.(この肉は脂身が多い。)
　③裕福だ。
¶他家的日子过得挺肥实。Tā jiā de rìzi guò de tǐng ~.(彼の家は暮らし向きがいい。)

【废物】fèi·wu
名 役立たず。人を罵る言葉として使う。
¶他什么也不会干，真是个废物。Tā shénme yě bú huì gàn, zhēn shì ge ~.(彼は何もできない。まったくの役立たずだ。)
[比較]【废物】fèiwù **名** 廃物。

【费用】fèi·yong
名 費用。支出。
¶节省费用 jiéshěng ~（費用を節約する）¶我来承担一切费用。Wǒ lái chéngdān yíqiè ~.（私が一切の費用を負担する。）

【分寸】fēn·cun
名 程合い。適当な程度。
¶他做事很有分寸。Tā zuòshì hěn yǒu ~.（彼のやることは程合いを心得ている。）¶那个人说话没分寸，经常伤到别人。Nàge rén shuōhuà méi ~, jīngcháng shāngdào biérén.（あの人は話の程合いをわきまえず、よく人を傷つける。）⇒ bié·rén

【吩咐】fēn·fù
動 言い付ける。言い聞かせる。
¶有什么事情需要我做，您尽管吩咐。Yǒu shénme shìqing xūyào wǒ zuò, nín jǐnguǎn ~.（私に手伝えることがあれば、何でも言い付けてください。）⇒ shì·qing¶快吃饭了，妈妈吩咐我摆好碗筷。Kuài chīfàn le, māma ~ wǒ bǎihǎo wǎnkuài.（もうすぐ食事なので、母は私に食器を並べるように言い付けた。）

【分量】fèn·liàng
名 重さ。重み。
¶这个南瓜的分量足有二十斤。Zhège nánguā de ~ zú yǒu èrshí jīn.（このカボチャの重さは優に20斤ある。）⇒ nán·guā¶他说话很有分量。Tā shuōhuà hěn yǒu ~.（彼の発言には重みがある。）

¶我是新人,说话分量不够。Wǒ shì xīnrén, shuōhuà ~ búgòu.（私は新人なので，発言力が足りない。）

【风光】fēng·guāng

形 光栄だ。体裁がよい。

¶孩子考上了名牌大学,做爸爸的觉得很风光。Háizi kǎoshàngle míngpái dàxué, zuò bàba de juéde hěn ~.（子どもが有名大学に合格して，父として光栄だ。）¶他在城里当了大官,风风光光地回乡下探望父母。Tā zài chéng lǐ dāngle dàguān, fēngfēng-guāngguāng de huí xiāngxia tànwàng fùmǔ.（彼は都会で出世して，鼻高々で田舎の両親を訪ねた。）⇒ xiāng·xia

[比較]【风光】fēngguāng 名 風光。風景。

【风水】fēng·shuǐ

名 風水。占いの一種。住居や墓などの地相を見る。

¶风水先生 ~ xiānsheng（風水の占い師）⇒ xiān·sheng ¶风水宝地 ~ bǎodì（地相のよい土地）¶信风水 xìn ~（風水を信じる）¶看风水 kàn ~（地相を占う）

【风筝】fēng·zheng

名 凧。

¶放风筝 fàng ~（凧を揚げる）

【奉承】fèng·cheng

動 おべっかを使う。

¶奉承话 ~huà（お世辞）¶他很会奉承上司。Tā hěn huì ~ shàngsi.（彼は上司におべっかを使うのがうまい。）⇒ shàng·si

【夫人】fū·rén

名 夫人。

¶教授夫人 jiàoshòu ~（教授夫人）¶您夫人在哪儿上班? Nín ~ zài nǎr shàngbān?（奥様はどちらにお勤めですか?）

【敷衍】fū·yǎn

動 いいかげんに対処する。

¶敷衍了事 ~ liǎoshì（いいかげんにお茶を濁す）¶科长敷衍了几句就走了。Kēzhǎng ~le jǐ jù jiù zǒu le.（課長は適当に言葉を濁すと立ち去った。）¶好好儿学习是为了自己,不是为了敷衍家长。Hǎohāor xuéxí shì wèile zìjǐ, bú shì wèile ~ jiāzhǎng.（しっかり勉強するのは自分のためだ。親を適当にあしらうためで

はない。)

【服侍】fú·shi

動 (身の回りの)世話をする。

¶他的兄弟姐妹都在外地,只有他在家里服侍老父母。Tā de xiōngdì jiěmèi dōu zài wàidì, zhǐ yǒu tā zài jiā lǐ ~ lǎo fùmǔ.(兄弟がみなよそにいるので,彼ひとりが家で年老いた両親の世話をしている。) ¶她在医院当护工,服侍病人。Tā zài yīyuàn dāng hùgōng, ~ bìngrén.(彼女は病院で看護の仕事をして,病人の面倒をみている。)

【福分】fú·fen =【福气】fú·qi

名 幸運。運。

【福气】fú·qi

名 幸運。運。

¶福气不小 ~ bù xiǎo(とても幸せだ) ¶认识你是我的福气。Rènshi nǐ shì wǒ de ~.(あなたと知り合えて本当に幸運です。) ⇒ rèn·shi ¶她找了个体贴能干的老公,真有福气。Tā zhǎole ge tītiē nénggàn de lǎogōng, zhēn yǒu ~.(彼女は優しくてやり手の亭主を持って,本当に果報者だ。)

【父亲】fù·qīn

名 父。お父さん。

¶父亲节 ~jié(父の日) ¶我父亲身体很好。Wǒ ~ shēntǐ hěn hǎo.(父はとても健康だ。) ¶他父亲是大学教授。Tā ~ shì dàxué jiàoshòu.(彼のお父さんは大学教授だ。)

【妇道】fù·dao

名 婦人。女性。

¶妇道人家 ~ rénjia(女性というもの,ご婦人方) ⇒ rén·jia

【富态】fù·tai

形 太っている。福々しい。

¶他太太长得很富态。Tā tàitai zhǎng de hěn ~.(彼の奥さんは福々しい体付きをしている。)

【富余】fù·yu

動 あり余る。余分にある。

¶富余了两张票。~le liǎng zhāng piào.(チケットが2枚余った。) ¶时间还富余得很,不用着急。Shíjiān hái ~ de hěn, búyòng zháojí.(時間はまだたっぷりあるので,焦らなくていい。)¶**他把富余的钱都炒股了。**Tā bǎ ~ de qián dōu chǎogǔ le.(彼は余ったお金をすべて株につぎ込んだ。)

G

【胳肢窝】(夹肢窝) gā·zhiwō

名 わきの下。

¶他把书夹在胳肢窝底下。Tā bǎ shū jiā zài ~ dǐxia.（彼は本をわきの下に挟んでいる。）⇒ dǐ·xia

【干巴】 gān·ba

形 ①ひからびている。

¶面包放了两天，变干巴了，很难吃。Miànbāo fàngle liǎng tiān, biàn ~ le, hěn nánchī.（パンを2日放っておいたら、ひからびてまずくなった。）

②（皮膚が）かさかさだ。

¶手都干巴了。Shǒu dōu ~ le.（手がかさかさになった。）¶冬天天气干燥，皮肤干巴巴的。Dōngtiān tiānqì gānzào, pífū gānbābā de.（冬は気候が乾燥して、肌がかさかさだ。）

③無味乾燥だ。

¶他的讲话干巴得很。Tā de jiǎnghuà ~ de hěn.（彼の話はまったくつまらない。）¶这篇文章写得干巴巴的，没什么意思。Zhè piān wénzhāng xiě de gānbābā de, méi shénme yìsi.（この文章は無味乾燥で、何もおもしろくない。）⇒ yì·si

【干松】 gān·song

形〈方言〉乾いてふかふかしている。

¶这个肉松很干松，很好吃。Zhège ròusōng hěn ~, hěn hǎochī.（この肉のでんぶはふわふわして、おいしい。）

【甘蔗】 gān·zhe

名 サトウキビ。

¶一根甘蔗 yì gēn ~（1本のサトウキビ）

【敢情】 gǎn·qing

副 ①〈方言〉なるほど。

¶刚才打电话的敢情是你啊。Gāngcái dǎ diànhuà de ~ shì nǐ a.（さっき電話をくれたのは君だったのか。）

②〈方言〉もちろん。

¶你要请我吃饭啊，那敢情好。Nǐ yào qǐng wǒ chīfàn a, nà ~ hǎo.（ご馳走してくれるの。それはありがたい。）

【干事】gàn·shi

名 事務担当者。

¶宣传干事 xuānchuán ~（宣伝担当者）¶他是我们办公室的干事。Tā shì wǒmen bàngōngshì de ~. （彼は我々の事務室の仕事を担当している。）

【高粱】gāo·liang

名 コウリャン。植物の一種。

¶高粱酒 ~jiǔ（コウリャン酒）¶高粱米 ~mǐ（精白したコウリャンの実）

【膏药】gāo·yao

名 膏薬。

¶一贴膏药 yì tiē ~（1枚の膏薬）¶贴膏药 tiē ~（湿布をはる）

【告示】gào·shi

名 告示。掲示。

¶告示板上贴着很多广告。~bǎn shàng tiēzhe hěn duō guǎnggào.（揭示板にたくさん広告がはってある。）¶我是看到告示才来参加这个活动的。Wǒ shì kàndào ~ cái lái cānjiā zhège huódòng de.（私は掲示を見てこのイベントに参加したのです。）

【告诉】gào·su

動 告げる。知らせる。

¶他告诉我明天学校放假。Tā ~ wǒ míngtiān xuéxiào fàngjià.（彼が明日学校は休みだと知らせてくれた。）¶我告诉你一个好消息。Wǒ ~ nǐ yí ge hǎo xiāoxi.（よい知らせがあります。）⇒ xiāo·xi

[比較]【告诉】gàosù **動** 告訴する。

【疙瘩】(疙疸) gē·da

名 ①（皮膚の）できもの。

¶过了几天，疙瘩消了。Guòle jǐ tiān, ~ xiāo le.（数日後、できものは消えた。）¶被蚊子咬了，起了个疙瘩。Bèi wénzi yǎo le, qǐle ge ~.（カに刺されて、腫れ物ができた。）

②小さな球状または塊状の物。

¶线结成疙瘩，解不开了。Xiàn jiéchéng ~, jiěbukāi le.（糸がからまって、ほどけなくなった。）¶我浑身起鸡皮疙瘩。Wǒ húnshēn qǐ jīpí ~.（全身に鳥肌が立った。）

③解決の困難な問題。しこり。

¶他俩之间有疙瘩。Tā liǎ zhījiān yǒu ～.（彼らふたりの間にはわだかまりがある。）¶他解开了妻子心里的疙瘩。Tā jiěkāile qīzi xīnlǐ de ～.（彼は妻の心のしこりを解いた。）

【胳臂】gē·bei ＝【胳膊】gē·bo

名 腕。

【胳膊】gē·bo

名 腕。

¶胳膊肘儿 ～zhǒur（ひじ）¶那个人胳膊很粗。Nàge rén ～ hěn cū.（あの人は腕が太い。）

【格式】gé·shi

名 （文章などの）様式。書式。

¶论文格式 lùnwén ～（論文の書式）

【胳肢】gé·zhi

動 〈方言〉くすぐる。

¶别胳肢我了，我都快笑岔气了。Bié ～ wǒ le, wǒ dōu kuài xiào chàqì le.（くすぐらないで。笑って脇腹が痛くなりそうだ。）

【蛤蜊】gé·lí

名 ハマグリ。アサリ。

¶挖蛤蜊 wā ～（潮干狩りをする）

【隔断】gé·duàn

名 （部屋の）仕切り。

¶这套房子的隔断做得很漂亮。Zhè tào fángzi de ～ zuò de hěn piàoliang.（この家の間仕切りはきれいに作られている。）⇒ piào·liang

[比較]【隔断】géduàn 動 しゃ断する。阻む。

【跟前】gēn·qian

名 身の傍ら。共に暮らす子どもの有無について言う。

¶老人家跟前只有一个女儿。Lǎorenjia ～ zhī yǒu yí ge nǚ'ér.（老人のそばには娘がひとりいるだけだ。）⇒ lǎo·ren·jia

[比較]【跟前】gēnqián 名 すぐそば。

【工夫】gōng·fu

名 ①時間。

¶一会儿工夫就干完了。Yíhuìr ～ jiù gànwán le.（あっと言う間

にやり終えた。)¶他用一个星期的工夫复习考试。Tā yòng yí ge xīngqī de ～ fùxí kǎoshì.(彼は1週間で試験のための復習をする。)

②暇(な時間)。

¶闲工夫 xián～(暇な時間)¶我可没那么多工夫陪你玩儿。Wǒ kě méi nàme duō ～ péi nǐ wánr.(そんなに君と遊んでいる暇はない。)

【工钱】gōng·qián

名 ①手間賃。工賃。

¶做件旗袍得多少工钱? Zuò jiàn qípáo děi duōshao ～ ?(チャイナドレスを仕立てると工賃はいくらかかりますか?) ⇒ duō·shao

②給料。

¶在这个店打工,每月工钱五百块。Zài zhège diàn dǎgōng, měi yuè ～ wǔbǎi kuài.(この店でバイトすると,毎月の給料は500元だ。)¶等这月发了工钱请你吃饭。Děng zhè yuè fāle ～ qǐng nǐ chīfàn.(今月の給料が出たらご馳走してあげます。)

【公道】gōng·dao

形 公平だ。理にかなっている。

¶他办事公道。Tā bànshì ～.(彼のやり方は公平だ。)¶这个商店价钱公道。Zhège shāngdiàn jiàqián ～.(この商店は値段が適正だ。)⇒ jià·qián

[比較]【公道】gōngdào 名 公正な道理。正義。

【公家】gōng·jia

名 (公私の)公。国家・役所・公共団体などを指す。

¶公家的财产 ～ de cáichǎn(公共の財産)¶那个人总是占公家的便宜。Nàge rén zǒngshì zhàn ～ de piányi.(あの人はいつも役所の甘い汁を吸っている。) ⇒ pián·yi

【功夫】gōng·fu

名 ①技量。腕前。

¶他画画得很有功夫。Tā huà huà de hěn yǒu ～.(彼の絵の腕前はなかなかのものだ。)

②中国の武術。カンフー。

【恭维】gōng·wéi

動 お世辞を言う。

¶说恭维话 shuō ~huà（お世辞を言う）¶他好恭维人。Tā hào ~ rén.（彼はよく人にお世辞を言う。）

【勾搭】gōu·da

動 ぐるになる。ひそかに通じる。

¶他跟一些奇怪的人勾搭上了。Tā gēn yìxiē qíguài de rén ~ shàng le.（彼は変な人たちとぐるになっている。）¶他背着自己的女朋友跟其他女孩子勾搭搭。Tā bèizhe zìjǐ de nǚ péngyou gēn qítā nǚháizi gōugoudādā.（彼は恋人に隠れて，別の女の子とこそこそやっている。）⇒ péng·you

【勾当】gòu·dàng

名（悪い）事。

¶这种勾当只有疯子才能干出来。Zhè zhǒng ~ zhǐyǒu fēngzi cái néng gàn chūlái.（こんなことは狂人にしかできない。）¶他净做让人讨厌的勾当。Tā jìng zuò ràng rén tǎoyàn de ~.（彼は嫌らしいことばかりする。）

【估量】gū·liang

動 見積もる。推測する。

¶难以估量的损失 nányǐ ~ de sǔnshī（計り難い損失）¶他在这一领域做出的贡献是不可估量的。Tā zài zhè yì lǐngyù zuòchū de gòngxiàn shì bùkě ~ de.（彼のこの分野での貢献は計り知れない。）

【估摸】gū·mo

動 見積もる。推測する。

¶你估摸这个古董花瓶值多少钱？Nǐ ~ zhège gǔdǒng huāpíng zhí duōshao qián？（この骨董の花瓶はいくらの値打ちがあると思いますか？）⇒ duō·shao¶我从来没去过那个地方，估摸不出从这里走需要多少时间。Wǒ cónglái méi qùguo nàge dìfang, ~buchū cóng zhèlǐ zǒu xūyào duōshao shíjiān.（そこには行ったことがないので，ここからどれほど時間がかかるか見当もつかない。）⇒ dì·fang, duō·shao

【咕嘟】gū·du

動 ①〈方言〉煮込む。

¶这种鱼多咕嘟一会儿好吃。Zhè zhǒng yú duō ~ yíhuìr hǎochī.

（この魚はじっくり煮込むとおいしい。）

②〈方言〉(口を) とがらせる。

¶他生气了,咕嘟着嘴不理人。Tā shēngqì le, ~zhe zuǐ bù lǐ rén.（彼は怒って,口をとがらせ知らん顔をしている。）

[比較]【咕嘟】gūdū [擬声] 水が沸騰する音,水が湧きだす音,水を飲む音を表す。

【咕叽】gū·ji =【叽咕】(唧咕) jī·gu

[動] ひそひそ話す。

[比較]【咕叽】gūjī [擬声] 水がはねる音を表す。

【咕哝】gū·nong

[動] ぶつぶつ独り言を言う。

¶他很生气地咕哝了一句什么,不过我没听见。Tā hěn shēngqì de ~le yí jù shénme, búguò wǒ méi tīngjiàn.（彼は怒って何かぶつぶつ言ったが,私には聞こえなかった。）

【姑父】(姑夫) gū·fu

[名] 父の姉妹の夫。おじ。

【姑娘】gū·niang

[名] ①未婚の女性。

¶她是个性格温和的好姑娘。Tā shì ge xìnggé wēnhé de hǎo ~.（彼女は温和ないい娘だ。）¶那个姑娘长得真漂亮。Nàge ~ zhǎng de zhēn piàoliang.（あの娘さんは本当にきれいだ。）⇒ piào·liang

②娘。

¶他有两个姑娘。Tā yǒu liǎng ge ~.（彼には娘がふたりいる。）

【姑爷】gū·ye

[名] 娘婿。

¶她家的姑爷很能干。Tā jiā de ~ hěn nénggàn.（彼女の娘婿はやり手だ。）

【骨朵儿】gū·duor

[名] つぼみ。

¶花骨朵儿 huā~（つぼみ）¶牡丹长骨朵儿了。Mǔdan zhǎng ~ le.（ボタンにつぼみが出た。）⇒ mǔ·dan

【骨碌】gū·lu

[動] 転がる。

¶皮球不知道骨碌到哪里去了。Píqiú bù zhīdào ~ dào nǎlǐ qù le.（ボールはどこに転がっていったのか分からない。）⇒ zhī·dào¶小宝宝会翻身了，妈妈得小心他骨碌到床下摔着。Xiǎo bǎobao huì fānshēn le, māma děi xiǎoxīn tā ~ dào chuáng xià shuāizhe.（赤ちゃんが寝返りを打つようになったので，お母さんはベッドから落ちないように気を付けないといけない。）

【鼓捣】gǔ·dao

動 ①〈方言〉いじくり回す。

¶她不好好儿听课，一个劲儿地鼓捣手机。Tā bù hǎohāor tīngkè, yígejìnr de ~ shǒujī.（彼女はまじめに授業を聞かずに，ひたすら携帯電話をいじくっている。）

　②〈方言〉そそのかす。けしかける。

¶这件事是谁鼓捣你干的? Zhè jiàn shì shì shéi ~ nǐ gàn de ?（この事は誰が君をそそのかせたのだ？）

【固执】gù·zhí

形 頑固だ。強情だ。

¶性情固执 xìngqíng ~（気性が頑固だ）¶这个人固执得很，我只好让步了。Zhège rén ~ de hěn, wǒ zhǐhǎo ràngbù le.（この人はとても頑固で，譲歩するしかなかった。）

【故事】gù·shi

名 ①物語。お話。

¶民间故事 mínjiān ~（民話）¶故事片 ~piàn（劇映画）¶妈妈经常给孩子讲故事。Māma jīngcháng gěi háizi jiǎng ~.（お母さんはいつも子どもにお話をする。）¶这是一个很久很久以前的故事。Zhè shì yí ge hěn jiǔ hěn jiǔ yǐqián de ~.（これは昔々のお話です。）

　②（文芸作品の）ストーリー。

¶故事性 ~xìng（ストーリー性）¶这个电视剧的故事情节很吸引人。Zhège diànshìjù de ~ qíngjié hěn xīyǐn rén.（このテレビドラマのストーリーは人を引き付ける。）

[比較]【故事】gùshì 名 古いしきたり。

【寡妇】guǎ·fu

名 未亡人。寡婦。

¶丈夫去世，她成了寡妇。Zhàngfu qùshì, tā chéngle ~.（夫が亡

くなり，彼女は未亡人になった。）⇒ zhàng·fu

【挂记】guà·jì

動 気にかける。

¶妈妈时时挂记着在外地上学的孩子。Māma shíshí ~zhe zài wàidì shàngxué de háizi.（母は，家を離れて学校に通う子どものことをいつも気にかけている。）

【怪物】guài·wu

名 ①怪物。

¶据说有人看到那个湖里有怪物。Jùshuō yǒu rén kàndào nàge hú lǐ yǒu ~.（あの湖に怪物がいるのを見た人がいるそうだ。）

②変人。

¶在年轻人看来，他是个思想顽固的老怪物。Zài niánqīngrén kànlái, tā shì ge sīxiǎng wángù de lǎo ~.（若者から見れば，彼は考えが頑固な大変人だ。）

【关系】guān·xì

名 関係。

¶国际关系 guójì ~（国際関係）¶人际关系 rénjì ~（人間関係）¶拉关系 lā ~（関係を付ける，コネを利用する）¶他俩关系很好。Tā liǎ ~ hěn hǎo.（あのふたりは仲がいい。）¶我们只是普通朋友关系。Wǒmen zhǐ shì pǔtōng péngyou ~.（私たちはただの友人関係です。）⇒ péng·you ¶这事跟我没有任何关系。Zhè shì gēn wǒ méiyǒu rènhé ~.（この件は私と何の関係もない。）⇒ méi·yǒu ¶由于时间关系，今天的会就开到这里。Yóuyú shíjiān ~, jīntiān de huì jiù kāidào zhèlǐ.（時間の関係で，今日の会議はここまでにします。）¶你几点来都没关系。Nǐ jǐ diǎn lái dōu méi ~.（あなたは何時に来てもかまいません。）

動 関係する。関連する。

¶这次考试关系着我的前途。Zhè cì kǎoshì ~zhe wǒ de qiántú.（今回の試験は私の将来にかかわる。）¶这是关系到国家未来的大问题。Zhè shì ~ dào guójiā wèilái de dà wèntí.（これは国の将来にかかわる大問題だ。）

【官司】guān·si

名 訴訟。

¶打官司 dǎ ~（訴訟を起こす）¶我相信我们能打赢这场官司。

Wǒ xiāngxìn wǒmen néng dǎyíng zhè cháng ~. (我々はこの訴訟に勝てると信じている。)

【棺材】**guān·cai**

名 棺桶。ひつぎ。

¶一口棺材 yì kǒu ~(ひとつの棺桶)

【灌肠】**guàn·cháng**

名 ソーセージ。腸詰め。

[比較]【灌肠】guàncháng 動 浣腸する。

【光溜】**guāng·liu**

形 つるつるしている。

¶大理石的台阶很光溜。Dàlǐshí de táijiē hěn ~. (大理石の石段はつるつるしている。)¶这个苹果又红又光溜,一个疤也没有。Zhège píngguǒ yòu hóng yòu ~, yí ge bā yě méiyǒu. (このリンゴは真っ赤でつるつるで,傷ひとつない。)⇒ méi·yǒu

【逛荡】**guàng·dang**

動 ぶらつく。働かずにぶらぶらする。

¶他没有正式工作,整天到处逛荡。Tā méiyǒu zhèngshì gōngzuò, zhěngtiān dàochù ~. (彼には本職がなく,一日中あちこちぶらついている。)⇒ méi·yǒu¶下着雪,这么冷,我才不出去逛荡呢。Xiàzhe xuě, zhème lěng, wǒ cái bù chūqù ~ ne. (雪が降っているし,こんなに寒いし,外に出てぶらついたりはしません。)

【归置】**guī·zhi**

動 (散乱した物を)片付ける。

¶你的房间太乱了,快把东西归置归置吧。Nǐ de fángjiān tài luàn le, kuài bǎ dōngxi ~ ~ ba. (君の部屋はちらかりすぎだ。早く物を片付けなさい。)⇒ dōng·xi¶漫画书看完要归置整齐。Mànhuàshū kànwán yào ~ zhěngqí. (漫画本は読み終えたらちゃんと片付けなければいけない。)

【规矩】**guī·ju**

名 規則。決まり。

¶日本人给我留下的第一印象就是很守规矩。Rìběnrén gěi wǒ liúxià de dì-yī yìnxiàng jiù shì hěn shǒu ~. (日本人から受けた第一印象は規則をよく守るということだ。)¶我们应该按规矩办事。Wǒmen yīnggāi àn ~ bànshì. (我々は規則通りに対処すべ

きだ。）¶这孩子没大没小，真不懂规矩。Zhè háizi méidà méixiǎo, zhēn bù dǒng ～.（この子は生意気で，本当に礼儀をわきまえない。）

形 きちんとしている。礼儀正しい。

¶你最好规矩点儿，否则老师会批评的。Nǐ zuìhǎo ～ diǎnr, fǒuzé lǎoshī huì pīpíng de.（まじめにしなさい。そうしないと先生に叱られるよ。）¶学生们规规矩矩地做题，没人作弊。Xuéshēngmen guīguījūjū de zuò tí, méi rén zuòbì.（学生たちはきちんと試験を受け，カンニングする者はいなかった。）⇒ xué·shēng

【闺女】guī·nü

名 ①未婚の女性。

¶这闺女真俊。Zhè ～ zhēn jùn.（この娘は本当にきれいだ。）
②娘。

¶周末闺女和女婿来吃饭。Zhōumò ～ hé nǚxu lái chīfàn.（週末に娘と婿が食事に来る。）⇒ nǚ·xu

【锅饼】guō·bing

名 小麦粉食品の一種。やや大きく厚めの円盤状で少しかたい。

H

【哈欠】hā·qian

名 あくび。

¶他开会时老打哈欠。Tā kāihuì shí lǎo dǎ ～.(彼は会議中あくびばかりしている。)

【蛤蟆】há·ma

名 カエル。トノサマガエルとヒキガエルの総称。

¶一只蛤蟆 yì zhī ～（1匹のカエル）

【哈巴狗】hǎ·bagǒu

名 ①チン。犬の一種。

②従順な手先。

¶他是领导的哈巴狗。Tā shì lǐngdǎo de ～.(彼は上司の忠犬だ。)

【还是】hái·shi

副 ①依然として。

¶我讲了半天，她还是不懂。Wǒ jiǎngle bàntiān, tā ～ bù dǒng. (長い間説明したのに，彼女はまだ分かってくれない。) ¶虽然都二十岁了，可是他还是像小孩子一样。Suīrán dōu èrshí suì le, kěshì tā ～ xiàng xiǎoháizi yíyàng.（20歳になったのに，彼はまだ子どものようだ。）

②やはり。

¶不管怎么说，还是家最好。Bùguǎn zěnme shuō, ～ jiā zuì hǎo.（何と言っても，やはり家が一番だ。）¶还是不如你去好。～ bùrú nǐ qù hǎo.（やはり君が行くのがいい。）

接 それとも。

¶你吃中餐，还是吃西餐？Nǐ chī zhōngcān, ～ chī xīcān？（中華にしますか，それとも洋食にしますか？）¶你去还是不去？Nǐ qù ～ bú qù？（行きますか，それとも行きませんか？）

【含糊】hán·hu

形 ①はっきりしていない。曖昧だ。

¶含糊其词 ～ qící（言葉を濁す）¶那个老奶奶说话含糊不清。Nàge lǎonǎinai shuōhuà ～ bùqīng.（あのおばあさんは言葉がはっきりしない。）¶他说话含含糊糊的，我不知道他到底想说什么。Tā shuōhuà hánhánhúhú de, wǒ bù zhīdào tā dàodǐ xiǎng shuō

shénme.(彼の話は曖昧で,一体何を言いたいのか分からない。)
⇒ zhī·dào

②いいかげんだ。

¶对是对，错是错，不能含糊。Duì shì duì, cuò shì cuò, bù néng ～.(正しいことは正しく，誤りは誤り。いいかげんにしてはいけない。)¶这是原则问题，含糊不得。Zhè shì yuánzé wèntí, ～bude.(これは原則的な問題で，あやふやにしてはいけない。)

③弱気だ。多く否定文で用いる。

¶他打起架来一点儿也不含糊。Tā dǎqǐ jià lái yìdiǎnr yě bù ～.(彼は喧嘩を始めるとまったくひるまない。)¶他游起泳来真不含糊。Tā yóuqǐ yǒng lái zhēn bù ～.(彼の泳ぎっぷりは大したものだ。)

【寒碜】hán·chen

形 ①醜い。粗末だ。

¶这孩子长得挺寒碜。Zhè háizi zhǎng de tǐng ～.(この子は本当に醜い。)¶他那个寒碜的小店经过装修变得漂亮多了。Tā nàge ～ de xiǎo diàn jīngguò zhuāngxiū biàn de piàoliang duō le.(彼のあのみすぼらしい店が改装したら，随分きれいになった。)
⇒ piào·liang

②みっともない。体裁が悪い。

¶工作都十年了才挣这么点儿工资，真寒碜。Gōngzuò dōu shí nián le cái zhèng zhèmediǎnr gōngzī, zhēn ～.(働いて10年になるのに，これっぽっちの給料では本当にみっともない。)

動 あざ笑う。恥をかかせる。

¶别寒碜他了，怪可怜的。Bié ～ tā le, guài kělián de.(彼に恥をかかせないで。かわいそうだ。)

【行当】háng·dang

名 ①職業。

¶干我们这行当，没有体力是不行的。Gàn wǒmen zhège ～, méiyǒu tǐlì shì bù xíng de.(我々の仕事は，体力がなくては話にならない。)⇒ méi·yǒu¶他在演员行当里属于很优秀的了。Tā zài yǎnyuán ～ lǐ shǔyú hěn yōuxiù de le.(彼は俳優業でなかなか優秀なほうだ。)

②伝統劇の俳優の役柄。

【行家】háng·jia

名 玄人。

¶他是钓鱼的行家。Tā shì diàoyú de ~. (彼は釣り名人だ。) ¶我可不敢在你这个行家面前卖弄。Wǒ kě bù gǎn zài nǐ zhège ~ miànqián màinong. (あなたほどの玄人の前で得意がる勇気はありません。) ⇒ mài·nong

【行市】háng·shi

名 (商品の) 相場。市価。

¶外汇行市 wàihuì ~ (外国為替相場) ¶本周的行市有点儿令人失望。Běnzhōu de ~ yǒudiǎnr lìng rén shīwàng. (今週の相場にはいささかがっかりした。)

【好家伙】hǎojiā·huo

感 驚きや称賛を表す。へえ。これはこれは。

¶好家伙, 那可不得了了。~, nà kě bùdéliǎo le. (へえ, それは大変だ。)

【好意思】hǎoyì·si

動 恥ずかしくない。平気だ。多く否定文で用いる。

¶您特意来接我, 真不好意思。Nín tèyì lái jiē wǒ, zhēn bù ~. (わざわざ出迎えに来てくださり, 本当に申し訳ありません。) ¶这种事真不好意思问。Zhè zhǒng shì zhēn bù ~ wèn. (こういうことは本当に聞きづらい。) ¶作业做得不好, 没好意思给老师看。Zuòyè zuò de bù hǎo, méi ~ gěi lǎoshī kàn. (宿題のできが悪いので, 恥ずかしくて先生に見せなかった。)

【合计】hé·ji

動 ①思案する。

¶他合计着要买台新车。Tā ~zhe yào mǎi tái xīn chē. (彼は新車を1台買おうかと思っている。)

②相談する。

¶你们合计合计, 看看让谁去参加比赛。Nǐmen ~ ~, kànkan ràng shéi qù cānjiā bǐsài. (誰を試合に出場させるか皆さんで相談してみてください。) ¶留学的事情要跟父母好好儿合计一下再作决定。Liúxué de shìqing yào gēn fùmǔ hǎohāor ~ yíxià zài zuò juédìng. (留学の件は両親としっかり相談してから決めなければならない。) ⇒ shì·qing

[比較]【合计】héjì 動 合計する。

【合同】hé·tóng

名 契約。契約書。

¶合同工 ~gōng（契約労働者）¶他跟那家公司签了合同，准备在那里上班了。Tā gēn nà jiā gōngsī qiānle ~, zhǔnbèi zài nàlǐ shàngbān le.（彼はその会社と契約を結んで，そこで働くつもりだ。）¶合同上写得很明白，房租必须在每月十号前交付。~ shàng xiě de hěn míngbai, fángzū bìxū zài měi yuè shí hào qián jiāofù.（家賃は毎月10日までに支払わなければならないと契約書にはっきり書いてある。）⇒ míng·bai

【和气】hé·qi

形 ①（態度が）穏やかだ。

¶他对谁都很和气。Tā duì shéi dōu hěn ~.（彼は誰に対しても穏やかだ。）¶她又漂亮又和气，大家都喜欢她。Tā yòu piàoliang yòu ~, dàjiā dōu xǐhuan tā.（彼女はきれいで温和なので，みんな彼女が好きだ。）⇒ piào·liang, xǐ·huan

②仲がよい。

¶大家相处得很和气。Dàjiā xiāngchǔ de hěn ~.（みんな仲よくやっている。）¶几个刚毕业的年轻人和和气气地住在一座公寓里。Jǐ ge gāng bìyè de niánqīngrén héhéqìqì de zhù zài yí zuò gōngyù li.（卒業したばかりの若者が何人か同じアパートで仲よく暮らしている。）

名 むつまじい感情。

¶不要为小事伤了和气。Búyào wèi xiǎoshì shāngle ~.（些細なことで気まずくなってはいけない。）

【和尚】hé·shang

名 和尚。僧侶。

¶花和尚 huā~（生臭坊主）¶出家当和尚 chūjiā dāng ~（出家して坊主になる）

【荷包】hé·bāo

名 きんちゃく。こまごました物を入れる小さな袋。

【核桃】hé·tao

名 クルミ。

¶核桃仁 ~rén（クルミの実）¶他用一只手捏开核桃了。Tā yòng

yì zhī shǒu niēkāi ~ le.（彼は片手でクルミを割った。）

【哼唧】hēng·ji

動 低い声で話す。低い声で歌う。

¶这首歌我能哼唧几句。Zhè shǒu gē wǒ néng ~ jǐ jù.（この歌なら少し口ずさめる。）

【红火】hóng·huo

形 盛んだ。栄えている。にぎやかだ。

¶这家小商店生意做得很红火。Zhè jiā xiǎo shāngdiàn shēngyi zuò de hěn ~.（この小さな商店は商売繁盛している。）⇒ shēng·yi ¶他们夫妻俩都很能干，日子过得红红火火。Tāmen fūqī liǎ dōu hěn nénggàn, rìzi guò de hónghónghuǒhuǒ.（あの夫婦はやり手で，なかなかいい暮らしをしている。）

【喉咙】hóu·lóng

名 のど。

¶喉咙发炎了。~ fāyán le.（のどが炎症を起こした。）¶鱼刺卡在喉咙里了。Yúcì qiǎ zài ~ lǐ le.（魚の骨がのどに刺さった。）

【厚道】hòu·dao

形 温厚だ。親切だ。

¶为人厚道 wéirén ~（人柄が温厚だ）¶做人要厚道。Zuòrén yào ~.（人として温厚でなければならない。）¶从没见过像他这么厚道的人。Cóng méi jiànguo xiàng tā zhème ~ de rén.（彼ほど親切な人には会ったことがない。）

【厚实】hòu·shi

形 ①厚い。

¶这床被子很厚实，看上去挺暖和。Zhè chuáng bèizi hěn ~, kàn shàngqù tǐng nuǎnhuo.（この布団は厚くて暖かそうだ。）⇒ nuǎn·huo ¶天冷了，得穿厚实点儿。Tiān lěng le, děi chuān ~ diǎnr.（寒くなったので，ちょっと厚着しなければいけない。）

②がっしりとして丈夫だ。

¶厚实的肩膀 ~ de jiānbǎng（がっしりとした肩）¶这座古城墙垒得高大厚实。Zhè zuò gǔchéngqiáng lěi de gāodà ~.（この古い城壁は高くて堅固に築かれている。）

③（学問などが）堅実だ。

¶他不愧是名牌大学的优等生，专业功底很厚实。Tā búkuì shì

míngpái dàxué de yōuděngshēng, zhuānyè gōngdǐ hěn ～.(彼はさすが有名大学の優等生だ。専攻の基礎知識がしっかり身に付いている。)

④豊富だ。裕福だ。

¶他家底厚实，不愁吃穿。Tā jiādǐ ～, bù chóu chīchuān.(彼は財産家で，衣食に困らない。)

【呼噜】hū·lu

名 いびき。

¶打呼噜 dǎ ～ (いびきをかく)

[比較]【呼噜】hūlū 擬声 のどが鳴る音を表す。

【呼扇】hū·shan

動 ①（薄い物が）揺れ動く。

¶大风刮得他的伞直呼扇，撑不住。Dàfēng guā de tā de sǎn zhí ～, chēngbuzhù.(強風にあおられ傘が揺れて，彼はうまくさせない。)

②（薄い物で）扇ぐ。

¶摘下帽子呼扇 zhāixià màozi ～ (帽子を取って扇ぐ)

【忽闪】hū·shan

動 きらめく。きらめかす。

¶她的水灵灵的大眼睛忽闪忽闪的，特别漂亮。Tā de shuǐlínglíng de dà yǎnjing ～ ～ de, tèbié piàoliang.(彼女は涼しげでぱっちりした目をきらきらさせて，とてもかわいい。) ⇒ shuǐ·ling, yǎn·jing, piào·liang

[比較]【忽闪】hūshǎn 動 ぴかっと光る。

【忽悠】hū·you

動 ①〈方言〉揺れ動く。

②〈方言〉だます。ごまかす。

¶他是个骗子，你要小心别被忽悠了。Tā shì ge piànzi, nǐ yào xiǎoxīn bié bèi ～ le.(彼はペテン師だから，だまされないように用心してください。)

【狐狸】hú·li

名 キツネ。

¶狐狸精 ～jīng (キツネの化け物，悪女)¶狐狸尾巴 ～ wěiba (キツネのしっぽ，化けの皮) ⇒ wěi·ba¶一只狐狸 yì zhī ～ （1匹

のキツネ）

【胡琴】hú·qin

名 胡弓。弦楽器の一種。

¶新来的中国老师会拉胡琴。Xīn lái de Zhōngguó lǎoshī huì lā ～.（新しく来た中国の先生は胡弓が弾ける。）

【葫芦】hú·lu

名 ひょうたん。植物の一種。

¶糖葫芦 táng～（サンザシの実などを串に刺し砂糖で固めた菓子）¶闷葫芦 mèn～（腑に落ちない話，または無口な人）

【糊涂】hú·tu

形 ①わけが分からない。愚かだ。

¶糊涂虫 ～chóng（愚か者，間抜け）¶不要装糊涂。Búyào zhuāng ～.（とぼけるな。）¶他们问了很多问题，把我都弄糊涂了。Tāmen wènle hěn duō wèntí, bǎ wǒ dōu nòng ～ le.（彼らがあれこれ尋ねるので，わけが分からなくなってしまった。）¶都是我一时糊涂，干出这么过分的事情来。Dōu shì wǒ yìshí ～, gànchū zhème guòfèn de shìqing lái.（うっかりして，こんなに行きすぎたことをしでかしてしまった。）⇒ shì·qing¶那个孩子做事总是糊里糊涂。Nàge háizi zuòshì zǒngshì húlihútú.（あの子のやることはいつもわけが分からない。）

②めちゃくちゃだ。でたらめだ。

¶糊涂账 ～zhàng（めちゃくちゃな帳簿，こんがらがった事情の例え）¶他一点儿也不认真，工作做得糊糊涂涂的。Tā yìdiǎnr yě bú rènzhēn, gōngzuò zuò de húhútútú de.（彼はまったく不真面目で，仕事はでたらめだ。）

【护士】hù·shi

名 看護師。看護婦。

¶父母都当护士。Fùmǔ dōu dāng ～.（両親とも看護師をしている。）

【糊弄】hù·nong

動 ①〈方言〉だます。ごまかす。

¶他可是专家，不会被轻易糊弄的。Tā kě shì zhuānjiā, bú huì bèi qīngyì ～ de.（彼は専門家だ。たやすくだまされない。）

②〈方言〉間に合わせる。我慢する。

¶这个电脑不大好用，不过也能糊弄着用几年。Zhège diànnǎo bú dà hǎoyòng, búguò yě néng ～zhe yòng jǐ nián.（このパソコンは使い勝手がよくないが，何とか数年は使える。）

【花费】huā·fei

名 費用。

¶办婚事要不少花费。Bàn hūnshì yào bù shǎo ～.（結婚には随分費用がかかる。）¶买车可是一大笔花费。Mǎi chē kě shì yí dà bǐ ～.（車を買うのは大きな出費だ。）

［比較］【花费】huāfèi **動** 使う。費やす。

【花哨】huā·shao

形 ①派手だ。

¶这衣服颜色太花哨，不适合你穿。Zhè yīfu yánsè tài ～, bú shìhé nǐ chuān.（この服は色が派手で，あなたには似合わない。）⇒ yī·fu ¶那个女孩子总是穿得很花哨。Nàge nǚháizi zǒngshì chuān de hěn ～.（あの女の子はいつも派手な格好をしている。）

②変化が多い。技巧的だ。

¶简单直接的行动胜过虚伪花哨的语言。Jiǎndān zhíjiē de xíngdòng shèngguò xūwěi ～ de yǔyán.（簡単明瞭な行動は，誠意のない技巧的な言葉に勝る。）

【划拉】huá·la

動 ①〈方言〉払いのける。

¶你快把桌子上的垃圾划拉一下吧。Nǐ kuài bǎ zhuōzi shàng de lājī ～ yíxià ba.（早く机の上のごみを片付けなさい。）

②〈方言〉適当に書く。

¶那个明星随便一划拉，一个漂亮的签名就出来了。Nàge míngxīng suíbiàn yì ～, yí ge piàoliang de qiānmíng jiù chūlái le.（そのスターがささっとペンを動かしたら，きれいなサインができあがった。）⇒ piào·liang

【滑稽】huá·jī

形 滑稽だ。おかしい。

¶竟然犯这样的错误，真滑稽。Jìngrán fàn zhèyàng de cuòwù, zhēn ～.（こともあろうにこんなミスを犯して，滑稽だ。）¶他的打扮像小丑一样滑稽。Tā de dǎban xiàng xiǎochǒu yíyàng ～.（彼の格好はピエロのように滑稽だ。）⇒ dǎ·ban

【滑溜】huá·liu
　形　なめらかだ。つるつるしている。
　¶手上涂了护手霜，很滑溜。Shǒu shàng túle hùshǒushuāng, hěn ~.（手にハンドクリームを付けたら，つるつるになった。）¶地上结冰了，滑溜溜的，走路要小心。Dìshàng jiébīng le, huáliūliū de, zǒulù yào xiǎoxīn.（地面が凍ってつるつるするので，気を付けて歩かないといけない。）

【欢实】huān·shi
　形　〈方言〉元気だ。活発だ。
　¶今天玩儿得很欢实，真是有意义的一天。Jīntiān wánr de hěn ~, zhēn shì yǒu yìyì de yì tiān.（今日は元気よく遊んで，本当に有意義な日だった。）

【荒唐】huāng·táng
　形　（考えや行動が）でたらめだ。
　¶发言、行动都荒唐。Fāyán、xíngdòng dōu ~.（発言も行動もでたらめだ。）¶这个建议很荒唐，不能采纳。Zhège jiànyì hěn ~, bù néng cǎinà.（こんなでたらめな提案は受け入れられない。）¶小孩子总会做一些荒唐的事。Xiǎoháizi zǒng huì zuò yìxiē ~ de shì.（子どもは荒唐無稽なことをしでかすものだ。）

【慌张】huāng·zhāng
　形　慌てている。そわそわしている。
　¶不用慌张，时间还有一小时呢。Búyòng ~, shíjiān hái yǒu yì xiǎoshí ne.（慌てなくていい。まだ1時間ある。）¶那个孩子慌张地说不出话来。Nàge háizi ~ de shuōbuchū huà lái.（その子はそわそわして，言葉が出なかった。）¶小偷儿看到警察，慌慌张张地跑了。Xiǎotōur kàndào jǐngchá, huānghuāngzhāngzhāng de pǎo le.（こそ泥は警官を見ると，そそくさと逃げ出した。）

【皇历】(黄历) huáng·li
　名　暦。時代後れで役に立たないものを例える。
　¶现在学拉丁文这些老皇历是没用的。Xiànzài xué Lādīngwén zhèxiē lǎo~ shì méiyòng de.（いまラテン語などというものを学んでも役に立たない。）

【皇上】huáng·shang
　名　（在位中の）皇帝に対する呼称。

【黄瓜】huáng·guā

名 キュウリ。

¶一根黄瓜 yì gēn 〜（1本のキュウリ）

【恍惚】huǎng·hū

形 ①（頭が）ぼんやりしている。

¶神志恍惚 shénzhì 〜（意識がもうろうとする）¶我精神恍恍惚惚，不知所措。Wǒ jīngshén huǎnghuǎnghūhū, bùzhī suǒcuò.（頭がぼっとして，どうしたらいいか分からない。）

②（記憶が）定かでない。…のような気がする。

¶逛商店的时候，我恍惚听见有人叫我。Guàng shāngdiàn de shíhou, wǒ 〜 tīngjiàn yǒu rén jiào wǒ.（商店をぶらついている時，私を呼ぶ声が聞こえた気がした。）⇒ shí·hou

【晃荡】huàng·dang

動 ①ゆらゆら揺れる。

¶桌子一晃荡，碗里的汤洒出来了。Zhuōzi yí 〜, wǎn li de tāng sǎ chūlái le.（テーブルがひと揺れしたら，碗のスープがこぼれた。）¶灯笼被风刮得不停地晃荡。Dēnglong bèi fēng guā de bù tíng de 〜.（ちょうちんが風にゆらゆらと揺れ続けている。）⇒ dēng·long

②ぶらぶらする。

¶别在这里晃荡了，快回家吧。Bié zài zhèli 〜 le, kuài huíjiā ba.（ここでぶらぶらしていないで，早く家に帰りなさい。）

【晃悠】huàng·you

動 ゆらゆら揺れる。

¶今天风大，索道一直晃悠着。Jīntiān fēng dà, suǒdào yìzhí 〜zhe.（今日は風が強くて，ロープウェーがずっと揺れている。）¶那个醉汉在马路上晃晃悠悠地走着。Nàge zuìhàn zài mǎlù shàng huànghuàngyōuyōu de zǒuzhe.（その酔っ払いは大通りをふらふら歩いている。）

【晦气】huì·qì

形 運が悪い。ついていない。

¶两个孩子轮流发烧，真晦气。Liǎng ge háizi lúnliú fāshāo, zhēn 〜.（ふたりの子が順番に熱を出して，本当についていない。）¶他总是失败，大家不喜欢跟他在一起，怕沾上晦气。Tā zǒngshì shībài, dàjiā bù xǐhuan gēn tā zài yìqǐ, pà zhānshàng ~.（彼はいつも失敗するので誰も彼と一緒にいたがらない。運の悪さがうつるのを恐れているのだ。） ⇒ xǐ·huan

【馄饨】hún·tun

名 ワンタン。

¶一碗馄饨 yì wǎn ~（ひと碗のワンタン）

【活泛】huó·fan

形 ①機転が利く。

¶心眼儿活泛 xīnyǎnr ~（機転が利く）¶他头脑活泛，点子多，你找他出出主意吧。Tā tóunǎo ~, diǎnzi duō, nǐ zhǎo tā chūchu zhǔyi ba.（彼は機転が利き，考えも多いので，彼を訪ねてアイデアを出してもらいなさい。） ⇒ zhǔ·yi

②経済的にゆとりがある。

¶他最近买股票赚了一笔，手头活泛起来了。Tā zuìjìn mǎi gǔpiào zhuànle yì bǐ, shǒutóu ~ qǐlái le.（彼は最近株でひと儲けして，懐具合がよくなった。）

【活计】huó·ji

名 ①仕事。以前は針仕事などを指したが，現在では様々な労働を指す。

¶针线活计 zhēnxiàn ~（針仕事）⇒ zhēn·xiàn¶到年底了，工厂里的活计很忙。Dào niándǐ le, gōngchǎng lǐ de ~ hěn máng.（年の瀬を迎え，工場の仕事が忙しい。）

②（できあがった）針仕事。手工芸品。

¶这个活计做得不错。Zhège ~ zuò de búcuò.（この針仕事はよくできている。）

【活泼】huó·pō

形 ①活発だ。生き生きとしている。

¶她是一个活泼开朗的孩子。Tā shì yí ge ~ kāilǎng de háizi.（彼女は元気で朗らかな子だ。）¶文章写得生动活泼。Wénzhāng xiě de shēngdòng ~.（文章が生き生きと書けている。）

②化学変化を起こしやすい。

【火候】huǒ·hou

名 ①火加減。

¶看火候 kàn ~（火加減を見る）¶做菜掌握好火候很重要。

Zuò cài zhǎngwò hǎo ～ hěn zhòngyào.（調理は火加減を心得ることが重要だ。）

②熟達の程度。円熟度。

¶**你这汉语学得还欠火候**。Nǐ zhè Hànyǔ xué de hái qiàn ～.（君の中国語はまだ円熟味に欠ける。）¶**他的体操练得够火候**。Tā de tǐcāo liàn de hěn gòu ～.（彼の体操は熟練の域に達している。）

③ちょうどいい時。

¶**货来得正是火候**。Huò lái de zhèng shì ～.（商品がちょうどいい時に入荷した。）

【火烧】huǒ·shao

名 表面にゴマの付いていないシャオピン（【烧饼】shāo·bing）。

【伙计】huǒ·ji

名 ①仲間。

¶**他是我的好伙计**。Tā shì wǒ de hǎo ～.（彼は私のいい相棒だ。）

②旧時の店員。

【伙食】huǒ·shí

名 （集団の）食事。まかない。

¶**改善伙食** gǎishàn ～（食事を改善する）¶**学生们对学校食堂的伙食很不满**。Xuéshēngmen duì xuéxiào de ～ hěn bùmǎn.（学生たちは学食の食事にとても不満を持っている。）⇒ xué·shēng ¶**除了宿舍费，还要交伙食费**。Chúle sùshèfèi, hái yào jiāo ～fèi.（部屋代のほかに，食費を払わなければならない。）

【和弄】huò·nong

動〈方言〉かき混ぜる。

¶**妈妈把面和水和弄在一起，揉成面团了**。Māma bǎ miàn hé shuǐ ～ zài yìqǐ, róuchéng miàntuán le.（母は小麦粉と水をかき混ぜ，こねてかたまりにした。）

【祸害】huò·hai

名 ①災害。

¶**一场冰雹，庄稼遭受严重祸害**。Yì cháng bīngbáo, zhuāngjia zāoshòu yánzhòng ～.（ひょうが降って，農作物は深刻な災害を受けた。）⇒ zhuāng·jia

②災難を引き起こす人や事物。

¶他是班里的祸害。Tā shì bān lǐ de ～.（彼はクラスの厄介者だ。）
¶腐败是社会的一大祸害。Fǔbài shì shèhuì de yí dà ～.（腐敗は社会の一大害悪だ。）

動 損害を与える。

¶长得这么好的菜，全被虫子祸害了。Zhǎng de zhème hǎo de cài, quán bèi chóngzi ～ le.（こんなに見事に育った野菜がすっかり害虫にやられた。）

J

【叽咕】(唧咕) **jī·gu**

動 ひそひそ話す。

¶你们俩在这里叽咕什么呢? Nǐmen liǎ zài zhèlǐ ~ shénme ne? (君たちふたりはここで何をひそひそ話しているのか？) ¶上课了，别叽叽咕咕的了。Shàngkè le, bié jījigūgū de le. (授業が始まった。いつまでもおしゃべりしていないように。)

【饥荒】jī·huang

名 ①凶作。

¶今年的饥荒是历史上最严重的。Jīnnián de ~ shì lìshǐ shàng zuì yánzhòng de. (今年の凶作は歴史上最悪のものである。)

②経済的に苦しい状況。

¶她花钱太大手，每个月发工资前都会闹饥荒。Tā huā qián tài dàshǒu, měi ge yuè fā gōngzī qián dōu huì nào ~. (彼女は金遣いが荒く、毎月給料日の前にきまってやり繰りがつかなくなる。)

③借金。

¶他妈妈拉着饥荒把他和弟弟抚养长大了。Tā māma lāzhe ~ bǎ tā hé dìdi fǔyǎng zhǎngdà le. (彼のお母さんは借金をしながら、彼と弟を育て上げた。)

【机会】jī·huì

名 機会。チャンス。

¶错过机会 cuòguò ~ (チャンスを逃す) ¶有机会，请再来。Yǒu ~, qǐng zài lái. (機会があれば、またお越しください。) ¶我相信这是上帝给我安排的好机会。Wǒ xiāngxìn zhè shì shàngdì gěi wǒ ānpái de hǎo ~. (これは神が私に与えてくれた絶好のチャンスだと信じています。)

【机灵】jī·ling

形 賢い。利口だ。

¶那个孩子很机灵。Nàge háizi hěn ~. (その子は賢い。) ¶在这件事情中，他表现得很机灵。Zài zhè jiàn shìqing zhōng, tā biǎoxiàn de hěn ~. (今回の件で、彼の態度は賢いものだった。)

⇒ shì·qing

【机器】jī·qì

名 機械。

¶机器人 ～rén（ロボット）¶这架机器出毛病了。Zhè jià ～ chū máobìng le.（この機械は故障している。）⇒ máo·bìng ¶工人们正在工厂安装机器。Gōngrénmen zhèng zài gōngchǎng ānzhuāng ～.（労働者たちは工場で機械を取り付けているところだ。）

【犄角】jī·jiao

名（ウシやヒツジなどの）角。

¶牛犄角 niú～（ウシの角）¶一对犄角 yí duì～（1対の角）[比较]【犄角】jījiǎo **名** ①（机などの）角。②隅。

【激灵】jī·ling

動〈方言〉ぶるっと震える。

¶他浑身一激灵，打了个冷战。Tā húnshēn yì～, dǎle ge lěngzhan.（彼は全身をぶるっと震わせた。）⇒ lěng·zhan

【蒺藜】jí·li

名 ハマビシ。植物の一種。

【挤对】jǐ·dui

動〈方言〉無理強いする。

¶他在单位很受挤对。Tā zài dānwèi hěn shòu～.（彼は職場でよく困らされる。）

【脊梁】jǐ·liang

名 ①背中。

¶脊梁骨 ～gǔ（背骨）¶他脊梁挺得笔直。Tā ～ tǐng de bǐzhí.（彼の背すじはぴんと伸びている。）

②中堅的な人。

¶年轻人是国家未来的脊梁。Niánqīngrén shì guójiā wèilái de ～.（若者は国の将来を背負っている。）

【记号】jì·hao

名 記号。しるし。

¶做记号 zuò～（しるしを付ける）¶如果有问题，请您用红笔打个记号。Rúguǒ yǒu wèntí, qǐng nín yòng hóngbǐ dǎ ge～.（何か問題があれば、赤ペンでしるしを付けてください。）

【记恨】jì·hèn

動 恨む。恨みを抱く。

¶爷爷从不记恨别人。Yéye cóng bú ～ biérén.（祖父は人を恨ん

【记性】jì·xing

名 記憶力。

¶**记性好** ~ hǎo（物覚えがいい）¶**他记性不好，总忘事。**Tā ~ bù hǎo, zǒng wàng shì.（彼は記憶力が悪く、しょっちゅう物忘れをする。）¶**你真没记性。**Nǐ zhēn méi ~.（君は本当に記憶力が悪い。）

【忌妒】jì·du

動 ねたむ。嫉妬する。

¶**不要忌妒人。**Búyào ~ rén.（人をねたんではいけない。）¶**他忌妒竞争对手的工作能力。**Tā ~ jìngzhēng duìshǒu de gōngzuò nénglì.（彼はライバルの仕事の能力をねたんでいる。）¶**那个人嫉妒心很重。**Nàge rén ~xīn hěn zhòng.（あの人は嫉妬深い。）

【忌讳】jì·huì

動 ①忌み嫌う。

¶**中国人和日本人都忌讳"四"这个数字。**Zhōngguórén hé Rìběnrén dōu ~ "sì" zhège shùzì.（中国人も日本人も「4」という数字を忌み嫌う。）¶**女孩子忌讳别人问自己年龄。**Nǚháizi ~ biérén wèn zìjǐ niánlíng.（女の子は人に年齢を聞かれるのを嫌う。）⇒ bié·rén

②努めて避ける。

¶**学习上最忌讳的就是偷懒。**Xuéxí shàng zuì ~ de jiù shì tōulǎn.（勉強で最も慎むべきことは怠けである。）

名 タブー。

¶**犯忌讳** fàn ~（タブーを犯す）

【家当】jiā·dàng

名 家財。身代。

¶**爸爸辛辛苦苦工作好不容易才挣下这么点儿家当。**Bàba xīnxīnkǔkǔ gōngzuò hǎobù róngyì cái zhèngxià zhèmediǎnr ~.（父は必死に働いてやっとこればかりの財産を作った。）

【家伙】jiā·huo

名 ①道具や武器。

¶**干活儿没家伙可不行。**Gàn huór méi ~ kě bù xíng.（仕事をするのに道具がなければ始まらない。）

②人や動物。軽蔑やからかいの意味を含む。

¶小家伙 xiǎo~（子どもに対する呼称）¶那家伙借钱不还，很讨厌。Nà ~ jiè qián bù huán, hěn tǎoyàn.（あいつは金を借りても返さない。嫌な奴だ。）

【家什】jiā·shi

名 用具。器物。家具。

¶我家没什么值钱家什。Wǒ jiā méi shénme zhíqián ~.（我が家には金目の物が何もない。）¶你拿个家什来把水果装上。Nǐ ná ge ~ lái bǎ shuǐguǒ zhuāngshàng.（何か入れ物を持ってきて果物を盛りなさい。）

【价钱】jià·qián

名 値段。

¶价钱便宜 ~ piányi（値段が安い）⇒ pián·yi ¶价钱公道 ~ gōngdao（値段が適正だ、決して高くない）⇒ gōng·dao ¶东西好，价钱贵了点儿。Dōngxi hǎo, ~ guìle diǎnr.（物はいいが、値段がいささか高い。）⇒ dōng·xi

【架势】jià·shi

名 ①姿勢。姿。

¶他生气了，摆开架势要打架。Tā shēngqì le, bǎikāi ~ yào dǎjià.（彼はかっとなって、なぐりかかる構えをした。）

②〈方言〉情勢。様子。

¶这天看架势要下雪。Zhè tiān kàn ~ yào xià xuě.（この様子では雪が降りそうだ。）

【嫁妆】jià·zhuang

名 嫁入り道具。

¶她出嫁的时候嫁妆不少。Tā chūjià de shíhou ~ bù shǎo.（彼女が嫁いだ時、嫁入り道具が多かった。）⇒ shí·hou

【煎饼】jiān·bing

名 食品の一種。コウリャン・小麦・アワなどの粉を水で溶き、薄くのばして焼いたもの。

【见识】jiàn·shi

動 見聞を広める。

¶他走遍各地见识了很多事情。Tā zǒubiàn gè dì ~le hěn duō shìqing.（彼は各地をくまなく回って、いろいろ見聞を広めた。）

⇒ shì·qing¶今天让你见识见识我的本事。Jīntiān ràng nǐ ～ ～ wǒ de běnshi.（今日は君に私の腕前を拝ませてやる。）⇒ běn·shi

名 見聞。知識。

¶见识广 ～ guǎng（見識が広い）¶长见识 zhǎng ～（見識が広くなる）¶一般见识 yìbān ～（同じような見識，転じて見識の低い人と争うこと）¶旅游是增长见识的好方法。Lǚyóu shì zēngzhǎng ～ de hǎo fāngfǎ.（旅行は見聞を広めるよい方法だ。）¶别跟小孩子一般见识。Bié gēn xiǎoháizi yìbān ～.（大人気ないことをするな。）

【将就】jiāng·jiu

动 間に合わせる。我慢する。

¶出门在外,你就将就将就吧。Chūmén zàiwài, nǐ jiù ～ ～ ba.（外出先では少し我慢しなさい。）¶今晚我们只能在这个小房间将就一晚。Jīnwǎn wǒmen zhǐ néng zài zhège xiǎo fángjiān ～ yì wǎn.（今夜，私たちはこの小さな部屋でひと晩我慢するしかない。）¶这个书包很旧了,不过还能将就着用。Zhège shūbāo hěn jiù le, búguò hái néng ～zhe yòng.（このかばんは古くなったが，まだ何とか使える。）

【缰绳】jiāng·shéng

名 手綱。

¶马缰绳 mǎ ～（ウマの手綱）

【讲究】jiǎng·jiu

动 重んじる。念を入れる。凝る。

¶讲究卫生 ～ wèishēng（衛生に注意する）¶他是一个讲究穿戴的人。Tā shì yí ge ～ chuāndài de rén.（彼は服装にこだわる人だ。）¶日本产品的设计讲究细节,我很喜欢。Rìběn chǎnpǐn de shèjì ～ xìjié, wǒ hěn xǐhuan.（日本製品のデザインは細部まで入念で，私は大好きだ。）⇒ xǐ·huan

名 注目すべき点。いわれ。

¶他对吃很有讲究。Tā duì chī hěn yǒu ～.（彼は食にこだわりが多い。）¶中国的风俗习惯讲究很多。Zhōngguó de fēngsú xíguàn ～ hěn duō.（中国の風俗習慣にはいわれが多い。）

形 精美だ。凝っている。

¶这个礼物的包装很讲究。Zhège lǐwù de bāozhuāng hěn ~.(このプレゼントのラッピングは精美だ。)

【糨糊】**jiàng·hu**

名 のり。

¶用糨糊贴 yòng ~ tiē (のりではる)

【交情】**jiāo·qing**

名 友情。よしみ。

¶交情深 ~ shēn (友情が深い) ¶我们两个是老交情了。Wǒmen liǎng ge shì lǎo ~ le.(私たちふたりはもう古いよしみだ。) ¶他们只是工作上交往，私下没有交情。Tāmen zhǐshì gōngzuò shàng jiāowǎng, sīxià méiyǒu ~.(彼らは仕事上の付き合いがあるだけで、個人的には関係がない。) ⇒ méi·yǒu

【娇气】**jiāo·qì**

名 柔弱さ。甘える性質。

¶他女儿身上娇气太多了。Tā nǚ'ér shēnshang ~ tài duō le.(彼の娘は甘えっ子だ。)

形 ①甘ったれている。

¶现在的孩子太娇气了，吃不了苦。Xiànzài de háizi tài ~ le, chībuliǎo kǔ.(いまの子どもは甘ったれていて、我慢強くない。)

②（物や草花が）長持ちしない。

¶这花太娇气，一天就谢了。Zhè huā tài ~, yì tiān jiù xiè le.(この花は弱くて、1日で散ってしまった。)

【骄气】**jiāo·qì**

名 傲慢な態度。

¶他的骄气是大家都不喜欢的。Tā de ~ shì dàjiā dōu bù xǐhuan de.(彼の傲慢さはみんなに嫌われている。) ⇒ xǐ·huan

【矫情】**jiáo·qing**

形 いこじだ。

¶犯矫情 fàn ~（いこじになる，意地を張る）¶那个人很矫情，不好相处。Nàge rén hěn ~, bù hǎo xiāngchǔ.（あの人はへそ曲がりで、付き合いにくい。）

[比較]【矫情】jiǎoqíng 動 人と異なることをして得意がる。

【脚后跟】**jiǎohòu·gen**

名 かかと。

¶鞋子太小，我脚后跟起了个泡。Xiézi tài xiǎo, wǒ ～ qǐle ge pào.(靴が小さすぎて、かかとにまめができた。)

【搅和】jiǎo·huo

動 ①混じる。混ぜる。

¶她不小心把大米和麦子搅和到一起了。Tā bù xiǎoxīn bǎ dàmǐ hé màizi ～ dào yìqǐ le.(彼女はうっかりコメとムギを混ぜてしまった。)

②かき乱す。

¶别人的事你瞎搅和什么！Biérén de shì nǐ xiā ～ shénme！(他人の事なのに、何をあれこれかき乱すのか！) ⇒ bié·rén ¶好好儿的一件事让他搅和黄了。Hǎohāor de yí jiàn shì ràng tā ～ huáng le.(まともな話を彼が台無しにしてしまった。)

【叫唤】jiào·huan

動 ①大声で叫ぶ。

¶他突然大声叫唤起来。Tā tūrán dàshēng ～ qǐlái.(彼は突然大声で叫び始めた。) ¶他被门夹了手，疼得直叫唤。Tā bèi mén jiāle shǒu, téng de zhí ～.(彼はドアに手を挟まれ、痛くてしきりにうめき声をあげた。)

②(動物が) 鳴く。

¶门外的狗老叫唤，是不是有什么人来了？Ménwài de gǒu lǎo ～, shì bú shì yǒu shénme rén lái le？(外でイヌがしきりに鳴いている。誰か来たのだろうか？)

【教训】jiào·xùn

動 教え諭す。

¶教训孩子 ～ háizi (子どもを教え諭す) ¶他考试作弊被老师抓到，老师狠狠地教训了他。Tā kǎoshì zuòbì bèi lǎoshī zhuādào, lǎoshī hěnhěn de ～ le tā.(彼はカンニングが先生に見つかり、先生は厳しく彼を教え諭した。)

名 教訓。

¶接受教训 jiēshòu ～(教訓をくみ取る) ¶我会吸取这次的教训，下次争取不再犯同样的错误。Wǒ huì xīqǔ zhè cì de ～, xià cì zhēngqǔ bú zài fàn tóngyàng de cuòwù.(今回の教訓をくみ取り、次回は同じ過ちをもう犯さないように努力します。)

【节骨眼儿】jiē·guyǎnr

名〈方言〉肝心な時。

¶在这个节骨眼儿上，绝对不可以出问题。Zài zhège ～ shàng, juéduì bù kěyǐ chū wèntí.（この肝心の時，絶対に問題を起こしてはいけない。）

【结巴】jiē·ba

動 どもる。

¶他一喝醉酒说话就结巴。Tā yì hēzuì jiǔ shuōhuà jiù ～.（彼は酒に酔うとすぐにどもる。）¶第一次在大会上发言，他紧张得结结巴巴的。Dì-yī cì zài dàhuì shàng fāyán, tā jǐnzhāng de jiējiēbābā de.（初めて大会で発言して，彼は緊張のあまりしどろもどろになった。）

名 どもる人。どもり。

【结实】jiē·shi

形（物や体が）丈夫だ。

¶日本的商品很结实。Rìběn de shāngpǐn hěn ～.（日本製品は丈夫だ。）¶他身体结实，很少生病。Tā shēntǐ ～, hěn shǎo shēngbìng.（彼は体が丈夫で，めったに病気をしない。）¶我儿子长得很结实。Wǒ érzi zhǎng de hěn ～.（息子は健康な体付きをしている。）

【街坊】jiē·fang

名 隣近所。隣人。

¶街坊四邻 ～ sìlín（隣近所）¶他在街坊邻居中很受欢迎。Tā zài ～ línjū zhōng hěn shòu huānyíng.（彼は隣近所の人気者だ。）¶他们是相处多年的老街坊。Tāmen shì xiāngchǔ duō nián de lǎo ～.（彼らは長年付き合っている隣人だ。）

【节气】jié·qì

名 節気。昼夜の長さにより1年を24に分けた季節のひとつ。

¶立春是二十四节气之一。Lìchūn shì èrshísì ～ zhīyī.（立春は24ある節気のひとつだ。）

【姐夫】jiě·fu

名 姉の夫。

¶我姐夫长得很帅。Wǒ ～ zhǎng de hěn shuài.（姉の旦那さんはかっこいい。）

【戒指】jiè·zhi

名 指輪。

¶她戴着钻石戒指。Tā dàizhe zuànshí ～.（彼女はダイヤの指輪をしている。）¶他跟未婚妻一起选了结婚戒指。Tā gēn wèihūnqī yìqǐ xuǎnle jiéhūn ～.（彼はフィアンセと一緒に結婚指輪を選んだ。）

【芥末】jiè·mo

名 からし粉。

¶我不喜欢吃纳豆的时候放芥末。Wǒ bù xǐhuan chī nàdòu de shíhou fàng ～.（納豆を食べる時、からしを入れるのは好きではない。）⇒ xǐ·huan, shí·hou

【金贵】jīn·guì

形 貴重だ。

¶东西越少越金贵。Dōngxi yuè shǎo yuè ～.（物は少ないほど貴重だ。）⇒ dōng·xi ¶她把笨儿子看得很金贵。Tā bǎ bèn érzi kàn de hěn ～.（彼女はばか息子を大切に思っている。）

【筋道】jīn·dao

形〈方言〉（食べ物に）歯ごたえがある。

¶这面做得很筋道。Zhè miàn zuò de hěn ～.（このうどんはこしがある。）

【尽自】jǐn·zi

副〈方言〉いつも。たえず。

¶他一天到晚尽自忙活，可是没什么成果。Tā yìtiān dàowǎn ～ mánghuo, kěshì méi shénme chéngguǒ.（彼は一日中働きづめだが、何の成果もあがらない。）⇒ máng·huo

【近便】jìn·bian

形 近道だ。

¶走这条路上学近便。Zǒu zhè tiáo lù shàngxué ～.（この道で通学すると近道だ。）¶这条路近便是近便，不过不安全。Zhè tiáo lù ～ shì ～, búguò bù ānquán.（この道は近道だが、危険だ。）

【近乎】jìn·hu

形〈方言〉関係が親密だ。

¶他俩最近处得挺近乎。Tā liǎ zuìjìn chǔ de tǐng ～.（あのふたりは最近やけに仲がいい。）¶他跟小王拉近乎。Tā gēn Xiǎo Wáng lā ～.（彼は王さんに取り入ろうとしている。）¶别跟我套

近乎! Bié gēn wǒ tào ~ ! (なれなれしくしないでくれ!)

[比較]【近乎】jìnhū **動** …に近い。

【惊醒】jīng·xing

形 眠りが浅い。

¶他睡觉很惊醒, 小点儿声说话, 别吵醒了他。Tā shuìjiào hěn ~, xiǎo diǎnr shēng shuōhuà, bié chǎoxǐngle tā. (彼は眠りが浅いので、小声で話して。彼を起こさないように。)

[比較]【惊醒】jīngxǐng **動** ①驚いて目を覚ます。②目を覚まさせる。

【精神】jīng·shen

名 元気。活力。

¶精神焕发 ~ huànfā (元気はつらつとしている) ¶振作精神 zhènzuò ~ (元気を奮い立たせる) ¶他昨晚熬夜, 今天没什么精神。Tā zuówǎn áoyè, jīntiān méi shénme ~. (彼は昨晩夜ふかしして、今日はまったく元気がない。) ¶别难过了, 打起精神来吧! Bié nánguò le, dǎqǐ ~ lái ba! (悲しまずに、元気を出して!)

形 元気だ。

¶他已经七十多岁了, 但是像小伙子一样精神。Tā yǐjīng qīshí duō suì le, dànshì xiàng xiǎohuǒzi yíyàng ~. (彼はもう70歳を過ぎているのに、若者のように元気だ。) ¶这个孩子长得很精神。Zhège háizi zhǎng de hěn ~. (この子は元気はつらつとしている。)

[比較]【精神】jīngshén **名** 精神。

【舅母】jiù·mu

名 母の兄弟の妻。おば。

K

【开通】kāi·tong

形 進歩的だ。さばけている。

¶这个老人思想很开通，一点儿也不保守。Zhège lǎorén sīxiǎng hěn ~, yìdiǎnr yě bù bǎoshǒu.(この老人は考え方が開けていて、少しも古くさくない。)

動 進歩的にさせる。納得させる。

¶他最近有点儿想不开，你开通开通他吧。Tā zuìjìn yǒudiǎnr xiǎngbukāi, nǐ ~ ~ tā ba.(彼は最近よくよくしているので、よく言って聞かせてやりなさい。)

[比較]【开通】kāitōng 動 ①（古い習慣などを）一新させる。②開通する。

【开销】kāi·xiāo

動（費用を）支払う。

¶学费太贵，这么点儿钱不够开销。Xuéfèi tài guì, zhèmediǎnr qián búgòu ~.(学費が高すぎて、これっぽっちのお金では支払えない。)

名（支払う）費用。

¶减少开销 jiǎnshǎo ~（出費を減らす）¶出国旅游一趟开销不少。Chūguó lǚyóu yí tàng ~ bù shǎo.（海外旅行に1度行くと費用もばかにならない。)

【看法】kàn·fǎ

名 見方。考え。否定的な意見。

¶我的看法跟你一致。Wǒ de ~ gēn nǐ yízhì.（私の考えはあなたと同じです。）¶她对丈夫有看法。Tā duì zhàngfu yǒu ~.（彼女は夫に不満を抱いている。）⇒ zhàng·fu

【考究】kǎo·jiu

動 ①調査する。研究する。

¶这个出土文物的历史需要进一步考究。Zhège chūtǔ wénwù de lìshǐ xūyào jìnyíbù ~.（この出土品の歴史についてはさらに調査する必要がある。）¶这件事是真是假没必要去考究。Zhè jiàn shì shì zhēn shì jiǎ méi bìyào qù ~.（この件の真偽については突き止める必要はない。）

②重んじる。念を入れる。凝る。

¶我觉得吃饭的时候不必过分考究食物的营养。Wǒ juéde chīfàn de shíhou búbì guòfèn 〜 shíwù de yíngyǎng.（食事の時、食品の栄養を気にしすぎる必要はないと思う。）⇒ shí·hou

形 精美だ。凝っている。

¶这双鞋做工很考究。Zhè shuāng xié zuògōng hěn 〜.（この靴は仕立てが精美だ。）

【磕巴】kē·ba ＝【结巴】jiē·ba

動 〈方言〉どもる。

名 〈方言〉どもる人。どもり。

【磕打】kē·da

動 たたきつけて付着した物を取り除く。

¶请你磕打一下脚底下的泥，别把地板踩脏了。Qǐng nǐ 〜 yíxià jiǎo dǐxia de ní, bié bǎ dìbǎn cǎizāng le.（足もとの泥をたたき落としてください。床を汚さないで。）⇒ dǐ·xia

【咳嗽】ké·sou

動 咳をする。

¶感冒了，咳嗽得很厉害。Gǎnmào le, 〜 de hěn lìhai.（風邪をひいて、咳がひどく出る。）⇒ lì·hai ¶他感冒了，不停地咳嗽。Tā gǎnmào le, bù tíng de 〜.（彼は風邪をひいて、しきりに咳をしている。）

【客气】kè·qi

形 丁重だ。

¶您太客气啦！Nín tài 〜 la!（これはご丁寧に！）¶他很有礼貌，对人总是客客气气的。Tā hěn yǒu lǐmào, duì rén zǒngshì kèkèqìqì de.（彼は礼儀正しく、人にいつも丁重だ。）

動 遠慮する。

¶你多吃点儿，别客气。Nǐ duō chī diǎnr, bié 〜.（遠慮せずに、たくさん食べてください。）¶那我就不客气了。Nà wǒ jiù bú 〜 le.（では遠慮なくいただきます。）

【客人】kè·rén

名 客。

¶一位客人 yí wèi 〜（ひとりのお客様）¶以前家里经常来客人。Yǐqián jiā lǐ jīngcháng lái 〜.（以前は家に来客が多かった。）

¶主人热情地招待了客人。Zhǔrén rèqíng de zhāodàile ～.（主人は心をこめて客をもてなした。）⇒ zhǔ·rén

【吭哧】kēng·chi

擬声 力んだ時に出る音を表す。

¶他搬着箱子吭哧吭哧地走着。Tā bānzhe xiāngzi ～ ～ de zǒuzhe.(彼はトランクを運びながらうんうんうなって歩いている。)

動 口ごもる。

¶他吭哧了半天也没说出话来。Tā ～le bàntiān yě méi shuōchū huà lái.(彼は長い間口ごもっていたが、結局何も言い出さなかった。)

【抠搜】kōu·sou

形 ①ぐずぐずしている。

¶你在那里抠搜什么呢? Nǐ zài nàlǐ ～ shénme ne？（そこで何をぐずぐずしているのか?）

②けちけちしている。

¶那个人真抠搜,这么点儿钱都不愿意借给我。Nàge rén zhēn ～, zhèmediǎnr qián dōu bú yuànyì jiè gěi wǒ.(あの人は本当にけちだ。これっぽっちのお金も貸してくれようとしない。)

【口袋】kǒu·dai

名 ①袋。

¶圣诞老人背着一个大口袋,到处给孩子发礼物。Shèngdàn Lǎorén bēizhe yí ge dà ～, dàochù gěi háizi fā lǐwù.(サンタクロースは大きな袋を背負い、あちこちで子どもにプレゼントを配る。)

②ポケット。

¶口袋里装着什么? ～ lǐ zhuāngzhe shénme？（ポケットに何を入れているのか?）¶我把钱包装在口袋里,被小偷儿偷走了。Wǒ bǎ qiánbāo zhuāng zài ～ lǐ, bèi xiǎotōur tōuzǒu le.（財布をポケットに入れていたら、スリにすられた。）

【口气】kǒu·qì

名 語気。口調。口ぶり。

¶严肃的口气 yánsù de ～（厳粛な口調）¶好大的口气! Hǎo dà de ～！（大きな口をきくものだ!）¶听他的口气,好像已经知道那件事了。Tīng tā de ～, hǎoxiàng yǐjīng zhīdào nà jiàn shì le.(彼の口ぶりからすると、もうあの事を知っているようだ。）⇒

zhī·dào¶他说话的口气让人很不舒服。Tā shuōhuà de ～ ràng rén hěn bù shūfu.（彼の話し方は本当に気持ち悪い。）⇒ shū·fu

【口音】kǒu·yīn
名 ①話す声。
¶听口音，你不是本地人吧? Tīng ～,nǐ bú shì běndìrén ba ?（話し方からして，あなたはこの土地の人ではないでしょう?）
②方言音。なまり。
¶他山东口音很重。Tā Shāndōng ～ hěn zhòng.（彼は山東なまりがきつい。）¶她的家乡口音总是改不过来。Tā de jiāxiāng ～ zǒngshì gǎibuguòlái.（彼女の故郷のなまりはいつまでも改まらない。）

【窟窿】kū·long
名 ①穴。
¶窟窿眼儿 ～yǎnr（小さな穴）¶烟掉在地毯上，烧了个窟窿。Yān diào zài dìtǎn shàng, shāole ge ～.（タバコを絨毯に落としたら，焼けて穴がひとつ開いた。）
②赤字や欠損。
¶今年一定要填上这个财政窟窿。Jīnnián yídìng yào tiánshàng zhège cáizhèng ～.（今年中に必ずこの赤字の穴を埋めなければならない。）

【会计】kuài·jì
名 会計。会計係。
¶她在公司财务科干会计。Tā zài gōngsī cáiwù kē gàn ～.（彼女は会社の財務課で会計をしている。）

【快当】kuài·dang
形 迅速だ。
¶他做事又认真又快当。Tā zuòshì yòu rènzhēn yòu ～.（彼はまじめにしかもすばやく仕事をする。）

【快活】kuài·huo
形 楽しい。嬉しい。
¶孩子们在公园里快活地玩耍。Háizimen zài gōngyuán lǐ ～ de wánshuǎ.（子どもたちは公園で楽しく遊んでいる。）¶他日子过得快快活活的。Tā rìzi guò de kuàikuàihuóhuó de.（彼は日々を

愉快に過ごしている。)

【宽敞】kuān·chang

形 広い。広々としている。

¶教室又宽敞又明亮。Jiàoshì yòu ~ yòu míngliàng.（教室は広くて明るい。）¶这部新型的车，车内空间很宽敞。Zhè bù xīnxíng de chē, chēnèi kōngjiān hěn ~.（この新型車は車内空間がとても広い。）

【宽绰】kuān·chuo

形 ①広い。

¶这间屋子很宽绰。Zhè jiān wūzi hěn ~.（この部屋はとても広い。）

②（心に）ゆとりがある。大らかだ。

¶孩子考上了大学，她心里宽绰了不少。Háizi kǎoshàngle dàxué, tā xīnlǐ ~le bù shǎo.（子どもが大学に合格して，彼女は随分気が楽になった。）

③裕福だ。

¶生活一直不宽绰。Shēnghuó yìzhí bù ~.（生活がずっと裕福ではない。）

【宽松】kuān·sōng

形 ①（場所などが）ゆったりしている。

¶搬走了一张桌子，屋里宽松多了。Bānzǒule yì zhāng zhuōzi, wū lǐ ~ duō le.（テーブルを1台運び出したら，部屋の中が広々とした。）¶我爱穿宽松的衣服。Wǒ ài chuān ~ de yīfu.（私はゆったりとした服が好きだ。）⇒ yī·fu

②（気持ちなどが）のびのびとしている。

¶听到这消息，心里宽松了。Tīngdào zhè xiāoxi, xīnlǐ ~ le.（この知らせを聞いて，気が楽になった。）⇒ xiāo·xi

③（金銭的に）ゆとりがある。

¶手头宽松了. Shǒutóu ~ le.（懐具合がよくなった。）

【亏空】kuī·kong

動 赤字を出す。欠損する。

¶这虽然是个小店，但是经营得法，从不亏空。Zhè suīrán shì ge xiǎo diàn, dànshì jīngyíng défǎ, cóng bù ~.（これは小さな店だが，健全な経営で赤字を出したことがない。）¶那家公司

亏空了五百万人民币。Nà jiā gōngsī ~le wǔbǎi wàn rénmínbì.（あの会社は500万元の赤字を出した。）

名 赤字。欠損。

¶这个公司正在想办法弥补亏空。Zhège gōngsī zhèngzài xiǎng bànfǎ míbǔ ~.（この会社はいま何とかして赤字を埋めようとしている。）¶他的银行账户上有五千元的亏空。Tā de yínháng zhànghù shàng yǒu wǔqiān yuán de ~.（彼の銀行口座には5000元の欠損がある。）

【魁梧】kuí·wú

形 たくましくて大きい。

¶身量魁梧 shēnliang ~（体付きがたくましい）⇒ shēn·liang

【困难】kùn·nan

形 ①困難だ。

¶看起来很简单，做起来很困难。Kàn qǐlái hěn jiǎndān, zuò qǐlái hěn ~.（見たところ簡単そうだが，やってみると難しい。）

¶这项工作不管多么困难，我也一定要做好。Zhè xiàng gōngzuò bùguǎn duōme ~, wǒ yě yídìng yào zuòhǎo.（この仕事がどんなに困難でも，私は必ずやり遂げなければならない。）

②困窮している。

¶我家生活困难。Wǒ jiā shēnghuó ~.（我が家は生活が苦しい。）

名 困難な問題や障害。

¶要是有困难，随时给我打电话。Yàoshi yǒu ~, suíshí gěi wǒ dǎ diànhuà.（困った事があれば，いつでも電話をください。）⇒ yào·shi ¶他是个热心人，看到有困难的人就想去帮助。Tā shì ge rèxīnrén, kàndào yǒu ~ de rén jiù xiǎng qù bāngzhù.（彼は親切な人で，困った人を見るとすぐに助けに行こうとする。）

【阔气】kuò·qi

形 豪華で贅沢だ。

¶摆阔气 bǎi ~（豪勢に振る舞う）¶他太太打扮得很阔气。Tā tàitai dǎban de hěn ~.（彼の奥さんは豪華に着飾っている。）⇒ dǎ·ban ¶他花钱很阔气，不知道是干什么的。Tā huā qián hěn ~, bù zhīdào shì gàn shénme de.（彼は豪勢に金を使うが，何をしている人だろう。）⇒ zhī·dào

L

【拉扯】lā·che

動 ①引く。引っ張る。

¶这种布不能使劲拉扯,会扯碎的。Zhè zhǒng bù bù néng shǐjìn ~, huì chěsuì de.(この種の布は強く引っ張ってはいけない。引っ張ると破れる。)

②苦労して育てる。

¶她爱人去世得早,她一个人辛苦十几年,总算把儿子拉扯大了。Tā àiren qùshì de zǎo, tā yí ge rén xīnkǔ shíjǐ nián, zǒngsuàn bǎ érzi ~ dà le.(彼女は夫に早く先立たれ,ひとりで10数年苦労して何とか息子を育て上げた。) ⇒ ài·ren

③助ける。引き立てる。

¶朋友就是在你有困难时拉扯你一把的人。Péngyou jiù shì zài nǐ yǒu kùnnan shí ~ nǐ yì bǎ de rén.(友人とは,あなたが困っている時にぐいと引っ張って助けてくれる人のことだ。) ⇒ péng·you, kùn·nan

④抱き込む。ぐるになる。

¶他被那帮流氓拉扯进组织了。Tā bèi nà bāng liúmáng ~ jìn zǔzhī le.(彼はあのチンピラどもの仲間に引きずり込まれた。)

⑤巻き添えにする。

¶这件事跟他无关,别把他拉扯进来。Zhè jiàn shì gēn tā wúguān, bié bǎ tā ~ jìnlái.(この件は彼とは無関係だ。彼を巻き添えにしてはいけない。)

⑥無駄話をする。

¶我还有工作没做完,没时间跟你拉扯。Wǒ hái yǒu gōngzuò méi zuòwán, méi shíjiān gēn nǐ ~.(まだやり終えていない仕事があるので,君と無駄話をしている暇はない。)

【拉拢】lā·lǒng

動 (人を)丸め込む。

¶他们拉拢一部分人,排挤一部分人。Tāmen ~ yí bùfen rén, páijǐ yí bùfen rén.(彼らは一部の人を丸め込み,一部の人を排斥する。) ⇒ bù·fen¶他被敌人拉拢过去了。Tā bèi dírén ~ guòqù le.(彼は敵に抱き込まれた。)

【拉手】lā·shou

名 (引き出しなどの) 取っ手。

¶抽屉拉手 chōuti ~ (引き出しの取っ手) ⇒ chōu·ti

[比較]【拉手】lāshǒu **動** 手をつなぐ。握手する。

【邋遢】lā·tā

形 だらしない。

¶老板不会喜欢工作邋遢的人。Lǎobǎn bú huì xǐhuan gōngzuò ~ de rén. (店主は仕事がいいかげんな人を好むはずがない。) ⇒ xǐ·huan ¶他总是穿得邋邋遢遢的。Tā zǒngshì chuān de lālātātā de. (彼はいつもだらしない格好をしている。) ¶都这么大了,做事还是邋里邋遢的。Dōu zhème dà le, zuòshì háishi lālilātā de. (大人になっても、やることは相変わらずいいかげんだ。) ⇒ hái·shi

【喇叭】lǎ·ba

名 ①ラッパ。

¶喇叭花 ~huā (アサガオ) ¶吹喇叭 chuī ~ (ラッパを吹く)

②(車の) クラクション。スピーカー。

¶汽车司机嘟嘟地鸣喇叭。Qìchē sījī dūdū de míng ~. (運転手がプープーとクラクションを鳴らす。)

【喇嘛】lǎ·ma

名 ラマ教の僧。

¶喇嘛教 ~jiào (ラマ教、チベット仏教)

【懒怠】lǎn·dài

形 怠惰だ。

¶干活儿不能懒怠。Gàn huór bù néng ~. (仕事を怠けてはいけない。)

動 …したくない。…するのがおっくうだ。

¶心情不好,话都懒怠说。Xīnqíng bù hǎo, huà dōu ~ shuō. (気が沈んで、話もしたくない。)

【烂糊】làn·hu

形 (食べ物がよく煮えて) やわらかい。

¶爷爷牙口不好,我们把菜煮得烂糊一点儿吧。Yéye yákou bù hǎo, wǒmen bǎ cài zhǔ de ~ yìdiǎnr ba. (祖父は歯が悪いので、料理をやわらかめに煮てあげましょう。) ⇒ yá·kou

【劳动】láo·dong

動 煩わす。面倒をかける。

¶不好意思劳动您一趟。Bù hǎoyìsi ～ nín yí tàng.（ご足労をおかけします。）⇒ hǎoyì·si

[比較]【劳动】láodòng **名** 労働。**動** 労働する。

【牢骚】láo·sāo

名 不平。不満。

¶现在的年轻人动不动就发牢骚。Xiànzài de niánqīngrén dòngbudòng jiù fā ～.（いまの若者は何かあるとすぐ文句を言う。）
¶她的牢骚话我都听烦了。Tā de ～huà wǒ dōu tīngfán le.（彼女の愚痴は聞き飽きた。）

動 愚痴を言う。

¶他说食堂的饭不好吃，牢骚了半天。Tā shuō shítáng de fàn bù hǎochī, ～le bàntiān.（彼は食堂の食事がまずいと，ひとしきり愚痴をこぼした。）

【牢实】láo·shi

形 堅固で丈夫だ。

¶这座房子的地基打得很牢实。Zhè zuò fángzi de dìjī dǎ de hěn ～.（この家は基礎工事がしっかりしている。）

【唠叨】láo·dao

動 くどくど話す。

¶妈妈总是不停地唠叨我。Māma zǒngshì bù tíng de ～ wǒ.（母はいつも私にくどくど言う。）¶那个奶奶太孤独了，每次去她家，她总会唠唠叨叨地说个没完没了。Nàge nǎinai tài gūdú le, měi cì qù tā jiā, tā zǒng huì láoláodāodāo de shuō ge méiwán méiliǎo.（あのおばあさんは孤独で，いつも彼女の家に行くといろいろ話し始めて終わらない。）

【老大娘】lǎodà·niáng

名 年をとった女性に対する敬称。多く見知らぬ人に対して用いる。

【老大爷】lǎodà·yé

名 年をとった男性に対する敬称。多く見知らぬ人に対して用いる。

【老婆】lǎo·po

名 妻。

¶我老婆 wǒ ~（私の妻）¶他老婆 tā ~（彼の奥さん）¶他怕老婆。Tā pà ~.（彼は奥さんが怖い。）

【老气】lǎo·qì

形 ①老成している。

¶那位同学长得老气，经常被人以为是学校的老师。Nà wèi tóngxué zhǎng de ~, jīngcháng bèi rén yǐwéi shì xuéxiào de lǎoshī.（その学生は老けて見えるので，よく学校の先生と勘違いされる。）

②地味で古くさい。

¶你穿这种颜色的衣服太老气了。Nǐ chuān zhè zhǒng yánsè de yīfu tài ~ le.（あなたがこんな色の服を着るのは地味すぎる。）
⇒ yī·fu

【老人家】lǎo·ren·jia

名 老人に対する敬称。おじいさん。おばあさん。

¶老人家，您需要什么帮助吗？~, nín xūyào shénme bāngzhù ma?（ご老人，何かお手伝いしましょうか？）

【老实】lǎo·shi

形 ①誠実だ。正直だ。

¶他为人老实，从不说谎。Tā wéirén ~, cóng bù shuōhuǎng.（彼は誠実な人で，嘘をついたことがない。）¶老实说，我很不喜欢我的领导。~ shuō, wǒ hěn bù xǐhuan wǒ de lǐngdǎo.（正直言って，私は上司が大嫌いだ。）⇒ xǐ·huan

②おとなしい。

¶你老实点儿！Nǐ ~ diǎnr!（おとなしくしなさい！）¶这个孩子太老实了，长大会受欺负。Zhège háizi tài ~ le, zhǎngdà huì shòu qīfu.（この子はおとなしすぎる。大きくなったらきっといじめられる。）⇒ qī·fu ¶别乱跑，在这里老老实实地呆着。Bié luàn pǎo, zài zhèlǐ lǎolǎoshíshí de dāizhe.（走り回らずに，ここでおとなしくしていなさい。）

③ばか正直だ。

¶你可真老实，人家开个玩笑就当真了。Nǐ kě zhēn ~, rénjia kāi ge wánxiào jiù dàngzhēn le.（君もお人よしだ。人が言った冗談を真に受けるなんて。）⇒ rén·jia

【老爷】lǎo·ye

名 ①旧時の官吏や権力者。
②旧時，召し使いが主人を呼ぶ時に用いた。
形 旧式の。
¶老爷车 ～ chē（おんぼろ車）

【姥爷】**lǎo·ye**
名 母方の祖父。

【乐和】**lè·he**
形 〈方言〉（生活が）楽しい。
¶他们夫妻感情很好，日子过得很乐和。Tāmen fūqī gǎnqíng hěn hǎo, rìzi guò de hěn ～.（あの夫婦は仲むつまじく，楽しい日を過ごしている。）

【累赘】**léi·zhui**
形 煩わしい。余計だ。
¶带这么多东西出去郊游，太累赘了。Dài zhème duō dōngxi chūqù jiāoyóu, tài ～ le.（こんなに多くの物を持ってピクニックに行くのは煩わしい。）⇒ dōng·xi ¶这个词用在这句话里有点儿累赘。Zhège cí yòng zài zhè jù huà lǐ yǒudiǎnr ～.（この言葉をこの文の中に使うとささかくどい。）
動 煩わせる。
¶她太累赘人了。Tā tài ～ rén le.（彼女は本当に面倒な人だ。）
名 煩い。余計なもの。
¶他觉得孩子是个累赘。Tā juéde háizi shì ge ～.（彼は子どもを厄介者と思っている。）¶我不想成为大家的累赘。Wǒ bù xiǎng chéngwéi dàjiā de ～.（私は皆さんの足手まといになりたくない。）

【冷清】**lěng·qing**
形 ひっそりとして物寂しい。
¶夜里，这附近十分冷清。Yèli, zhè fùjìn shífēn ～.（夜，この辺りは随分物寂しい。）¶这家店冷冷清清的，没什么顾客。Zhè jiā diàn lěnglěngqīngqīng de, méi shénme gùkè.（この店は閑散として，ほとんど客がいない。）

【冷战】（冷颤）**lěng·zhan**
名（寒さや恐怖による）身震い。
¶外面太冷了，从温暖的屋子里走出来，我不由得打了个冷战。Wàimiàn tài lěng le, cóng wēnnuǎn de wūzi lǐ zǒu chūlái, wǒ

bùyóude dǎle ge ~.(外が寒くて，暖かい部屋から出たとたん思わず身震いした。)

[比較]【冷战】lěngzhàn 名 冷戦。

【篱笆】lí·ba
名 竹などで作った垣根。

¶篱笆墙 ~qiáng（垣根，まがき）

【里脊】lǐ·ji
名 ヒレ肉。

¶糖醋里脊 tángcù ~（ヒレ肉の甘酢あんかけ）

【力量】lì·liàng
名 ①力。腕力。

¶人多力量大。Rén duō ~ dà.（人が多ければ力も大きい。）¶他长得很瘦，可是很有力量。Tā zhǎng de hěn shòu, kěshì hěn yǒu ~.（彼は痩せているが，力持ちだ。）

②能力。

¶他有一种不可思议的力量，可以猜透人心里在想什么。Tā yǒu yì zhǒng bùkěsīyì de ~, kěyǐ cāitòu rén xīnlǐ zài xiǎng shénme.（彼は不思議な能力を持っていて，人が心で何を考えているかを見抜くことができる。）¶她靠自己的力量战胜了困难。Tā kào zìjǐ de ~ zhànshèngle kùnnan.（彼女は自分の力で困難に打ち勝った。）⇒ kùn·nan

③作用。効き目。

¶药物力量 yàowù ~（薬の効き目）

【力气】lì·qi
名 力。腕力。

¶力气活儿 ~huór（力仕事）¶卖力气 mài ~（精を出す，骨身を惜しまない）¶那个人身材高大，却没力气。Nàge rén shēncái gāodà, què méi ~.（あの人は立派な体付きをしているが，力は弱い。）¶他累得连站起来的力气都没有了。Tā lèi de lián zhàn qǐlái de ~ dōu méiyǒu le.（彼は疲れて，立ち上がる力もなくなった。）⇒ méi·yǒu

【厉害】(利害) lì·hai
形 ①激しい。ひどい。

¶感冒了，头疼得厉害。Gǎnmào le,tóuténg de ~.（風邪をひいて，

ひどい頭痛がする。）¶这几天热得很厉害。Zhè jǐ tiān rè de hěn ～.（ここ数日暑くてたまらない。）¶这学期我得了五个A呢,厉害吧? Zhè xuéqī wǒ déle wǔ ge A ne, ～ ba?（今学期はAを5つも取った。すごいでしょう?）

②厳しい。きつい。

¶这个老师很厉害, 学生们都怕他。Zhège lǎoshī hěn ～, xuéshēngmen dōu pà tā.（この先生は厳しいので, 学生たちはみな怖がっている。）⇒ xué·shēng ¶这种酒很厉害。Zhè zhǒng jiǔ hěn ～.（この酒はきつい。）

【利落】lì·luo

形 ①（言動が）てきぱきしている。

¶说话利落 shuōhuà ～（話がはきはきしている）¶动作利落 dòngzuò ～（動作がきびきびしている）¶她做事精明利落。Tā zuòshì jīngmíng ～.（彼女は何でも聡明にてきぱきとこなす。）¶面试时, 回答问题要干脆利落。Miànshì shí, huídá wèntí yào gāncuì ～.（面接の時ははきはきと答えなければならない。）

②きちんとしている。

¶她看上去总是整洁利落。Tā kàn shàngqù zǒngshì zhěngjié ～.（彼女はいつも清潔でさっぱりした身なりをしている。）¶他们把屋子收拾得干净利落。Tāmen bǎ wūzi shōushi de gānjìng ～.（彼らは部屋をきれいさっぱりと片付けた。）⇒ shōu·shi

③片付く。終わる。

¶先把活儿干利落了再出去玩儿。Xiān bǎ huór gàn ～le zài chūqù wánr.（まず仕事を片付けてから遊びに行きなさい。）

【利索】lì·suo =【利落】lì·luo

形 ①（言動が）てきぱきしている。

②きちんとしている。

③片付く。終わる。

【痢疾】lì·ji

名 赤痢。

【连累】lián·lěi

動 巻き添えにする。

¶我不想连累你。Wǒ bù xiǎng ～ nǐ.（あなたを巻き添えにはしたくない。）¶他工作出错了, 连累大家一起加班。Tā gōngzuò chūcuò le, ~ dàjiā yìqǐ jiābān.（彼が仕事でミスを犯し，みんな巻き添えをくらって一緒に残業した。）

【莲蓬】lián·peng
 名 ハスの花托。中にハスの実が入っている。
 ¶莲蓬子儿 ~zǐr（ハスの実） ¶莲蓬头 ~tóu（シャワーやじょうろのノズル）

【凉快】liáng·kuai
 形 涼しい。
 ¶今天比昨天凉快一点儿。Jīntiān bǐ zuótiān ~ yìdiǎnr.（今日は昨日より少し涼しい。）¶吃了个冰激凌，凉快一些了。Chīle ge bīngjīlíng ~ yìxiē le.（アイスクリームを食べたらちょっと涼しくなった。）
 動 涼む。
 ¶喝点儿冷饮凉快凉快吧。Hē diǎnr lěngyǐn ~ ~ ba.（冷たい物でも飲んでちょっと涼もう。）¶打开空调凉快一下吧。Dǎkāi kōngtiáo ~ yíxià ba.（エアコンをつけてちょっと涼みなさい。）

【粮食】liáng·shi
 名 食糧。食用の穀物・マメ類・イモ類の総称。
 ¶我们要懂得爱惜粮食。Wǒmen yào dǒngde àixī ~.（我々は食糧を大切にすることをしっかり理解しなければならない。）

【亮堂】liàng·tang
 形 ①広くて明るい。
 ¶她的房间朝南，宽敞亮堂。Tā de fángjiān cháo nán, kuānchang ~.（彼女の部屋は南向きで，広々として明るい。）⇒ kuān·chang
 ②（気持ちや心が）明るい。
 ¶听了你的劝说，我心里亮堂起来了。Tīngle nǐ de quànshuō, wǒ xīnlǐ ~ qǐlái le.（あなたの説得を聞いたら，心がすっきりしてきた。）

【趔趄】liè·qie
 動 よろめく。
 ¶他的脚绊在石头上，打了个趔趄。Tā de jiǎo bàn zài shítou shàng, dǎle ge ~.（彼は石につまずいて，転びそうになった。）

【伶俐】líng·lì
 形 賢い。利口だ。

¶那个孩子聪明伶利。Nàge háizi cōngmíng ~.(あの子は本当に利発だ。) ⇒ cōng·míng¶他说话口齿伶利。Tā shuōhuà kǒuchǐ ~.(彼は口が達者だ。)

【灵便】líng·bian

形 ①(手足が)よく動く。(五感が)よく利く。

¶手脚灵便 shǒujiǎo ~(手足がよく動く)¶他走路腿脚不灵便。Tā zǒulù tuǐjiǎo bù ~.(彼は足が悪くてうまく歩けない。)¶年纪大了,耳朵不灵便了。Niánjì dà le, ěrduo bù ~ le.(年をとって,耳が遠くなった。) ⇒ ěr·duo

②(道具などが)使いやすい。

¶这台机器用起来很灵便。Zhè tái jīqì yòng qǐlái hěn ~.(この機械は使い勝手がいい。) ⇒ jī·qì

【铃铛】líng·dang

名 鈴。

¶摇铃铛 yáo ~(鈴を振る,鈴を鳴らす)

【菱角】líng·jiao

名 ヒシ。植物の一種。

【零散】líng·sǎn

形 分散している。ばらばらだ。

¶零散的资料 ~ de zīliào(ばらばらになった資料)¶桌子上零零散散地放着好几本书。Zhuōzi shàng línglíngsǎnsǎn de fàngzhe hǎojǐ běn shū.(机の上に何冊もの本がばらばらに置いてある。)

【溜达】liū·da

动 散歩する。ぶらつく。

¶去公园溜达 qù gōngyuán ~(公園に行って散歩する)¶吃多了,得出去溜达溜达消消食。Chīduō le, děi chūqù ~ ~ xiāoxiao shí.(食べすぎた。ちょっと散歩に出て腹ごなしをしなければ。)¶他最近丢了工作,整天在外面溜溜达达无事可做。Tā zuìjìn diūle gōngzuò, zhěngtiān zài wàimiàn liūliūdādā wúshì kězuò.(彼は最近職を失って,一日中やることもなく外でぶらぶらしている。)

【琉璃】liú·li

名 るり。粘土を焼いて瓦などを作る時に用いるうわぐすり。

¶琉璃瓦 ~wǎ(るり瓦,表面にるりを塗って焼いた瓦)

【喽啰】lóu·luó

名 (旧時の) 強盗の手下。現在は悪人の手下を例える。手先。子分。

【辘轳】lù·lú
名 井戸から水をくむための道具。ろくろ。滑車。

【露水】lù·shui
名 露。
¶一滴露水 yì dī 〜 (1滴の露) ¶露水夫妻 〜 fūqī (同棲中の男女)

【乱腾】luàn·teng
形 混乱している。騒々しい。
¶听到这个消息，大家乱腾起来了。Tīngdào zhège xiāoxi, dàjiā 〜 qǐlái le. (この知らせを聞いて，みんな騒ぎ始めた。) ⇒ xiāo·xi

【啰唆】(啰嗦) luō·suō
形 ①(言葉が) くどい。
¶他这个人人很好，就是说话太啰唆。Tā zhège rén rén hěn hǎo, jiùshì shuōhuà tài 〜. (彼という人は人はいいが，ただ話がくどすぎる。) ¶他说话啰啰唆唆的。Tā shuōhuà luōluōsuōsuō de. (彼は話がくどくどしい。) ¶她啰里啰唆地讲了半天，我也没听明白什么意思。Tā luōliluōsuō de jiǎngle bàntiān, wǒ yě méi tīng míngbai shénme yìsi. (彼女はくどくどと長い間しゃべったが，私にはどういう意味なのか分からなかった。) ⇒ míng·bai, yì·si
②煩雑だ。面倒だ。
¶这件事情很啰唆。Zhè jiàn shìqing hěn 〜. (この件はとても面倒だ。) ⇒ shì·qing

動 くどくど言う。
¶你可真能啰唆。Nǐ kě zhēn néng 〜. (君も本当にくどい人だね。)
¶一件小事，他啰唆了半个小时。Yí jiàn xiǎoshì, tā 〜le bàn ge xiǎoshí. (些細なことで，彼は半時間もくどくど言った。)

【萝卜】luó·bo
名 ダイコン。
¶胡萝卜 hú〜 (ニンジン) ¶一根萝卜 yì gēn 〜 (1本のダイコン)

【逻辑】luó·jí
名 ①論理。ロジック。

¶逻辑学 ~xué（論理学） ¶你说的这句话不合逻辑。Nǐ shuō de zhè jù huà bù hé ~.（あなたのこの言葉は論理的でない。） ¶他说话颠三倒四,没逻辑。Tā shuōhuà diānsān dǎosì, méi ~.（彼の話はとんちんかんで,筋が通っていない。）

②客観的法則。

¶任何事物的发展都是遵循逻辑的。Rènhé shìwù de fāzhǎn dōu shì zūnxún ~ de.（いかなる事物の発展も客観的法則に従うものである。）

③論理学。

【骆驼】luò·tuo

名 ラクダ。

¶一匹骆驼 yì pǐ ~（1頭のラクダ）

M

【麻烦】má·fan

形 煩わしい。面倒だ。

¶你这个人怎么这么麻烦！Nǐ zhège rén zěnme zhème ～！（君という人はどうしてこんなに煩わしいのか！）¶我虽然喜欢做饭，可是饭后收拾太麻烦。Wǒ suīrán xǐhuan zuò fàn, kěshì fànhòu shōushi tài ～.（料理は好きだけれど，食後の片付けが面倒だ。）⇒ xǐ·huan, shōu·shi ¶你把这件事情搞麻烦了。Nǐ bǎ zhè jiàn shìqing gǎo ～ le.（君はこの件を面倒なことにしてしまった。）⇒ shì·qing

動 面倒をかける。

¶麻烦您了。～ nín le.（ご面倒をおかけしました。）¶没关系，不麻烦。Méi guānxì, bù ～.（かまいません。面倒ではありません。）⇒ guān·xi ¶能麻烦您帮我照张相吗？Néng ～ nín bāng wǒ zhào zhāng xiàng ma？（申し訳ありませんが，写真を1枚撮ってくれますか？）

名 面倒。

¶给您添麻烦了。Gěi nín tiān ～ le.（ご面倒をおかけしました。）¶我工作上出了点儿麻烦。Wǒ gōngzuò shàng chūle diǎnr ～.（仕事でちょっと面倒なことをしでかした。）

【麻利】má·li

形 敏捷だ。すばやい。

¶他干活儿动作很麻利。Tā gàn huór dòngzuò hěn ～.（彼は仕事をてきぱきとやる。）¶他是个做事麻利的工人。Tā shì ge zuòshì ～ de gōngrén.（彼は仕事をてきぱきとやる労働者だ。）¶别拖泥带水的，麻利点儿干。Bié tuōní dàishuǐ de, ～ diǎnr gàn.（だらけていないで急いでやりなさい。）¶他麻利地穿上了大衣，跑出去了。Tā ～ de chuānshàngle dàyī, pǎo chūqù le.（彼はすばやくコートを着ると走り出て行った。）

【马虎】mǎ·hu

形 いいかげんだ。ぞんざいだ。

¶干活儿马虎的人永远都不会成功。Gàn huór ～ de rén yǒngyuǎn bú huì chénggōng.（仕事がいいかげんな人はいつま

でも成功しない。）¶作业要认真做，不能马虎。Zuòyè yào rènzhēn zuò, bù néng ～.（宿題はしっかりやること。いいかげんではだめだ。）¶吃完早饭，我把屋子马马虎虎地收拾了一遍。Chīwán zǎofàn, wǒ bǎ wūzi mǎmǎhūhū de shōushile yí biàn.（朝食を終えると，部屋を適当にさっと片付けた。）⇒ shōu·shi ¶日子过得马马虎虎。Rìzi guò de mǎmǎhūhū.（まあ何とか暮らしている。）

【蚂蚱】mà·zha
名〈方言〉イナゴ。バッタ。

¶一只蚂蚱 yì zhī ～（1匹のイナゴ）¶秋后的蚂蚱，蹦跶不了几天。Qiūhòu de ～ bèngdabuliǎo jǐ tiān.（秋が過ぎた後のバッタは何日もとび跳ねていられない。いつまでも得意がっていられないことを例える。）⇒ bèng·da

【埋伏】mái·fú
動 ①（敵を）待ち伏せる。

¶那支队伍中了埋伏，全军覆没了。Nà zhī duìwu zhòngle ～, quánjūn fùmò le.（その部隊は待ち伏せにあい，全滅した。）⇒ duì·wu

②潜伏する。潜む。

¶当前的经济体制埋伏着很多危机。Dāngqián de jīngjì tǐzhì ～zhe hěn duō wēijī.（現在の経済体制には多くの危機が潜んでいる。）

【买卖】mǎi·mai
名 商売。

¶做买卖 zuò ～（商売をする）¶买卖兴隆 ～ xīnglóng（商売が繁盛する）¶她是个买卖人。Tā shì ge ～rén.（彼女は商売人だ。）¶这是一笔赚钱的买卖。Zhè shì yì bǐ zhuànqián de ～.（これは金になる商売だ。）¶有了顾客才能做买卖，所以说顾客是上帝。Yǒule gùkè cái néng zuò ～, suǒyǐ shuō gùkè shì shàngdì.（客がいてこそ商売ができる。だから「お客様は神様だ」と言うのだ。）

【卖弄】mài·nong
動（才能などを）ひけらかす。

¶他总喜欢在人前卖弄自己的学问，大家都不理他。Tā zǒng xǐhuan zài rénqián ～ zìjǐ de xuéwen, dàjiā dōu bù lǐ tā.（彼は

いつも人前で学をひけらかすので, 誰も彼を相手にしない。) ⇒ xǐ·huan, xué·wen ¶他是个爱卖弄的人, 可是没有真才实学。Tā shì ge ài ～ de rén, kěshì méiyǒu zhēncái shíxué. (彼は自慢好きな人だが, 才能も学識もない。) ⇒ méi·yǒu ¶我觉得卖弄小聪明的人干活儿不踏实。Wǒ juéde ～ xiǎocōngmíng de rén gàn huór bù tāshi. (小ざかしさをひけらかす人の仕事は確かではないと思う。) ⇒ cōng·míng, tā·shi

【蔓菁】mán·jing
　名 カブ。植物の一種。

【忙乎】máng·hu =【忙活】máng·huo
　動 忙しく働く。

【忙活】máng·huo
　動 忙しく働く。
　¶他工作效率低, 整天忙活, 可是不出活。Tā gōngzuò xiàolǜ dī, zhěngtiān ～, kěshì bù chūhuó. (彼は仕事の効率が悪く, 一日中働いてもはかどらない。) ¶忙活了一天, 快歇歇吧。～le yì tiān, kuài xiēxie ba. (一日忙しく働いたのだから, 早く休みなさい。) ¶到年底了, 公司的工作很多, 最近整天忙忙活活的。Dào niándǐ le, gōngsī de gōngzuò hěn duō, zuìjìn zhěngtiān mángmánghuóhuó de. (年の瀬を迎えて会社の仕事が多く, 最近は一日中あくせく働いている。)
　[比較]【忙活儿】mánghuór 動 仕事を急ぐ。名 急ぎの仕事。

【毛病】máo·bìng
　名 ①故障。または, 仕事上のミス。
　¶我的电脑出毛病了, 老是死机。Wǒ de diànnǎo chū ～ le, lǎoshì sǐjī. (パソコンが故障した。フリーズばかりする。) ¶工作上没出过毛病。Gōngzuò shàng méi chūguo ～. (仕事でミスをしたことはない。)
　②欠点。悪癖。
　¶有毛病不要紧, 改了就好啦。Yǒu ～ bú yàojǐn, gǎile jiù hǎo la. (欠点があってもかまわない。改めればいいよ。) ¶他的毛病是乱花钱。Tā de ～ shì luàn huā qián. (彼の欠点は金遣いが荒いことだ。) ¶不要光挑别人的毛病。Búyào guāng tiāo biérén de ～. (人のあら探しばかりするな。) ⇒ bié·rén

③〈方言〉病気。

¶她腰疼的老毛病又犯了。Tā yāoténg de lǎo 〜 yòu fàn le.（彼女の腰痛の持病がまた出た。）

【毛糙】máo·cao

形 雑だ。粗雑だ。

¶他干活儿太毛糙。Tā gàn huór tài 〜.（彼の仕事はまったく雑だ。）¶这件衣服手工做得毛毛糙糙，料子也不好。Zhè jiàn yīfu shǒugōng zuò de máomáocāocāo, liàozi yě bù hǎo.（この服は作りが雑で、生地も悪い。）⇒ yī·fu

【冒失】mào·shi

形 そそっかしい。軽率だ。

¶冒失鬼 〜guǐ（そそっかしい人，あわてんぼう）¶我认为他这件事干得很冒失。Wǒ rènwéi tā zhè jiàn shì gàn de hěn 〜.（この件で彼のやり方は軽率だったと思う。）¶说话可不要太冒失。Shuōhuà kě búyào tài 〜.（軽率なことを言ってはいけません。）¶这孩子总是冒冒失失的。Zhè háizi zǒngshì màomàoshīshī de.（この子はおっちょこちょいだ。）

【没有】méi·yǒu

動 ①持っていない。ない。いない。

¶我没有电脑。Wǒ 〜 diànnǎo.（私はパソコンを持っていない。）¶房间里什么都没有。Fángjiān lǐ shénme dōu 〜.（部屋の中には何もない。）¶屋里没有人。Wū lǐ 〜 rén.（部屋の中には人がいない。）

②…に及ばない。

¶我的成绩没有你好。Wǒ de chéngjì 〜 nǐ hǎo.（私の成績はあなたほどよくない。）¶事情没有那么简单。Shìqing 〜 nàme jiǎndān.（事情はそれほど簡単ではない。）⇒ shì·qing

副（まだ）…していない。…しなかった。…したことがない。

¶我姐姐还没有结婚。Wǒ jiějie hái 〜 jiéhūn.（姉はまだ結婚していない。）¶昨天没有去上班。Zuótiān 〜 qù shàngbān.（昨日は仕事に行かなかった。）¶我没有学过韩国语。Wǒ 〜 xuéguo Hánguóyǔ.（私は韓国語を学んだことがない。）

【玫瑰】méi·gui

名 マイカイ。バラ。植物の一種。

¶一朵玫瑰花 yì duǒ ~huā（1輪のバラの花）¶玫瑰很漂亮，可是带刺。~ hěn piàoliang, kěshì dài cì.（バラはきれいだが，とげがある。）⇒ piào·liang

【眉毛】méi·mao

名 眉毛。

¶他勇敢沉着，遇到拿着刀的坏人，连眉毛也没动一动。Tā yǒnggǎn chénzhuó, yùdào názhe dāo de huàirén, lián ~ yě méi dòng yí dòng.（彼は勇敢冷静に，刃物を持った悪人を前にして眉をぴくりとも動かさなかった。）

【眉目】méi·mu

名 手がかり。（物事の）目鼻。

¶经过一个月的调查，这个案子终于有点儿眉目了。Jīngguò yí ge yuè de diàochá, zhège ànzi zhōngyú yǒu diǎnr ~ le.（1か月の調査で，この事件はついに少し手がかりが見つかった。）¶去北京大学留学的事有眉目了。Qù Běijīng Dàxué liúxué de shì yǒu ~ le.（北京大学留学の件は目鼻が付いた。）

[比較]【眉目】méimù 名 ①目と眉。容貌。②（文章の）道筋。文脈。

【媒人】méi·ren

名 仲人。

¶做媒人 zuò ~（仲人になる）¶她俩能结婚,得好好儿谢谢媒人。Tā liǎ néng jiéhūn, děi hǎohāor xièxie ~.（彼女は彼と結婚できて，仲人にしっかりお礼を言わなければいけない。）

【妹夫】mèi·fu

名 妹の夫。

¶我妹妹跟妹夫是相亲结婚的。Wǒ mèimei gēn ~ shì xiāngqīn jiéhūn de.（妹とご主人は見合い結婚した。）

【门道】mén·dao

名 （物事の）こつ。要領。やり方。

¶内行看门道，外行看热闹。Nèiháng kàn ~, wàiháng kàn rènao.（玄人は物事の要点を見るが，素人はうわべの派手な所を見る。）⇒ rè·nao

[比較]【门道】méndào 名 表門の内側にある通路。

【门路】mén·lu

名 ①(物事の) こつ。要領。秘訣。

¶发财的门路 fācái de ~(金儲けの秘訣)¶他干这行三年了，终于摸出了点儿门路。Tā gàn zhè háng sān nián le, zhōngyú mōchūle diǎnr ~.（彼はこの仕事を3年やって，ついに少しこつをつかんだ。）¶这孩子很聪明，做事情会看门路。Zhè háizi hěn cōngmíng, zuò shìqing huì kàn ~.（この子は賢くて，何をするにもすぐ要領を覚える。）⇒ cōng·míng, shì·qing

②つて。コネ。

¶找门路 zhǎo ~(つてを探す)¶现在没有一点儿门路很难找到好工作。Xiànzài méiyǒu yìdiǎnr ~ hěn nán zhǎodào hǎo gōngzuò.（いまはコネがないといい仕事を見つけにくい。）⇒ méi·yǒu¶他门路很广，你请他帮帮忙吧。Tā ~ hěn guǎng, nǐ qǐng tā bāngbang máng ba.（彼はつてが多いので，彼に助けてもらいなさい。）

【门面】mén·mian

名 (商店の) 店先。または，外見や体裁。

¶门面话 ~huà (口先だけの話)¶装修门面 zhuāngxiū ~（店先を改装する）¶装门面 zhuāng ~（表面を飾り立てる，体裁をつくろう）¶他没什么本事，但是门面装点得不错。Tā méi shénme běnshi, dànshì ~ zhuāngdiǎn de búcuò.（彼には何の才能もないが，体裁はうまく取りつくろう。）⇒ běn·shi

【眯缝】mī·feng

動 目を細める。

¶他有点儿近视，看东西总要眯缝着眼。Tā yǒudiǎnr jìnshì, kàn dōngxi zǒng yào ~zhe yǎn.（彼はちょっと近視で，物を見る時必ず目を細める。）⇒ dōng·xi

【弥撒】mí·sa

名 ミサ。カトリック教の儀式。

¶做弥撒 zuò ~（ミサを行う）

【迷糊】mí·hu

形 (意識が) はっきりしない。

¶刚睡醒，头脑还迷糊着呢。Gāng shuìxǐng, tóunǎo hái ~ zhene.（起きたばかりで，頭がまだぼうっとしている。）¶吃饱了饭容易犯迷糊。Chībǎole fàn róngyì fàn ~.（おなかがいっぱ

いになるとすぐに眠くなる。）¶昨晚睡得迷迷糊糊的，谁打来的电话一点儿也不记得了。Zuówǎn shuì de mímíhūhū de, shéi dǎlái de diànhuà yìdiǎnr yě bú jìde le.（昨夜は寝ぼけていて，誰が電話をかけてきたのかまったく覚えていない。）

【迷惑】mí·huò

形 わけが分からない。戸惑う。

¶我感到迷惑不解，没有作出反应。Wǒ gǎndào ～ bùjiě, méiyǒu zuòchū fǎnyìng.（さっぱりわけが分からず，反応できなかった。）⇒ méi·yǒu

動 惑わす。

¶她被推销员的花言巧语所迷惑，买了个没用的商品。Tā bèi tuīxiāoyuán de huāyán qiǎoyǔ suǒ ～, mǎile ge méiyòng de shāngpǐn.（彼女はセールスマンの巧みな言葉に惑わされ，つまらない商品を買ってしまった。）

【密实】mì·shi

形 細かくて隙間がない。

¶针脚密实 zhēnjiǎo ～（縫い目が細かい）⇒ zhēn·jiǎo ¶这片竹林密密实实的，走进去很难找到前进的路。Zhè piàn zhúlín mìmìshíshí de, zǒu jìnqù hěn nán zhǎodào qiánjìn de lù.（この竹やぶはうっそうとしていて，入り込むと進む道が見つけにくい。）

【棉花】mián·huā

名 ワタ。綿花。

¶棉花糖 ～táng（綿菓子）

【苗条】miáo·tiao

形 （女性の体が）ほっそりしている。

¶她身材很苗条，穿什么都漂亮。Tā shēncái hěn ～, chuān shénme dōu piàoliang.（彼女はスマートな体付きで，何を着てもきれいだ。）⇒ piào·liang ¶通过减肥，她变苗条了。Tōngguò jiǎnféi, tā biàn ～ le.（ダイエットで彼女はスリムになった。）

【乜斜】miē·xie

動 ①（軽蔑や不満の気持ちで）横目で見る。

¶乜斜着眼睛看人 ～zhe yǎnjing kàn rén（横目で人を見る）⇒ yǎn·jing

②（眠くて）目を細める。

¶醉眼乜斜 zuìyǎn ~（酒に酔って目がとろんとする）

【名气】míng·qi
名 名声。

¶那个画家很有名气。Nàge huàjiā hěn yǒu ~.（その画家はとても有名だ。）¶在中国，寿司是很有名气的日本料理。Zài Zhōngguó, shòusī shì hěn yǒu ~ de Rìběn liàolǐ.（中国で，寿司は評判が高い日本料理だ。）¶她是个小有名气的作家。Tā shì ge xiǎoyǒu ~ de zuòjiā.（彼女は少しは名の知れた作家だ。）**¶我希望自己毕业后能在这个有名气有实力的公司上班。Wǒ xīwàng zìjǐ bìyè hòu néng zài zhège yǒu ~ yǒu shílì de gōngsī shàngbān.**（私は卒業後，名実ともに優れたこの会社で働けることを希望します。）

【名堂】míng·tang
名 ①趣向。策。あの手この手。

¶现在月饼的名堂真多，有糖馅的、肉馅的，还有海鲜馅的。Xiànzài yuèbing de ~ zhēn duō, yǒu táng xiàn de、ròu xiàn de, hái yǒu hǎixiān xiàn de.（いまの月餅は趣向を凝らしていて，甘いあんのものもあれば肉のあんのものもあり，海鮮あんのものもある。）⇒ yuè·bing ¶我想不出什么好名堂。Wǒ xiǎngbuchū shénme hǎo ~.（私には何のいい策も浮かばない。）

②成果。結果。

¶我觉得你用那种办法永远也搞不出什么名堂。Wǒ juéde nǐ yòng nà zhǒng bànfǎ yǒngyuǎn yě gǎobuchū shénme ~.（君のそんなやり方では何の成果もあげられないと思う。）¶如果这个活儿让我干，我一定干出点儿名堂来。Rúguǒ zhège huór ràng wǒ gàn, wǒ yídìng gànchū diǎnr ~ lái.（もしもこの仕事を私に任せてくれたら，きっと何か成果を出してみせる。）¶你又搞了什么名堂? Nǐ yòu gǎole shénme ~?（また何をしでかしたのか？）

③道理。内容。いわく。

¶这个魔术我看了半天也没看出什么名堂来。Zhège móshù wǒ kànle bàntiān yě méi kànchū shénme ~ lái.（このマジックはずっと見ていても，どういうわけかさっぱり分からなかった。）

【名字】míng·zi
名 名前。名称。

¶你叫什么名字？Nǐ jiào shénme ～？(何というお名前ですか？)
¶这个公司的名字叫什么？Zhège gōngsī de ～ jiào shénme？(この会社は何という名前ですか？) ¶她给她的宠物狗起了个名字，叫小春。Tā gěi tā de chǒngwù gǒu qǐle ge ～, jiào Xiǎochūn.（彼女はペットの犬に「小春」という名前を付けた。) ¶她的名字是爸爸给取的，很好听。Tā de ～ shì bàba gěi qǔ de, hěn hǎotīng.（彼女の名前はお父さんが付けたいい名前だ。）

【明白】míng·bai
形 ①はっきりしている。明らかだ。

¶事故原因十分明白。Shìgù yuányīn shífēn ～.（事故の原因は明らかだ。）¶我已经把我的意思说得明明白白了。Wǒ yǐjīng bǎ wǒ de yìsi shuō de míngmíngbáibái le.（私はすでに自分の意見をはっきり述べた。）⇒ yì·si ¶他明白表示大力支持。Tā ～ biǎoshì dàlì zhīchí.（彼は全力で支持するとはっきり表明した。）

②賢い。物分りがいい。

¶明白人 ～rén（物分かりのいい人）¶她是个很明白的人。Tā shì ge hěn ～ de rén.（彼女は物分かりのいい人だ。）

動 知る。分かる。

¶我现在才明白了。Wǒ xiànzài cái ～ le.（私はいまやっと分かった。）¶有什么不明白的地方请举手提问。Yǒu shénme bù ～ de dìfang qǐng jǔshǒu tíwèn.（何か分からない点があれば，手を挙げて質問してください。）⇒ dì·fang

【摸索】mō·suǒ
動 ①手探りで進む。手で探る。

¶她在黑暗中摸索着找到了门。Tā zài hēi'àn zhōng ～zhe zhǎodàole mén.（彼女は暗がりの中を手探りで進んで，入口を見つけた。）¶她摸索着背包找钥匙。Tā ～zhe bēibāo zhǎo yàoshi.（彼女はリュックサックの中を探って鍵を探した。）⇒ yào·shi

②模索する。

¶他是新人，还需要在工作中摸索经验。Tā shì xīnrén, hái xūyào zài gōngzuò zhōng ～ jīngyàn.（彼は新人なので，まだ仕事の中で経験を模索し積む必要がある。）¶警察正在摸索着寻找线索。Jǐngchá zhèngzài ～zhe xúnzhǎo xiànsuǒ.（警察はいま

手がかりを探っている。)

【模糊】mó·hu

形 はっきりしない。ぼんやりしている。

¶模糊的印象 ～ de yìnxiàng（ぼんやりとした印象）¶关于这个问题，他只作了模糊的回答。Guānyú zhège wèntí, tā zhǐ zuòle ～ de huídá.（この問題に関して，彼は曖昧な回答しかしていない。）¶他模糊地意识到这个问题的重要性。Tā ～ de yìshí dào zhège wèntí de zhòngyàoxìng.（彼はこの問題の重要性をうっすらと意識した。）⇒ yì·shí ¶不戴眼镜的话，模糊得看不清楚。Bú dài yǎnjìng dehuà, ～ de kànbuqīngchu.（眼鏡をかけないと，ぼんやりしてはっきり見えない。）⇒ qīng·chu ¶远处模模糊糊地能看见一座山。Yuǎnchù mómóhúhú de néng kànjiàn yí zuò shān.（遠くにぼんやりと山が見える。）

動 曖昧にする。ぼんやりさせる。

¶这是两个不同的问题，不要模糊了它们之间的界限。Zhè shì liǎng ge bùtóng de wèntí, búyào ～le tāmen zhījiān de jièxiàn.（これはふたつの異なる問題だ。その境界を曖昧にしてはいけない。）¶泪水模糊了视线。Lèishuǐ ～le shìxiàn.（涙で視線がぼやけた。）

【磨蹭】mó·ceng

動 ①（軽く）こする。

¶狗把头贴在主人身上磨蹭了一下。Gǒu bǎ tóu tiē zài zhǔrén shēnshang ～le yíxià.（イヌが頭を主人の体にこすり付けた。）⇒ zhǔ·rén

②のろのろと進む。ぐずぐずする。

¶别磨蹭了，赶快把工作做完。Bié ～ le, gǎnkuài bǎ gōngzuò zuòwán.（ぐずぐずせずに，急いで仕事をしなさい。）¶要是再磨磨蹭蹭的，我们就要赶不上飞机了。Yàoshi zài mómócèngcèng de, wǒmen jiùyào gǎnbushàng fēijī le.（これ以上ぐずぐずしていると，私たちは飛行機に乗り遅れてしまう。）⇒ yào·shi

③まつわりつく。

¶那个推销员跟她磨蹭了半天，最终还是没能把货卖给她。Nàge tuīxiāoyuán gēn tā ～le bàntiān, zuìzhōng háishi méi néng bǎ huò mài gěi tā.（そのセールスマンは彼女に長い間まつわり

ついていたが,結局商品を売りつけることができなかった。)⇒ hái·shi ¶我没时间在这里跟你磨蹭,我还有更重要的事要做。Wǒ méi shíjiān zài zhèlǐ gēn nǐ ~, wǒ hái yǒu gèng zhòngyào de shì yào zuò.(ここで君に付き合っている時間はない。やらなければならないもっと重要な事がある。)

【蘑菇】mó·gu
 名 キノコ。
 ¶蘑菇云 ~yún(きのこ雲) ¶采蘑菇 cǎi ~(キノコ狩りをする)
 動 ①つきまとう。
 ¶你别跟我蘑菇了,都跟你说了不行了。Nǐ bié gēn wǒ ~ le, dōu gēn nǐ shuōle bù xíng le.(私につきまとわないでくれ。だめだと言っただろう。)
 ②ぐずぐずする。
 ¶别蘑菇了,快走吧。Bié ~ le, kuài zǒu ba.(ぐずぐずしないで,早く行きなさい。)

【茉莉】mò·lì
 名 ジャスミン。植物の一種。
 ¶茉莉花茶 ~huāchá(ジャスミン茶)

【磨叨】mò·dao
 動 くどくど言う。
 ¶爷爷一喝醉了酒就磨叨个不停。Yéye yì hēzuìle jiǔ jiù ~ ge bù tíng.(祖父は酒に酔うと愚痴が止まらない。)

【母亲】mǔ·qīn
 名 母。お母さん。
 ¶母亲节 ~jié(母の日) ¶我母亲今年八十岁。Wǒ ~ jīnnián bāshí suì.(母は今年80歳になる。) ¶您母亲身体好吗? Nín ~ shēntǐ hǎo ma?(お母様はお元気ですか?)

【牡丹】mǔ·dan
 名 ボタン。植物の一種。
 ¶牡丹花 ~huā(ボタンの花)

【木匠】mù·jiàng
 名 大工。
 ¶他请木匠盖房子了。Tā qǐng ~ gài fángzi le.(彼は大工に頼んで家を建ててもらった。)

【木樨】(木犀) **mù·xī**

名 ①モクセイ。植物の一種。
②かき卵。料理名に用いる。

¶**木樨汤** ～tāng(かき卵スープ) ¶**木樨肉** ～ròu(かき卵と細切り肉の炒め料理)

N

【男人】nán·ren
名 夫。
¶她男人是个老师。Tā ~ shì ge lǎoshī.(彼女のご主人は学校の先生だ。)
[比較]【男人】nánrén **名** 男。

【南瓜】nán·guā
名 カボチャ。
¶万圣节的时候要点南瓜灯。Wànshèngjié de shíhou yào diǎn ~ dēng.(ハロウィーンの時はカボチャのちょうちんに灯をともす。)
⇒ shí·hou

【难为】nán·wei
動 ①困らせる。
¶我不是有心难为你。Wǒ bú shì yǒuxīn ~ nǐ.(わざとあなたを困らせているわけではありません。)¶我不想难为任何人。Wǒ bù xiǎng ~ rènhé rén.(私は誰も困らせたくない。)¶他不会唱歌，你非让他唱，这不是难为人吗？Tā bú huì chàng gē, nǐ fēi ràng tā chàng, zhè bú shì ~ rén ma？(歌えない彼に歌えと言うなんて，彼を困らせているのか？)
②苦労をかける。
¶又要上班又要带孩子，真难为她。Yòu yào shàngbān yòu yào dài háizi, zhēn ~ tā.(仕事をしながら子どもの世話をして，本当に彼女には苦労をかけている。)
③ご苦労様です。ありがとう。
¶难为您大老远专程赶来。~ nín dà lǎoyuǎn zhuānchéng gǎnlái.(遠い所わざわざ駆けつけてくださり，ご苦労様です。)¶难为您惦记着我。~ nín diànjìzhe wǒ.(気にかけてくださり，ありがとうございます。)⇒ diàn·jì

【脑袋】nǎo·dai
名 ①頭。
¶黑乎乎的没看见，脑袋撞到墙上了。Hēihūhū de méi kànjiàn, ~ zhuàngdào qiáng shàng le.(真っ暗で見えず，頭を壁にぶつけた。)

②頭脳。知能。

¶**脑袋不好使** ~ bù hǎoshǐ（頭が悪い）¶**那个孩子脑袋很灵光。**Nàge háizi ~ hěn língguāng.（あの子は頭がよく働く。）

【闹哄】nào·hong

動 〈方言〉言い争う。騒ぐ。

¶**那些人在外边闹哄什么?** Nàxiē rén zài wàibian ~ shénme?（あの人たちは外で何を騒いでいるのか?）¶**上课铃响了，闹哄哄的教室立刻安静下来。**Shàngkèlíng xiǎng le, nàohōnghōng de jiàoshì lìkè ānjìng xiàlái.（授業開始のベルが鳴ると，ざわついていた教室がすぐに静まりかえった。）

【闹腾】nào·teng

動 ①騒ぐ。かき乱す。

¶**孩子闹腾着不想去幼儿园。**Háizi ~zhe bù xiǎng qù yòu'éryuán.（子どもが幼稚園に行きたくないと騒いでいる。）¶**那两个人为了一件小事闹腾得全班不得安宁。**Nà liǎng ge rén wèile yí jiàn xiǎoshì ~ de quánbān bùdé ānníng.（あのふたりが些細な事で騒ぎ立て，クラス中が落ち着かなかった。）

②しゃべったり笑ったりして騒ぐ。

¶**昨晚隔壁屋子里年轻人聚会，一直闹腾到半夜。**Zuówǎn gébì wūzi lǐ niánqīngrén jùhuì, yìzhí ~ dào bànyè.（昨夜は隣の部屋に若者が集まって，夜中までずっと大騒ぎしていた。）¶**工作时间你不要瞎闹腾。**Gōngzuò shíjiān nǐ búyào xiā ~.（仕事の時間中にやたら騒いでいてはいけない。）

【能耐】néng·nai

名 技能。腕前。

¶**他就会吹牛，其实没什么能耐。**Tā jiù huì chuīniú, qíshí méi shénme ~.（彼はほらを吹くだけで，実は何の技量もない。）

形 腕前がある。

¶**他会五国语言，可能耐着呢。**Tā huì wǔ guó yǔyán, kě ~ zhene.（彼は5か国語ができて，大したものだ。）

【泥鳅】ní·qiū

名 ドジョウ。

¶**一条泥鳅** yì tiáo ~（1匹のドジョウ）

【腻烦】nì·fan

形 うんざりだ。

¶她喜欢玩儿拼图游戏，每天玩儿都不腻烦。Tā xǐhuan wánr pīntú yóuxì, měi tiān wánr dōu bú ～.（彼女はジグソーパズルが好きで，毎日やっても飽きない。）⇒ xǐ·huan ¶这部电影看腻烦了。Zhè bù diànyǐng kàn ～ le.（この映画は見飽きた。）

動 嫌悪する。

¶那个领导讲话，都快一个小时了还没讲完，真让人腻烦。Nàge lǐngdǎo jiǎnghuà, dōu kuài yí ge xiǎoshí le hái méi jiǎngwán, zhēn ràng rén ～.（あの上司の話は始まってもう1時間になろうというのにまだ終わらない。本当にむかつく。）¶他腻烦这种整天呆在家里无所事事的生活。Tā ～ zhè zhǒng zhěngtiān dāi zài jiā li wúsuǒshìshì de shēnghuó.（彼はこのように一日中家でやることがない生活にうんざりしている。）

【腻味】nì·wei =【腻烦】nì·fan

形〈方言〉うんざりだ。

動〈方言〉嫌悪する。

【年成】nián·chéng

名 一年の収穫。作柄。

¶今年年成好不好？Jīnnián ～ hǎo bù hǎo？（今年の収穫はいいですか？）¶去年天气太干旱，年成不好。Qùnián tiānqì tài gānhàn, ～ bù hǎo.（昨年は日照り続きで，作柄が悪かった。）

【黏糊】nián·hu

形 ①粘り気がある。

¶我喜欢喝煮得黏糊的粥。Wǒ xǐhuan hē zhǔ de ～ de zhōu.（私は粘り気のある粥が好きだ。）⇒ xǐ·huan ¶这地板上黏糊糊的是什么东西？Zhè dìbǎn shàng niánhūhū de shì shénme dōngxi？（この床に付いたねばねばしたものは何だ？）⇒ dōng·xi

②（人の行动が）のろのろしている。

¶她这个人出趟门，光化妆就得黏糊一小时，我们别约她了吧。Tā zhège rén chū tàng mén, guāng huàzhuāng jiù děi ～ yì xiǎoshí, wǒmen bié yuē tā le ba.（彼女ときたら外出する時，ぐずぐずと化粧だけで1時間かかる。もう彼女を誘うのをやめましょう。）¶他干什么都黏黏糊糊的，真急人。Tā gàn shénme dōu niánniánhūhū de, zhēn jí rén.（彼は何をしてものろまで，本当

に気をもませる。)

【念叨】(念道) **niàn·dao**

動 (気にかけたり懐かしがって) 話題にする。

¶**她经常念叨远在海外的儿子。**Tā jīngcháng ~ yuǎn zài hǎiwài de érzi.(彼女はいつも遠く海外にいる息子の話をする。) ¶**他妈妈总是念叨他的缺点，希望他能改掉。**Tā māma zǒngshì ~ tā de quēdiǎn, xīwàng tā néng gǎidiào.(母はいつも彼の欠点を取り上げて、改めてほしいと思っている。)

【娘家】niáng·jiā

名 既婚女性の実家。

¶**妻子回娘家了。**Qīzi huí ~ le.(妻は実家に帰った。)

【牛气】niú·qi

形 生意気だ。傲慢だ。

¶**他考了第一名，显得可牛气。**Tā kǎole dì-yī míng, xiǎnde kě ~.(彼は試験で1番になって、いい気になっている。)

【扭搭】niǔ·da

動 (歩く時) 体をくねらせる。

¶**他喜欢扭搭着走路，像个女孩子。**Tā xǐhuan ~zhe zǒulù, xiàng ge nǚháizi.(彼はよく女の子みたいに体をくねらせて歩く。)
⇒ xǐ·huan

【扭捏】niǔ·nie

形 もじもじしている。

¶**他扭捏了半天，终于给大家唱了一首歌。**Tā ~le bàntiān, zhōngyú gěi dàjiā chàngle yì shǒu gē.(彼は長い間もじもじしていたが、とうとうみんなの前で1曲歌った。) ¶**有话你就快说，别扭扭捏捏的。**Yǒu huà nǐ jiù kuài shuō, bié niǔniǔniēniē de.(話があるなら早く言いなさい。もじもじしないで。)

【奴才】nú·cai

名 ①(明・清代の皇帝に対する) 臣下の自称。
②悪者の手先。

¶**奴才们要看主子的眼色行事。**~men yào kàn zhǔzi de yǎnsè xíngshì.(子分たちは親分の顔色をうかがって行動する。)

【女气】nǚ·qì

形 (男が) 女のようだ。めめしい。

¶女里女气 nǚlinǚqì（女みたいだ）¶现在很多男孩子很女气。Xiànzài hěn duō nánháizi hěn ~. （いま女みたいな男の子が多い。）

【女人】nǚ·ren
名 妻。

¶他的女人很漂亮。Tā de ~ hěn piàoliang.（彼の奥さんはきれいだ。）⇒ piào·liang

[比較]【女人】nǚrén 名 女。

【女婿】nǚ·xu
名 ①娘婿。

¶今晚女儿女婿来吃饭。Jīnwǎn nǚ'ér ~ lái chīfàn.（今晚、娘と婿が食事に来る。）¶招了个好女婿，父母很满意。Zhāole ge hǎo ~, fùmǔ hěn mǎnyì.（いい娘婿を迎えて、両親は大満足だ。）

②〈方言〉夫。

¶她的女婿是她自己找的。Tā de ~ shì tā zìjǐ zhǎo de.（彼女の夫は彼女が自分で見つけたのだ。）

【暖和】nuǎn·huo
形 暖かい。

¶昆明四季如春，冬天也很暖和。Kūnmíng sìjì rúchūn, dōngtiān yě hěn ~.（昆明は年中春のようで、冬でも暖かい。）¶天这么冷，你最好穿暖和点儿。Tiān zhème lěng, nǐ zuìhǎo chuān ~ diǎnr.（こんなに寒いから、少し暖かい格好をしなさい。）¶她钻进暖暖和和的被窝儿，很快睡着了。Tā zuānjìn nuǎnnuānhuōhuō de bèiwōr, hěn kuài shuìzháo le.（彼女は暖かな布団に潜り込むとすぐに眠ってしまった。）

動 暖める。暖まる。

¶外面太冷了，快进屋暖和暖和吧。Wàimiàn tài lěng le, kuài jìn wū ~ ~ ba.（外はひどく寒い。早く中に入って暖まりなさい。）

¶吃碗热面条，暖和一下身体吧。Chī wǎn rè miàntiáo, ~ yíxià shēntǐ ba.（熱いうどんを食べて体を暖めなさい。）

【疟疾】nüè·ji
名 マラリア。

P

【扒拉】 pá·la

動 〈方言〉(箸で飯を口の中に) かき込む。

¶他赶紧扒拉了一碗饭就出去了。Tā gǎnjǐn ~le yì wǎn fàn jiù chūqù le.(彼は急いで碗のご飯をかき込むと出かけて行った。)

[比較]【扒拉】bā·la **動** ①(指先で) はじく。②取り除く。かき分ける。

【爬犁】(扒犁) pá·li

名 〈方言〉(氷や雪の上を走るための) そり。

【拍打】 pāi·dǎ

動 ①たたく。はたく。

¶汹涌的波浪拍打着岸边的岩石。Xiōngyǒng de bōlàng ~zhe ànbiān de yánshí.(逆巻く波が岸辺の岩にたたきつけている。)

¶他不小心摔了一跤，爬起来拍打一下衣服上的土。Tā bù xiǎoxīn shuāile yì jiāo, pá qǐlái ~ yíxià yīfu shàng de tǔ.(彼は不注意ですてんと転び、はい上がって服の土をはたいた。) ⇒ yī·fu

②(鳥が) 羽ばたきをする。

¶鸟拍打着翅膀，要飞起来了。Niǎo ~zhe chìbǎng, yào fēi qǐlái le.(鳥が羽ばたきをして飛び立とうとしている。)

【排场】 pái·chǎng

名 見栄。

¶那个人喜欢讲排场，不踏实。Nàge rén xǐhuan jiǎng ~, bù tāshi.(あの人は見栄っ張りで、軽々しい。) ⇒ xǐ·huan, tā·shi ¶这个当红歌手的演唱会总是排场很大。Zhège dānghóng gēshǒu de yǎnchànghuì zǒngshì ~ hěn dà.(この人気歌手のコンサートはいつも派手だ。)

形 派手で豪華だ。

¶王阿姨的女儿的婚礼举办得很排场。Wáng āyí de nǚ'ér de hūnlǐ jǔbàn de hěn ~.(王おばさんの娘の婚礼はとても豪華だった。)

【牌楼】 pái·lou

名 街の要所や観光地に建てる装飾用の門。

【盘缠】pán·chan

名 旅費。

¶他计划下月去美国旅游，现在正在拼命打工赚盘缠。Tā jìhuà xiàyuè qù Měiguó lǚyóu, xiànzài zhèngzài pīnmìng dǎgōng zhuàn ~.（彼は来月アメリカに旅行しようと思い，いま必死にアルバイトで旅費を稼いでいる。）¶旅途中，他的盘缠被人偷走，回不了家了。Lǚtú zhōng, tā de ~ bèi rén tōuzǒu, huíbuliǎo jiā le.（旅行中に彼は旅費を盗まれ，家に帰れなくなった。）

【盘算】pán·suan

動 思案する。胸算用する。

¶他正盘算着怎样跟老师请假呢。Tā zhèng ~zhe zěnyàng gēn lǎoshī qǐngjià ne.（彼はどうやって先生に欠席を認めてもらおうかと思案中だ。）¶他盘算着股票今年能赚一笔。Tā ~zhe gǔpiào jīnnián néng zhuàn yì bǐ.（彼は今年株でひと儲けできそうだと胸算用している。）

【炮仗】pào·zhang

名 爆竹。

¶中国人过年要放炮仗。Zhōngguórén guònián yào fàng ~.（中国人は正月に爆竹を鳴らす。）

【陪房】péi·fang

名（旧時の）花嫁について来る女中。

【陪送】péi·song

動（親が娘に）嫁入り道具を持たせる。

¶嫁女儿要陪送嫁妆。Jià nǚ'ér yào ~ jiàzhuang.（娘を嫁がせるには嫁入り道具を持たせなければならない。）⇒ jià·zhuang

名 嫁入り道具。=【嫁妆】jià·zhuang

【佩服】pèi·fú

動 敬服する。感心する。

¶大家都佩服他的工作能力。Dàjiā dōu ~ tā de gōngzuò nénglì.（誰もが彼の仕事の能力に感心している。）¶大家对他佩服得五体投地。Dàjiā duì tā ~ de wǔtǐ tóudì.（みな彼を心から敬服している。）¶他勤奋好学，令人佩服。Tā qínfèn hàoxué, lìng rén ~.（彼は勤勉で向学心があり，まったく頭が下がる。）¶他的勇气赢得了所有人的佩服。Tā de yǒngqì yíngdéle suǒyǒu rén de ~.

（彼の勇気はあらゆる人の敬服を博した。）

【配合】pèi·he

形 ふさわしい。よく合う。

¶这套家具和屋子整体色调很配合。Zhè tào jiājù hé wūzi zhěngtǐ sèdiào hěn ～.（この家具は部屋全体の色合いによく合っている。）

[比較]【配合】pèihé 動 力を合わせる。

【朋友】péng·you

名 ①友人。

¶知心朋友 zhīxīn ～（気心の知れた友人）¶够朋友 gòu ～（友だちがいがある）¶她在中国交了许多朋友。Tā zài Zhōngguó jiāole xǔduō ～.（彼女は中国で大勢の友だちができた。）¶不应该交了新朋友就忘了老朋友。Bù yīnggāi jiāole xīn ～ jiù wàngle lǎo ～.（新しい友人ができたからと言って古い友人を忘れてはいけない。）

②恋人。

¶男朋友 nán ～（ボーイフレンド）¶女朋友 nǚ ～（ガールフレンド）¶女儿有朋友了。Nǚ'ér yǒu ～ le.（娘に恋人ができた。）

【披散】pī·san

動 （髪や枝が）乱れて垂れ下がる。

¶披散着头发 ～zhe tóufa（髪を振り乱す）⇒ tóu·fa ¶她的长发披散在肩上。Tā de chángfà ～ zài jiān shàng.（彼女のロングヘアーは肩までかかっている。）

【皮匠】pí·jiàng

名 皮革細工の職人。

【皮实】pí·shi

形 ①（めったに病気しないほど）体が丈夫だ。

¶这个孩子皮实，一般不生病。Zhège háizi ～, yìbān bù shēngbìng.（この子は丈夫で，普段病気をしない。）

②（器物が）長持ちして壊れにくい。

¶这款手机很皮实，用了五年了也没出过什么毛病。Zhè kuǎn shǒujī hěn ～, yòngle wǔ nián le yě méi chūguo shénme máobìng.（この携帯電話は長持ちで，もう5年使ったのにまったく故障したことがない。）⇒ máo·bìng

【枇杷】pí·pá
  名 ビワ。植物の一種。
【疲沓】pí·ta
  形 だらけている。
  ¶他工作疲沓，领导总是批评他。Tā gōngzuò ～, lǐngdǎo zǒngshì pīpíng tā.（彼の仕事ぶりはだらけていて，上司がいつも批判する。）
【琵琶】pí·pá
  名 琵琶。弦楽器の一種。
  ¶弹琵琶 tán ～（琵琶を弾く）
【脾气】pí·qi
  名 ①（人の）性質。気質。
  ¶牛脾气 niú～（強情な性質）¶脾气好 ～ hǎo（性格がいい）¶她脾气很坏。Tā ～ hěn huài.（彼女は性格がとても悪い。）¶她是个急脾气的姑娘。Tā shì ge jí ～ de gūniang.（彼女はせっかちな子だ。）⇒ gū·niang
  ②怒りやすい性質。かんしゃく。
  ¶老板老爱发脾气。Lǎobǎn lǎo ài fā ～.（店主はいつもすぐに腹を立てる。）¶他没什么脾气，很讨女孩子喜欢。Tā méi shénme ～, hěn tǎo nǚháizi xǐhuan.（彼は穏やかなので，女の子に好かれる。）⇒ xǐ·huan
【劈柴】pǐ·chái
  名 まき。たきぎ。
  ¶在城市，几乎没人烧劈柴了。Zài chéngshì, jīhū méi rén shāo ～ le.（都会では，まきを燃やす人がほとんどいなくなった。）
【屁股】pì·gu
  名 ①尻。臀部。
  ¶屁股大 ～ dà（尻が大きい）¶他做事情总得找个人擦屁股。Tā zuò shìqing zǒngděi zhǎo ge rén cā ～.（彼は何をしても人に尻ぬぐいをさせる。）⇒ shì·qing
  ②事物の末尾の部分。
  ¶香烟屁股不能乱丢。Xiāngyān ～ bù néng luàn diū.（タバコの吸い殻をポイ捨てしてはいけない。）
【篇幅】piān·fú
  名 ①文章の長さ。

¶那篇文章篇幅太长，读起来很费时间。Nà piān wénzhāng ～ tài cháng, dú qǐlái hěn fèi shíjiān.(その文章はとても長くて，読むのに時間がかかる。)

②書籍などの頁数や紙数。

¶这本杂志娱乐新闻篇幅很大。Zhè běn zázhì yúlè xīnwén ～ hěn dà.（この雑誌は娯楽情報の頁が多い。）¶由于篇幅有限，有些内容没有提到。Yóuyú ～ yǒuxiàn, yǒuxiē nèiróng méiyǒu tídào.（紙数に限りがあるので，取り上げなかった内容もある。）
⇒ méi·yǒu

【便宜】pián·yi

形（値段が）安い。

¶这台电脑挺便宜的。Zhè tái diànnǎo tǐng ～ de.（このパソコンは本当に安い。）¶价钱还有点儿贵，能不能再便宜一点儿？Jiàqián hái yǒudiǎnr guì, néng bù néng zài ～ yìdiǎnr？（値段がまだ少し高い。もう少し安くなりませんか？）⇒ jià·qián¶便宜没好货。～ méi hǎohuò.（安物に良品なし。）

名 不正な利益。うまい汁。

¶他当社长的时候给自己找了不少便宜。Tā dāng shèzhǎng de shíhou gěi zìjǐ zhǎole bù shǎo ～.（彼は社長だった時，いろいろうまい汁を吸った。）⇒ shí·hou¶他喜欢占别人的便宜。Tā xǐhuan zhàn biérén de ～.（彼はうまい汁を吸うのが好きだ。）
⇒ xǐ·huan, bié·rén

動 得をさせてやる。

¶这次就算了，下次可不能这么便宜你了。Zhè cì jiù suàn le, xià cì kě bù néng zhème ～ nǐ le.（今回はまあいいが，次回はただではすまないぞ。）

[比較]【便宜】biànyí 形 都合がよい。

【飘悠】piāo·you

動（空中や水面に）漂う。

¶小船在湖面上飘悠着。Xiǎochuán zài húmiàn shàng ～zhe.（小舟が湖面を漂っている。）¶那孩子一松手，气球就飘飘悠悠地飞走了。Nà háizi yì sōngshǒu, qìqiú jiù piāopiāoyōuyōu de fēizǒu le.（その子が手を放したら，風船はふわふわと飛んで行った。）

【漂亮】piào·liang

形 ①きれいだ。美しい。

¶漂亮话 ~huà(聞こえのよい話,きれい事) ¶漂亮的姑娘 ~ de gūniang(美しい娘) ⇒ gū·niang ¶你妈妈很漂亮。Nǐ māma hěn ~. (あなたのお母さんはとてもきれいだ。) ¶这件衣服真漂亮。Zhè jiàn yīfu zhēn ~. (この服は本当にきれいだ。) ⇒ yī·fu ¶她总是打扮得漂漂亮亮。Tā zǒngshì dǎban de piàopiàoliàngliàng. (彼女はいつもきれいに着飾っている。) ⇒ dǎ·ban

②見事だ。すばらしい。

¶他还没去过中国,但却说一口很漂亮的普通话。Tā hái méi qùguo Zhōngguó, dàn què shuō yì kǒu hěn ~ de pǔtōnghuà. (彼はまだ中国に行ったことがないが,見事な標準語を話す。) ¶不管什么活儿交给他,他都能漂亮地完成。Bùguǎn shénme huór jiāo gěi tā, tā dōu néng ~ de wánchéng. (どんな仕事も彼に任せれば見事にやってのける。)

【苤蓝】piě·lan

名 コールラビ。野菜の一種。

【婆家】pó·jiā

名 夫の家。嫁ぎ先。

¶女孩子二十多岁就该找婆家了。Nǚháizi èrshí duō suì jiù gāi zhǎo ~ le. (女性も20歳を過ぎたら嫁ぎ先を探さなければならない。) ¶在婆家总是比在娘家拘束。Zài ~ zǒngshì bǐ zài niángjiā jūshù. (夫の家にいると,どうしても実家にいるより堅苦しい。) ⇒ niáng·jiā

【笸箩】pǒ·luo

名 柳の枝や竹ひごなどで編んだざる。

¶现在城市人很少用针线笸箩了。Xiànzài chéngshìrén hěn shǎo yòng zhēnxiàn ~ le. (いまや都会人は編んだざるをほとんど使わなくなった。) ⇒ zhēn·xiàn

【扑打】pū·da

動 軽くたたく。はたく。

¶蛾子扑打着翅膀绕着灯光飞。Ézi ~zhe chìbǎng ràozhe dēngguāng fēi. (ガが羽をばたぱたさせて明かりの周りを飛んでいる。)

[比較]【扑打】pūdǎ 動 (平らな物を使って) たたき落とす。

pū

【扑棱】pū·leng

動（鳥が）羽ばたく。（穂や花が）開く。

¶小燕子扑棱着翅膀学飞了。Xiǎo yànzi ~zhe chìbǎng xué fēi le.（子ツバメが羽を広げて飛べるようになった。）

[比較]【扑棱】pūlēng **擬声** 鳥が羽ばたく音を表す。

【扑闪】pū·shan

動（目を）まばたかせる。

¶她惊讶地扑闪着她的大眼睛。Tā jīngyà de ~zhe tā de dà yǎnjing.（彼女はいぶかしげに大きな目をまばたかせている。）

⇒ yǎn·jing

【扑腾】pū·teng

動 ①（泳ぐ時に）ばた足をする。

¶我不会游泳，只能在水里乱扑腾。Wǒ bú huì yóuyǒng, zhǐ néng zài shuǐ lǐ luàn ~.（泳げないので、水の中でばたばたやっているだけです。）

②とび跳ねる。

¶被钓上来的鱼扑腾了几下就不动了。Bèi diào shànglái de yú ~le jǐ xià jiù bú dòng le.（釣り上げられた魚はちょっととび跳ねてすぐに動かなくなった。）

③〈方言〉動く。活動する。

¶那个人社会活动能力很强，挺能扑腾的。Nàge rén shèhuì huódòng nénglì hěn qiáng, tǐng néng ~ de.（あの人は社会的な活動能力にたけていて、なかなかうまく立ち回る。）

④（金を）浪費する。

¶多少钱也经不起这么个扑腾法。Duōshao qián yě jīngbuqǐ zhème ge ~fǎ.（どんな大金でもこんな使い方には耐えられない。）

⇒ duō·shao

[比較]【扑腾】pūtēng **擬声** 重い物が地面に落ちる音を表す。

【铺衬】pū·chen

名（継ぎはぎに用いる）ぼろ布。

【铺盖】pū·gai

名 敷き布団と掛け布団。

¶卷铺盖 juǎn ~（布団を巻く、解雇されることの例え）¶铺盖卷儿 ~juǎnr（持ち運び用にくるくる巻いた布団）

[比較]【铺盖】pūgài **動** 敷くようにかぶせる。

【菩萨】**pú·sà**

名 ①菩薩。
②慈悲深い人。

¶活菩萨 huó~（生き仏）

【葡萄】**pú·táo**

名 ブドウ。

¶葡萄干 ~gān（干しブドウ） ¶葡萄酒 ~jiǔ（ブドウ酒, ワイン） ¶葡萄糖 ~táng（ブドウ糖） ¶一串葡萄 yí chuàn ~（ひと房のブドウ）

Q

【欺负】 qī·fu

動 いじめる。侮る。

¶不要欺负人。Búyào ~ rén.（人をいじめるな。）¶欺负弱者是不能原谅的行为。~ ruòzhě shì bù néng yuánliàng de xíngwéi.（弱い者いじめは許されない行為だ。）¶在学校受到欺负要告诉老师。Zài xuéxiào shòudào ~ yào gàosu lǎoshī.（学校でいじめられたら先生に言うこと。）⇒ gào·su

【漆匠】 qī·jiàng

名 漆器職人。ペンキ職人。

【气氛】 qì·fēn

名 雰囲気。ムード。

¶严肃的气氛 yánsù de ~（厳粛な雰囲気）¶节日气氛 jiérì ~（お祭り気分）¶气氛有点儿紧张。~ yǒudiǎnr jǐnzhāng.（空気が緊張気味だ。）¶会场充满了融洽气氛。Huìchǎng chōngmǎnle róngqià ~.（会場には打ち解けたムードが満ちていた。）

【气数】 qì·shu

名 命運。運命。

¶那家公司气数将尽，快倒闭了。Nà jiā gōngsī ~ jiāng jìn, kuài dǎobì le.（あの会社は命運が尽き，もうすぐ倒産する。）

【气性】 qì·xing

名 ①（人の）性質。性格。
②怒りやすい性質。かんしゃく。

¶他气性大，你最好别惹他。Tā ~ dà, nǐ zuìhǎo bié rě tā.（彼は怒りっぽいので逆らわないに限る。）

【跷蹊】 qiāo·qi

形 怪しい。疑わしい。

¶大家都觉得他说的话有点儿跷蹊。Dàjiā dōu juéde tā shuō de huà yǒudiǎnr ~.（誰もが彼の話をいささかうさんくさいと感じている。）

【敲打】 qiāo·dǎ

動 ①たたく。打ち鳴らす。

¶大雨像打鼓一样敲打在玻璃窗上。Dàyǔ xiàng dǎgǔ yíyàng ~

zài bōlichuāng shàng.（大雨が太鼓を鳴らすようにガラス窓にたたきつけている。）⇒ bō·li ¶锣鼓敲打得很热闹。Luógǔ ～ de hěn rènao.（どらや太鼓がにぎやかに鳴り響いている。）⇒ rè·nao

②（言葉で人を）刺激する。批判する。

¶那个孩子太懒了，得经常敲打敲打他才能努力学习。Nàge háizi tài lǎn le, děi jīngcháng ～ ～ tā cái néng nǔlì xuéxí.（あの子は本当に怠け者なので、しょっちゅう言って聞かせないと勉強に励まない。）

【俏皮】qiào·pí

形 ①きれいだ。粋だ。あか抜けている。

¶她戴这顶小帽子，显得十分俏皮可爱。Tā dài zhè dǐng xiǎo màozi, xiǎnde shífēn ～ kě'ài.（彼女がこの小さな帽子をかぶるといかにもきれいでかわいい。）¶许多年轻人喜欢略显俏皮的饰品。Xǔduō niánqīngrén xǐhuan lüèxiǎn ～ de shìpǐn.（ちょっとしゃれたアクセサリーを好む若者が多い。）⇒ xǐ·huan

②（振る舞いが）生き生きとしている。（話が）ユーモラスだ。

¶俏皮话 ～huà（しゃれ言葉，言葉遊びの一種）¶听了我讲的笑话，她俏皮地笑了。Tīngle wǒ jiǎng de xiàohua, tā ～ de xiào le.（私の言った冗談を聞いて、彼女は茶目っ気たっぷりに笑った。）⇒ xiào·hua

【亲戚】qīn·qi

名 親戚。

¶串亲戚 chuàn ～（親戚回りをする）¶春节到亲戚家去拜年。Chūnjié dào ～ jiā qù bàinián.（春節には親戚の家へ新年の挨拶に行く。）¶你在中国有亲戚朋友吗？Nǐ zài Zhōngguó yǒu ～ péngyou ma?（中国に親戚や友人がいますか？）⇒ péng·you

【勤快】qín·kuai

形 勤勉だ。よく働く。

¶他太太很勤快，总是把家里打扫得干干净净。Tā tàitai hěn ～, zǒngshì bǎ jiā li dǎsǎo de gāngānjìngjìng.（彼の奥さんは働き者で、いつも家の中をきれいに掃除している。）¶老板重用勤快的员工。Lǎobǎn zhòngyòng ～ de yuángōng.（店主は勤勉な従業員を重用する。）

【轻巧】qīng·qiǎo

qīng

形 ①軽くて精巧だ。小さくてよく動く。

¶她买了一件轻巧又暖和的大衣。Tā mǎile yí jiàn ~ yòu nuǎnhuo de dàyī.（彼女は軽くて暖かいコートを買った。）⇒ nuǎn·huo ¶数码相机越来越轻巧。Shùmǎ xiàngjī yuè lái yuè ~.（デジタルカメラはますます小型で精巧になってきた。）

②軽快だ。

¶他走起路来很轻巧。Tā zǒuqǐ lù lái hěn ~.（彼は歩き方が軽快だ。）¶他从台阶上轻巧地跳下来。Tā cóng táijiē shàng ~ de tiào xiàlái.（彼は石段から軽快に飛び降りた。）

③たやすい。容易だ。

¶这件事说起来轻巧做起来难。Zhè jiàn shì shuō qǐlái ~ zuò qǐlái nán.（この事は言うほど簡単ではない。）¶说得轻巧！Shuō de ~！（言うのは容易だ！そうあまくはない！）

【轻省】qīng·sheng

形 ①〈方言〉気楽だ。

¶孩子高考完了，我总算可以轻省点儿了。Háizi gāokǎo wán le, wǒ zǒngsuàn kěyǐ ~ diǎnr le.（子どもの大学入試がすんで、私もやっと少し気が楽になった。）

②〈方言〉軽い。

¶他的行李比我的轻省。Tā de xíngli bǐ wǒ de ~.（彼の荷物は私のより軽い。）⇒ xíng·li

【清楚】qīng·chu

形 ①はっきりしている。明瞭だ。

¶声音很清楚。Shēngyīn hěn ~.（声がはっきりしている。）¶那时发生的事我到现在还记得很清楚。Nà shí fāshēng de shì wǒ dào xiànzài hái jì de hěn ~.（あの時起こった事は、いまでもまだはっきりと覚えている。）¶远处海上的小船可以看得清清楚楚。Yuǎnchù hǎishàng de xiǎochuán kěyǐ kàn de qīngqīngchǔchǔ.（遠く海上の小舟がはっきりと見える。）¶电话不好使，听不清楚你说什么。Diànhuà bù hǎoshǐ, tīngbuqīngchu nǐ shuō shénme.（電話の調子が悪く、あなたが何を話しているのかはっきり聞き取れません。）

②明晰だ。

¶他做事情头脑很清楚。Tā zuò shìqing tóunǎo hěn ~.（彼は何

をやっても頭脳明晰だ。）⇒ shì·qing

動 分かる。理解する。

¶这件事我也不清楚，你问别人吧。Zhè jiàn shì wǒ yě bù ~, nǐ wèn biérén ba.（この事は私にもよく分からないので，別の人に尋ねてください。）⇒ bié·rén¶你要清楚这是我最后一次允许你迟到。Nǐ yào ~ zhè shì wǒ zuìhòu yí cì yǔnxǔ nǐ chídào.（これがあなたの遅刻を許す最後の1回であることを覚えておきなさい。）

【清亮】qīng·liàng

形 ①澄みきっている。

¶这个湖水很清亮。Zhège hú shuǐ hěn ~.（この湖の水は澄みきっている。）

②はっきりしている。

¶一听他的话，我心里就清亮了。Yì tīng tā de huà, wǒ xīnlǐ jiù ~ le.（彼の話を聞いたら，すぐに納得できた。）

【情形】qíng·xing

名 事情。様子。

¶详细情形我会向你说明。Xiángxì ~ wǒ huì xiàng nǐ shuōmíng.（詳しい事情は必ずご説明します。）¶那里的情形我不太清楚。Nàlǐ de ~ wǒ bú tài qīngchu.（そこの事情はよく分かりません。）⇒ qīng·chu¶下这么大的雪，看情形火车要晚点了。Xià zhème dà de xuě, kàn ~ huǒchē yào wǎndiǎn le.（こんな大雪ではどうも列車が遅れそうだ。）

【亲家】qìng·jia

名 ①子ども同士の結婚により生じた親戚関係。

②息子・娘の配偶者の両親に対する呼称。

¶亲家公 ~gōng（息子または娘のしゅうと）¶亲家母 ~mǔ（息子または娘のしゅうとめ）

R

【热乎】rè·hu

形 ①暖かい。温かい。

¶外面太冷了,咱们吃点儿热乎的东西吧。Wàimiàn tài lěng le, zánmen chī diǎnr ~ de dōngxi ba.(外は寒いので,何か温かい物を食べましょう。) ⇒ dōng·xi ¶辛苦了一天,临睡前泡个澡,热热乎乎的很舒服。Xīnkǔle yì tiān, línshuì qián pào ge zǎo, rèrehūhū de hěn shūfu.(一日あくせく働いて,寝る前に風呂に入るとぽかぽかとして気持ちがいい。) ⇒ shū·fu

②仲がよい。親密だ。

¶他们两人最近很热乎,是不是在谈朋友? Tāmen liǎng rén zuìjìn hěn ~, shì bú shì zài tán péngyou?(あのふたりは最近仲がいいけれど,付き合っているのか?) ⇒ péng·you

【热和】rè·huo =【热乎】rè·hu

形 ①暖かい。温かい。

②仲がよい。親密だ。

【热闹】rè·nao

形 にぎやかだ。

¶街头十分热闹。Jiētóu shífēn ~.(街はとてもにぎやかだ。)

¶一到春节,到处都热热闹闹的。Yí dào Chūnjié, dàochù dōu rèrènàonào de.(春節になると,どこもかしこも大にぎわいだ。)

動 にぎやかに過ごす。楽しくやる。

¶好久不见了,我们去吃个饭热闹一下吧。Hǎojiǔ bú jiàn le, wǒmen qù chī ge fàn ~ yíxià ba.(久しぶりです。ご飯でも食べに行って楽しく騒ぎましょう。) ¶孩子们每周都会到奶奶家热闹一次。Háizimen měi zhōu dōu huì dào nǎinai jiā ~ yí cì.(子どもたちは週に1度おばあさんの家に行って楽しく過ごす。)

名 にぎわい。

¶看热闹 kàn ~(にぎわいを見る,見物する)¶凑热闹 còu ~(遊びの仲間入りをする)¶他是个爱热闹的人,总请大家到家里吃饭。Tā shì ge ài ~ de rén, zǒng qǐng dàjiā dào jiā lǐ chīfàn.(彼はにぎやか好きで,いつもみんなを食事に招く。)

【人家】rén·jia

代 ①人。他人。

¶人家怎么看我，我都无所谓。~ zěnme kàn wǒ, wǒ dōu wúsuǒwèi.（人が私のことをどう思おうとかまいません。）¶他很固执，人家的话他从来不听。Tā hěn gùzhí, ~ de huà tā cónglái bù tīng.（彼は頑固な人で，人の話を聞いたためしがない。）⇒ gù·zhí

②あの人。あの人たち。

¶人家有本事，咱不行。~ yǒu běnshi, zán bù xíng.（あちらはやり手だが，こちらはだめだ。）⇒ běn·shi

③自分。ユーモアを込めて使う。

¶人家好容易做的饭你也不吃。~ hǎoróngyì zuò de fàn nǐ yě bù chī.（人がせっかく作ったご飯を食べないのか。）¶这部电影看得人家好感动啊。Zhè bù diànyǐng kàn de ~ hǎo gǎndòng a.（この映画は何と感動的なことか。）

[比較]【人家】rénjiā 名 ①人家。②家庭。③将来の嫁ぎ先。

【仁义】rén·yi

形 思い遣りがある。

¶在这件事情上，我觉得自己已经做得很仁义了。Zài zhè jiàn shìqing shàng, wǒ juéde zìjǐ yǐjīng zuò de hěn ~ le.（この件で，私は自分としてはすでに好意的に処理したと思っている。）⇒ shì·qing

[比較]【仁义】rényì 名 仁愛と正義。

【认识】rèn·shi

動 ①（人を）知っている。見知っている。

¶你认识李校长吗？Nǐ ~ Lǐ xiàozhǎng ma？（李校長をご存じですか？）¶认识您很高兴。~ nín hěn gāoxìng.（知り合えてとても嬉しいです。）¶你们互相认识一下吧。Nǐmen hùxiāng ~ yíxià ba.（あなたたち，お互いに自己紹介してください。）¶我不认识这个字。Wǒ bú ~ zhège zì.（私はこの字を知りません。）¶你认识路吗？Nǐ ~ lù ma？（道を知っていますか？）

②認識する。

¶认识世界 ~ shìjiè（世界を認識する）¶我才认识到自己的错误。Wǒ cái ~ dào zìjǐ de cuòwù.（私はやっと自分の誤りを認識した。）¶他没有认识到当前的处境有多危险。Tā méiyǒu ~ dào dāngqián de chǔjìng yǒu duō wēixiǎn.（彼は現在の立場がいか

に危険かを認識していない。）⇒ méi·yǒu

名 認識。

¶认识论 ~lùn（認識論）¶他对自己的错误缺乏认识。Tā duì zìjǐ de cuòwù quēfá ~.（彼は自分の誤りについて認識に欠けている。）

【任务】rèn·wu

名 任務。役目。

¶我好不容易完成任务了。Wǒ hǎobù róngyì wánchéng ~ le.（どうにか任務をなし遂げた。）¶给他分配的任务太重了。Gěi tā fēnpèi de ~ tài zhòng le.（彼に割り当てられた任務は重すぎる。）¶她的任务是伺候病人。Tā de ~ shì cìhou bìngrén.（彼女の役目は病人の世話だ。）⇒ cì·hou

【揉搓】róu·cuo

動 ①こする。もむ。もみくちゃにする。

¶他不停地揉搓双手来取暖。Tā bù tíng de ~ shuāngshǒu lái qǔnuǎn.（彼はしきりに両手をこすり合せて暖まろうとしている。）

②〈方言〉苦しめる。

¶年轻人多在社会上揉搓一下会成熟一些。Niánqīngrén duō zài shèhuì shàng ~ yíxià huì chéngshú yìxiē.（若者も社会で苦労すれば多少は大人になる。）

【软和】ruǎn·huo

形 やわらかい。

¶新买的毯子很软和。Xīn mǎi de tǎnzi hěn ~.（新しく買った毛布はやわらかい。）¶那个老爷爷牙不好，只能吃软和的东西。Nàge lǎoyéye yá bù hǎo, zhǐ néng chī ~ de dōngxi.（あのおじいさんは歯が悪くて、やわらかい物しか食べられない。）⇒ dōng·xi

S

【丧气】sàng·qi

形 運が悪い。縁起が悪い。

¶丧气话 ~huà（縁起でもない話）¶考试那天一出门就滑了一跤，真丧气。Kǎoshì nà tiān yì chūmén jiù huále yì jiāo, zhēn ~. （試験の当日，家を出たとたんつるりと滑ってころんだ。本当に縁起が悪い。）¶她穿一套纯黑色的衣服去参加朋友的婚礼，真丧气。Tā chuān yí tào chún hēisè de yīfu qù cānjiā péngyou de hūnlǐ, zhēn ~. （彼女は真っ黒な服を着て，友人の結婚式に出席するなんて本当に縁起でもない。）⇒ yī·fu, péng·you

[比較]【丧气】sàngqì **動** がっかりする。

【扫帚】sào·zhou

名 竹ぼうき。

¶扫帚星 ~xīng（彗星，ほうき星，または不吉な人を例える）¶用扫帚扫院子 yòng ~ sǎo yuànzi（竹ぼうきで庭を掃く）¶他拿着一把扫帚和一个簸箕去打扫房间了。Tā názhe yì bǎ ~ hé yí ge bòji qù dǎsǎo fángjiān le. （彼はほうきとちりとりを持って部屋の掃除に行った。）⇒ bò·ji

【山药】shān·yao

名 ヤマイモ。

¶一根山药 yì gēn ~（1本のヤマイモ）

【伤耗】shāng·hao

名 損耗。

¶由于机器使用不当而产生了很多伤耗。Yóuyú jīqì shǐyòng búdàng ér chǎnshēngle hěn duō ~. （不適切な使用により，機械がひどく損耗した。）⇒ jī·qì

動 損なう。害する。

¶这种起居不规律的生活习惯伤耗元气。Zhè zhǒng qǐjū bù guīlǜ de shēnghuó xíguàn ~ yuánqì. （このような不規則な生活習慣は健康によくない。）

【商量】shāng·liang

動 相談する。

¶咱们商量商量。Zánmen ~ ~. （ちょっと相談しましょう。）¶我

有一件事要跟你商量。Wǒ yǒu yí jiàn shì yào gēn nǐ ~. (ご相談したいことがあります。)¶这事就这样定了，没有商量的余地。Zhè shì jiù zhèyàng dìng le, méiyǒu ~ de yúdì. (この件はもうこのように決まりました。相談の余地はありません。)⇒ méi·yǒu¶如果你想买，价钱好商量。Rúguǒ nǐ xiǎng mǎi, jiàqián hǎo ~. (もしも購入されたいのであれば，値段はご相談に応じます。)⇒ jià·qián

【晌午】shǎng·wǔ

名 正午。昼。

¶孩子晌午回家吃饭。Háizi ~ huíjiā chīfàn. (子どもは昼に帰宅して食事する。)¶晌午不睡一会儿的话，下午会很困。~ bú shuì yíhuìr dehuà, xiàwǔ huì hěn kùn. (昼寝をしないと午後は眠くなる。)

【上司】shàng·si

名 上司。上役。

¶顶头上司 dǐngtóu ~ (直属の上司)¶他很关心下属，是个好上司。Tā hěn guānxīn xiàshǔ, shì ge hǎo ~. (彼は部下のことを気にかけて，本当にいい上司だ。)¶上司布置的工作，不想干也得干。~ bùzhì de gōngzuò, bù xiǎng gàn yě děi gàn. (上司から言われた仕事はやりたくなくてもやらなければならない。)

【烧饼】shāo·bing

名 シャオピン。小麦粉食品の一種。円盤状で表面にゴマの付いたものが多い。

¶芝麻烧饼 zhīma ~ (ゴマシャオピン) ⇒ zhī·ma

【芍药】sháo·yao

名 シャクヤク。植物の一種。

¶芍药花很漂亮。~ huā hěn piàoliang. (シャクヤクの花はとてもきれいだ。) ⇒ piào·liang

【少爷】shào·ye

名 ①旧時の雇い主の息子。若旦那。

②旧時の他人の息子に対する敬称。坊ちゃん。御子息。

¶他刚刚大学毕业，还是个没有社会经验的大少爷。Tā gānggāng dàxué bìyè, hái shì ge méiyǒu shèhuì jīngyàn de dà~. (彼は大学を出たばかりで，まだまだ社会経験のないお坊ちゃまだ。) ⇒ méi·yǒu

【身份】(身分) shēn·fèn

名 ①身分。

¶不管是谁，说话做事都要合乎自己的身份。Bùguǎn shì shéi, shuōhuà zuòshì dōu yào héhū zìjǐ de ~.（誰であろうと，発言も行動も身のほどを知らなければならない。）¶不知为什么那个人隐瞒了自己的身份。Bùzhī wèi shénme nàge rén yǐnmánle zìjǐ de ~.（なぜだか分からないが，あの人は自分の身分を隠している。）

②威厳。高い地位。

¶你是有身份的人，做事要注意影响。Nǐ shì yǒu ~ de rén, zuòshì yào zhùyì yǐngxiǎng.（あなたは身分のある人です。行動に影響力があることに気を付けてください。）¶随地吐痰是很不好的行为，有失身份。Suídì tǔtán shì hěn bù hǎo de xíngwéi, yǒushī ~.（所かまわず痰を吐くのはよくない行為です。そんなことをするとこけんにかかわります。）

【身量】shēn·liang

名 体格。身長。

¶她身量瘦小，可是很有劲。Tā ~ shòuxiǎo, kěshì hěn yǒujìn.（彼女は小柄だが，力持ちだ。）

【神道】shén·dao

形 ①〈方言〉(子どもが) 元気だ。

②〈方言〉(言動が) 異常だ。突飛だ。

¶那个人挺神道的，他说的话你最好别信。Nàge rén tǐng ~ de, tā shuō de huà nǐ zuìhǎo bié xìn.（あの人は突飛な人なので，言うことを信じないほうがいい。）

[比較]【神道】shéndào **名** ①鬼神に関する迷信。神。②墓に通じる道。

【神气】shén·qì

名 表情。顔付き。

¶他脸上一副不耐烦的神气，催我赶快走。Tā liǎn shàng yí fù bú nàifán de ~, cuī wǒ gǎnkuài zǒu.（彼はうんざりした表情で，早く行こうと私を促した。）¶那个小男孩儿调皮的神气很可爱。Nàge xiǎo nánháir tiáopí de ~ hěn kě'ài.（あの男の子の腕白な表情はとてもかわいい。）

形 ①はつらつとしている。

¶他总是十分神气,很有干劲。Tā zǒngshì shífēn ~, hěn yǒu gànjìn.(彼はいつも元気はつらつとして,意気込んでいる。)¶那个孩子长得很神气。Nàge háizi zhǎng de hěn ~.(その子は元気はつらつとしている。)

②得意げだ。

¶不过是考试得了九十分,有什么可神气的。Búguò shì kǎoshì déle jiǔshí fēn, yǒu shénme kě ~ de.(試験で90点を取ったぐらいで,何を得意がるのか。)¶别人一吹捧他,他就神气起来。Biérén yì chuīpěng tā, tā jiù ~ qǐlái.(人がちょっとおだてると,彼はすぐに偉そうにする。)⇒ bié·rén

【神仙】shén·xiān

名 仙人。見通しの利く人,または悠々自適の人を例える。

¶神仙保佑!~ bǎoyòu!(神様,助けてください!)¶他简直是个活神仙,什么事情都预料得很准。Tā jiǎnzhí shì ge huó~, shénme shìqing dōu yùliào de hěn zhǔn.(彼はまったく生き仙人だ。どんなことでも正確に見通す。)⇒ shì·qing ¶我又不是神仙,十年后的事我怎么知道。Wǒ yòu bú shì ~, shí nián hòu de shì wǒ zěnme zhīdào.(仙人でもあるまいし,10年後のことが私にどうして分かろうか。)⇒ zhī·dào ¶他过着神仙般的快乐生活。Tā guòzhe ~ bān de kuàilè shēnghuó.(彼は仙人のように楽しい生活を過ごしている。)

【生分】shēng·fen

形 (仲が)疎遠だ。

¶我的好朋友转学离开以后,好几年没联系,渐渐生分了。Wǒ de hǎo péngyou zhuǎnxué líkāi yǐhòu, hǎojǐ nián méi liánxì, jiànjiàn ~ le.(親友が転校した後,何年も連絡しなかったらしだいに疎遠になった。)⇒ péng·you ¶师生之间过分客气会显得生分。Shīshēng zhījiān guòfèn kèqi huì xiǎnde ~.(先生と生徒の間でも遠慮しすぎるといかにもよそよそしい。)⇒ kè·qi

【生意】shēng·yi

名 商売。

¶做生意 zuò ~(商売をする)¶生意兴隆吗? ~ xīnglóng ma?(商売は繁盛していますか?)¶那笔生意黄了。Nà bǐ ~ huáng le.(あの商売はだめになった。)¶她是个生意人。Tā shì ge

~rén.（彼女は商売人だ。）

[比較]【生意】shēngyì 名 生気。

【牲口】shēng·kou

名 家畜。役畜。

¶喂牲口 wèi ~（家畜にえさをやる）¶驴是一种很有用处的牲口。Lǘ shì yì zhǒng hěn yǒu yòngchù de ~.（ロバは非常に役に立つ家畜である。）

【尸首】shī·shou

名（人の）死体。

¶受害者的尸首还没找到。Shòuhàizhě de ~ hái méi zhǎodào.（被害者の死体はまだ見つかっていない。）

【师父】shī·fu

名 ①師匠。親方。先生。=【师傅】shī·fu ①

②僧・尼僧・道士に対する敬称。

¶在日本，曾有位聪明的小师父叫一休。Zài Rìběn, céng yǒu wèi cōngmíng de xiǎo ~ jiào Yīxiū.（日本には昔「一休」という名の賢い小坊主がいた。）⇒ cōng·míng

【师傅】shī·fu

名 ①師匠。親方。先生。

¶刚进公司时，领导安排了一个师傅带我。Gāng jìn gōngsī shí, lǐngdǎo ānpáile yí ge ~ dài wǒ.（会社に入ったばかりの時，上司はひとりの先生を私につけてくれた。）¶他很聪明，师傅一教他就会了。Tā hěn cōngmíng, ~ yì jiāo tā jiù huì le.（彼は聡明で，師匠がちょっと教えたらすぐにできるようになった。）⇒ cōng·míng

②技能労働者に対する敬称。

¶师傅，到了十字路口请往右拐。~, dàole shízì lùkǒu qǐng wǎng yòu guǎi.（運転手さん，交差点で右折してください。）¶这个钟表师傅手艺很棒。Zhège zhōngbiǎo ~ shǒuyì hěn bàng.（この時計屋さんの腕前はすごい。）

【石匠】shí·jiàng

名 石工。石職人。

¶他是个手很巧的石匠，会用石头做各种东西。Tā shì ge shǒu hěn qiǎo de ~, huì yòng shítou zuò gè zhǒng dōngxi.（彼は腕のい

い石職人で，石でいろいろな物を作ることができる。）⇒ dōng·xi

【石榴】shí·liu

名 ザクロ。植物の一種。

¶中秋节赏月的时候，大家吃月饼，吃石榴。Zhōngqiūjié shǎngyuè de shíhou, dàjiā chī yuèbing, chī ~.（中秋の月見の時，みんな月餅を食べたり，ザクロの実を食べたりする。）⇒ shí·hou, yuè·bing

【时辰】shí·chen

名 ①旧時の時間の単位。現在の2時間に相当する。

¶古代人把一天分为十二个时辰。Gǔdàirén bǎ yì tiān fēnwéi shí'èr ge ~.（昔の人は1日を12の時間に分けた。）

②時間。時。

【时候】shí·hou

名 ①時間。

¶你做作业用了多少时候？Nǐ zuò zuòyè yòngle duōshao ~?（宿題をするのにどれだけの時間がかかりましたか？）⇒ duō·shao

②時刻。時。

¶小时候 xiǎo~（子どもの頃）¶你去的时候，他在干什么呢？Nǐ qù de ~, tā zài gàn shénme ne?（あなたが行った時，彼は何をしていましたか？）¶你是什么时候开始学汉语的? Nǐ shì shénme shíhou kāishǐ xué Hànyǔ de?（あなたはいつ中国語を学び始めましたか？）¶到时候请您多关照。Dào ~ qǐng nín duō guānzhào.（その際にはよろしくお願いします。）¶你来得正是时候，我正想给你打电话呢。Nǐ lái de zhèng shì ~, wǒ zhèng xiǎng gěi nǐ dǎ diànhuà ne.（ちょうどいい時に来てくれました。あなたに電話をかけようと思っていたところです。）

【实诚】shí·cheng

形 誠実だ。正直だ。

¶多收我一块钱也不告诉我，那个服务员太不实诚了。Duō shōu wǒ yí kuài qián yě bú gàosu wǒ, nàge fúwùyuán tài bù ~ le.（1元余分に取っておきながら黙っているなんて，あの店員はまったく不誠実だ。）⇒ gào·su ¶说句实诚话，以你现在的水平很难考上大学。Shuō jù ~huà, yǐ nǐ xiànzài de shuǐpíng hěn nán kǎoshàng dàxué.（正直な話，君のいまのレベルで大学合格は難しい。）

【实在】shí·zai
形 （仕事などが）確かだ。いいかげんでない。

¶那个人干活儿很实在。Nàge rén gàn huór hěn ~. （あの人の仕事は確かだ。）¶这个饭店菜量很大，吃得实在。Zhège fàndiàn càiliàng hěn dà, chī de ~. （このレストランは料理の量が多く，しっかり食べられる。）

［比較］【实在】shízài 形 本当だ。副 ①本当に。②実は。

【拾掇】shí·duo
動 ①整理する。片付ける。

¶吃完饭了，快拾掇一下桌子。Chīwán fàn le, kuài ~ yíxià zhuōzi. （食事を終えたので，早くテーブルを片付けよう。）¶今天家里要来客人，我们把房间拾掇一下吧。Jīntiān jiā lǐ yào lái kèrén, wǒmen bǎ fángjiān ~ yíxià ba. （今日は家に来客があるので，部屋をちょっと片付けましょう。）⇒ kè·rén

②修理する。

¶电脑坏了，得找人来拾掇一下。Diànnǎo huài le, děi zhǎo rén lái ~ yíxià. （パソコンが壊れたので，誰かに修理してもらわなければ。）

③懲らしめる。やっつける。

¶这个坏蛋终于被人拾掇了。Zhège huàidàn zhōngyú bèi rén ~ le. （この悪人はとうとうやっつけられた。）

【使唤】shǐ·huan
動 ①人にやらせる。

¶她总是使唤我做她自己不愿意做的事。Tā zǒngshì ~ wǒ zuò tā zìjǐ bú yuànyì zuò de shì. （彼女はいつも私に自分のやりたくないことをやらせようとする。）

②（道具などを）使う。

¶老板把我当机器使唤。Lǎobǎn bǎ wǒ dàng jīqì ~. （店主は私を機械のようにこき使う。）⇒ jī·qì ¶他第一次开车，紧张得手脚都不听使唤了。Tā dì-yī cì kāichē, jǐnzhāng de shǒujiǎo dōu bù tīng ~ le. （彼は初めての運転で，緊張のあまり手足が言うことを聞かなかった。）

【世故】shì·gu
形 如才がない。

¶我不喜欢太精明世故的人。Wǒ bù xīhuan tài jīngmíng ～ de rén.（私は頭がよすぎて如才ない人が好きではない。）⇒ xī·huan¶那个孩子怎么小小的年纪就这么世故啊。Nàge háizi zěnme xiǎoxiǎo de niánjì jiù zhème ～ a.（あんな子どもがどうしてこれほど如才がないのか。）

[比較]【世故】shìgù 名 世故。処世の経験。

【势利】shì·li

形 相手の財力や地位によって態度を変えるさまを表す。

¶势利眼 ～yǎn（財力や地位にこびるさま，または財力や地位にこびる人）¶势利小人 ～ xiǎorén（財力や地位にこびる人）¶她是个势利的女人，总想嫁个有钱的男人。Tā shì ge ～ de nǚrén, zǒng xiǎng jià ge yǒu qián de nánrén.（彼女は欲得ずくの女で，いつも金持ちの男に嫁ぎたいと考えている。）

【事情】shì·qing

名 ①事。用事。

¶你有事情吗？Nǐ yǒu ～ ma？（何かご用ですか？）¶这个事情有点儿复杂，一两句话说不清楚。Zhège ～ yǒudiǎnr fùzá, yì liǎng jù huà shuōbuqīngchu.（この件はいささか複雑で，ひと言ふた言でははっきり説明できない。）⇒ qīng·chu¶不要把今天能完成的事情推到明天做。Búyào bǎ jīntiān néng wánchéng de ～ tuīdào míngtiān zuò.（今日できることを明日まで延ばしてはいけない。）

②事故。過ち。

¶开车小心点儿，出了事情就晚了。Kāichē xiǎoxīn diǎnr, chūle ～ jiù wǎn le.（運転に気を付けて。事故が起きてからでは遅い。）¶他工作上出了点儿小事情。Tā gōngzuò shàng chūle diǎnr xiǎo ～.（彼は仕事でちょっとしたミスを犯した。）¶别担心，不是什么大不了的事情。Bié dānxīn, bú shì shénme dàbuliǎo de ～.（心配しないで。大したミスではないから。）

③職。仕事。

¶他毕业后没找到事情做。Tā bìyè hòu méi zhǎodào ～ zuò.（彼は卒業後に仕事が見つからなかった。）

【试探】shì·tan

動 探りを入れる。

¶我想试探一下，看看大家对我们的计划有什么意见。Wǒ xiǎng ~ yíxià, kànkan dàjiā duì wǒmen de jìhuà yǒu shénme yìjiàn.（ちょっと探りを入れて，みんなが私たちの計画にどんな意見を持っているのか調べてみます。）⇒ yì·jiàn¶他试探着问女朋友是否喜欢他。Tā ~zhe wèn nǚ péngyou shìfǒu xīhuan tā.（彼は彼女が自分のことを好きかどうか探るように尋ねた。）⇒ péng·you, xǐ·huan

[比较]【试探】shìtàn **動** 探索する。探究する。

【收成】shōu·cheng

名 （農作物の）収穫高。作柄。または，漁獲高。

¶今年太干旱，大米的收成不好。Jīnnián tài gānhàn, dàmǐ de ~ bù hǎo.（今年は日照り続きで，コメの収穫が悪い。）¶这趟出海收成不错。Zhè tàng chūhǎi ~ búcuò.（今回の出航は大漁だった。）

【收拾】shōu·shi

動 ①整頓する。整理する。片付ける。

¶收拾屋子 ~ wūzi（部屋を片付ける）¶我把房间收拾好了。Wǒ bǎ fángjiān ~ hǎo le.（私は部屋をきちんと片付けた。）¶明天要出去旅行，今天得收拾一下行李。Míngtiān yào chūqù lǚxíng, jīntiān děi ~ yíxià xíngli.（明日旅行に行くから，今日中に荷物を整理しなければならない。）⇒ xíng·li

②修理する。

¶我的自行车有怪声音，该收拾了。Wǒ de zìxíngchē yǒu guài shēngyīn, gāi ~ le.（自転車がキーキー変な音を出すので，修理しなくてはならない。）¶这台洗衣机收拾一下还能用，扔了很可惜。Zhè tái xǐyījī ~ yíxià hái néng yòng, rēngle hěn kěxī.（この洗濯機はちょっと修理すればまだ使える。捨ててしまうのは惜しい。）

③懲らしめる。

¶干坏事的人总有一天会被收拾。Gàn huàishì de rén zǒng yǒu yì tiān huì bèi ~.（悪事を働く人はいつの日か必ず懲らしめられる。）

④（人や動物を）始末する。

¶敌人全被收拾了。Dírén quán bèi ~ le.（敵はひとり残らず始末された。）¶屋里的蚊子全让我收拾干净了。Wū lǐ de wénzi quán ràng wǒ ~ gānjìng le.（部屋の中のカは1匹残らず片付けた。）

【手巾】shǒu·jīn

名 ①タオル。

¶一条手巾 yì tiáo ～（1枚のタオル）¶洗温泉不要忘了自己带手巾。Xǐ wēnquán búyào wàngle zìjǐ dài ～.（温泉に入る時は各自タオルを忘れないように。）

②〈方言〉ハンカチ。

¶一块手巾 yí kuài ～（1枚のハンカチ）

【首饰】shǒu·shì

名 装身具。イヤリング・ネックレス・指輪・ブレスレットなど。

¶她家很有钱，有很多金银首饰。Tā jiā hěn yǒu qián, yǒu hěn duō jīnyín ～.（彼女の家は金持ちで、金や銀のアクセサリーがたくさんある。）¶女孩子喜欢戴各种各样的首饰。Nǚháizi xǐhuan dài gèzhǒng gèyàng de ～.（女の子はいろいろなアクセサリーを身に付けたがる。）⇒ xǐ·huan

【寿星】shòu·xing

名 ①老人星。寿老人。長寿の象徴。

②長寿の老人。または、長寿の誕生日の祝いを受ける老人。

【受用】shòu·yong

形 心地よい。多く否定文で用いる。

¶我怕他听到这个消息心里不受用，就没告诉他。Wǒ pà tā tīngdào zhège xiāoxi xīnlǐ bú ～, jiù méi gàosu tā.（この知らせを聞いたら不愉快だろうと思って、彼には知らせなかった。）⇒ xiāo·xi, gào·su

［比較］【受用】shòuyòng **動** 享受する。益を受ける。

【叔伯】shū·bai

形 同祖父を持つ親戚関係の。

¶他是我的叔伯兄弟。Tā shì wǒ de ～ xiōngdi.（彼は私の従弟だ。）⇒ xiōng·di

【舒服】shū·fu

形 ①気分がよい。心地よい。

¶身体有点儿不舒服。Shēntǐ yǒudiǎnr bù ～.（体調がちょっと悪い。）¶听了他讽刺的话，我心里很不舒服。Tīngle tā fěngcì de huà, wǒ xīnlǐ hěn bù ～.（彼の皮肉を聞いたら気分が悪くなった。）¶最近几天太累了，真想舒舒服服地睡上一觉。Zuìjìn jǐ tiān tài lèi le, zhēn xiǎng shūshūfúfú de shuìshàng yí jiào.（こ

こ数日疲れがたまっていて，本当にぐっすりと眠りたい。）

②快適だ。

¶秋天不冷不热，风也不大，是最舒服的季节。Qiūtiān bù lěng bú rè, fēng yě bú dà, shì zuì ~ de jìjié.（秋は寒くもなく暑くもなく，強い風も吹かず，最も快適な季節だ。）¶这间房子向阳，通风又好，住起来一定很舒服。Zhè jiān fángzi xiàngyáng, tōngfēng yòu hǎo, zhù qǐlái yídìng hěn ~.（この家は日当たりも風通しもよく，住めばきっと快適だろう。）

【舒坦】shū·tan

形 気分がよい。心地よい。

¶这小日子过得真舒坦。Zhè xiǎorìzi guò de zhēn ~.（この小さな所帯暮らしもなかなか心地よい。）¶把憋在心里的话说出来，感觉舒坦多了。Bǎ biē zài xīnlǐ de huà shuō chūlái, gǎnjué ~ duō le.（こらえていた話をしたら気分がすっきりした。）

【疏忽】shū·hu

動 おろそかにする。うっかりする。

¶疏忽职守 ~ zhíshǒu（職務をおろそかにする）¶不管是谁都有疏忽的时候。Bùguǎn shì shéi dōu yǒu ~ de shíhou.（誰でもうっかりする時がある。）⇒ shí·hou¶对工作一点儿也不能疏忽大意。Duì gōngzuò yìdiǎnr yě bù néng ~ dàyi.（仕事に対しては，いささかもうかつであってはならない。）⇒ dà·yi¶对不起，因为我的疏忽，给您带来了麻烦。Duìbuqǐ, yīnwèi wǒ de ~, gěi nín dàiláile máfan.（すみません。うっかりして，ご面倒をおかけしました。）⇒ yīn·wèi, má·fan

【熟识】shú·shi

動 よく知っている。

¶他从小学开始一直是我的同班同学，我对他很熟识。Tā cóng xiǎoxué kāishǐ yìzhí shì wǒ de tóngbān tóngxué, wǒ duì tā hěn ~.（小学校からずっとクラスメートなので，彼のことはよく知っている。）¶这项工作要求业务人员熟识电脑。Zhè xiàng gōngzuò yāoqiú yèwù rényuán ~ diànnǎo.（この仕事は従業員にパソコンについての知識を要求する。）

【熟悉】shú·xī

動 よく知っている。熟知している。

¶熟悉内情 ～ nèiqíng（内情に通じている）¶我从小就住在这个城市，对这里很熟悉。Wǒ cóngxiǎo jiù zhù zài zhège chéngshì, duì zhèlǐ hěn ～．（私は子どもの頃から住んでいるので，この町については熟知している。）¶我跟他是彼此熟悉的好朋友。Wǒ gēn tā shì bǐcǐ ～ de hǎo péngyou．（私と彼は互いによく知っている親友です。）⇒ péng·you¶我刚进公司，对工作还不熟悉，请多指教。Wǒ gāng jìn gōngsī, duì gōngzuò hái bù ～, qǐng duō zhǐjiào．（入社したばかりで仕事のことはまだよく分かりません。よろしくご指導ください。）

【属相】shǔ·xiang

名 干支。十二支の生まれ年。

¶十二属相 shí'èr ～（十二支）¶我的属相是马。Wǒ de ～ shì mǎ．（私の干支はウマです。）

【数落】shǔ·luo

動 ①過ちを指摘して責める。非難する。

¶今天工作上犯了个错误，被领导数落了一顿。Jīntiān gōngzuò shàng fànle ge cuòwù, bèi lǐngdǎo ～le yí dùn．（今日は仕事でミスをして，上司にひどく説教された。）¶不要在别人面前数落孩子，这样会伤他的自尊心。Búyào zài biérén miànqián ～ háizi, zhèyàng huì shāng tā de zìzūnxīn．（人前で子どもを叱ってはいけません。子どもの自尊心を傷つけます。）⇒ bié·rén

②次々と並べ立てて言う。

¶不说这些不愉快的事了，数落一下最近的新鲜事吧。Bù shuō zhèxiē bù yúkuài de shì le, ～ yíxià zuìjìn de xīnxiān shì ba．（こんな不愉快な話はやめて，最近のおもしろい話をいくつかしよう。）⇒ xīn·xiān

【摔打】shuāi·da

動 ①たたき落とす。

¶他把两只鞋上的泥摔打了一下。Tā bǎ liǎng zhī xié shàng de ní ～le yíxià．（彼は両方の靴に付いた泥をたたき落とした。）¶现在的儿童玩具都很结实，经摔打。Xiànzài de értóng wánjù dōu hěn jiēshi, jīng ～．（いまの児童玩具は丈夫で，落としても壊れない。）⇒ jiē·shi

②世間にもまれる。

¶刚毕业的年轻人在社会上摔打几年会变得现实一些。Gāng biyè de niánqīngrén zài shèhuì shàng ～ jǐ nián huì biàn de xiànshí yìxiē.(卒業したばかりの若者も社会で数年もまれれば多少現実的になるだろう。)

【爽快】shuǎng·kuai

形 ①さわやかだ。爽快だ。

¶夏天喝杯冰啤酒很爽快。Xiàtiān hē bēi bīng píjiǔ hěn ～.（夏に冷えたビールを1杯飲むと気分爽快だ。）¶把想说的话说出来，心里爽快多了。Bǎ xiǎng shuō de huà shuō chūlái, xīnlǐ ～ duō le.（言いたいことを言ったら，気分がすっきりした。）

②率直だ。単刀直入だ。敏速だ。

¶他很爽快，说话从不拐弯抹角。Tā hěn ～, shuōhuà cóng bù guǎiwān mòjiǎo.（彼は単刀直入で，もって回った言い方をしたことがない。）¶他办事很爽快。Tā bànshì hěn ～.（彼の仕事はてきぱきとしている。）¶他爽快地答应了我的要求。Tā ～ de dāyingle wǒ de yāoqiú.（彼は私の要求を快諾した。）⇒ dā·ying

【水灵】shuǐ·ling

形 ①（食物が）みずみずしくて口当たりがいい。

¶看这葡萄多水灵！Kàn zhè pútáo duō ～！（このブドウのみずみずしいこと！）⇒ pú·táo¶这西红柿这么水灵，拌沙拉一定好吃。Zhè xīhóngshì zhème ～, bàn shālā yídìng hǎochī.（このトマトはみずみずしくて，サラダに入れたらきっとおいしい。）

②（容貌などが）みずみずしく美しい。

¶那姑娘长得真水灵。Nà gūniang zhǎng de zhēn ～.（あの娘は本当にぴちぴちしている。）⇒ gū·niang¶她有一双水灵灵的大眼睛。Tā yǒu yì shuāng shuǐlínglíng de dà yǎnjing.（彼女はぱっちりとした涼しげな目をしている。）⇒ yǎn·jing

【顺当】shùn·dang

形 順調だ。

¶今天真倒霉，没一件事顺当。Jīntiān zhēn dǎoméi, méi yí jiàn shì ～.（今日は本当についていない。何もかもうまくいかない。）¶我希望自己能顺顺当当地写完毕业论文。Wǒ xīwàng zìjǐ néng shùnshùndāngdāng de xiěwán bìyè lùnwén.（私は自分でうまく

卒業論文を書き上げたいと思います。)

【順和】shùn·he

形 (言葉遣いや態度が) 穏やかだ。

¶态度顺和 tàidù ~ (態度が穏やかだ) ⇒ tài·dù ¶他待人说话都很顺和。Tā dàirén shuōhuà dōu hěn ~.(彼は接し方も話し方も穏やかだ)

【順溜】shùn·liu

形 ①整っている。揃っている。

¶她的头发梳得很顺溜。Tā de tóufa shū de hěn ~.(彼女は髪をきれいにとかしている。) ⇒ tóu·fa

②順調だ。さえぎるものがない。

¶这支钢笔写起来很顺溜。Zhè zhī gāngbǐ xiě qǐlái hěn ~.(この万年筆はすらすらと書ける。)¶这篇文章他读得很顺溜。Zhè piān wénzhāng tā dú de hěn ~.(この文章を彼はすらすらと読む。)

【说道】shuō·dao

動 ①〈方言〉述べる。

¶你心里怎么想的，跟我们说道说道。Nǐ xīnlǐ zěnme xiǎng de, gēn wǒmen ~ ~.(心の中でどう思っているのか私たちに話してみなさい。)

②〈方言〉相談する。議論する。

¶你们说道说道，看看这件事怎么办好。Nǐmen ~ ~, kànkan zhè jiàn shì zěnme bàn hǎo.(この件をどうしたらいいか，あなたたちで相談してみてください。)

名 〈方言〉わけ。道理。

¶这件事为什么黄了，总得有个说道吧。Zhè jiàn shì wèi shénme huáng le, zǒngděi yǒu ge ~ ba.(この件がなぜだめになったか，きっとわけがあるでしょう。)

[比較]【说道】shuōdào 動 …と言う。

【说法】shuō·fǎ

名 ①言い方。

¶你这种说法太直接，会让她伤心的。Nǐ zhè zhǒng ~ tài zhíjiē, huì ràng tā shāngxīn de.(君のような言い方は直接的すぎて，きっと彼女を悲しませます。)¶你能不能换一种更容易理解的说法来解释这件事呢？Nǐ néng bù néng huàn yì zhǒng gèng róngyì lǐjiě de ～ lái jiěshì zhè jiàn shì ne？（もっと分かりやすい言い方でこの事を説明してくれませんか？）

②意见。见解。

¶我对你的说法有疑问。Wǒ duì nǐ de ～ yǒu yíwèn.（あなたのご意見に疑問を感じます。）¶事实证明这种说法是正确的。Shìshí zhèngmíng zhè zhǒng ～ shì zhèngquè de.（この見解が正しいことは事実が証明している。）

③正当な理由や根拠。

¶我这月没领到工资，要找老板讨个说法。Wǒ zhè yuè méi lǐngdào gōngzī, yào zhǎo lǎobǎn tǎo ge ～.（今月給料をもらっていないので，店主を訪ねて説明を求めなければならない。）

¶你想跟我分手可以，但是总得有个说法吧。Nǐ xiǎng gēn wǒ fēnshǒu kěyǐ, dànshì zǒngděi yǒu ge ～ ba.（私と別れたいならそれでいいけれど，理由をちゃんと説明してください。）

[比较]【说法】shuōfǎ 動 仏法を説く。

【说合】shuō·he

動 ①仲介する。取り持つ。

¶说合亲事 ～ qīnshì（結婚の仲人をする）¶我很想说合我的两个好朋友结成一对。Wǒ hěn xiǎng ～ wǒ de liǎng ge hǎo péngyou jiéchéng yí duì.（私の親友ふたりが結婚できるように是非取り持ちたい。）⇒ péng·you

②協議する。相談する。

¶这件事情我不了解，你找部长说合说合吧。Zhè jiàn shìqing wǒ bù liǎojiě, nǐ zhǎo bùzhǎng ～ ～ ba.（この件は私にはよく分からないので，部長を訪ねて相談してみてください。）⇒ shì·qing

③仲裁する。和解させる。＝【说和】shuō·he

【说和】shuō·he

動 仲裁する。和解させる。

¶我去给他们说和说和。Wǒ qù gěi tāmen ～ ～.（ちょっと彼らの仲裁をしてみます。）¶他俩都爱面子，吵了架谁也不道歉，你去说和也没用。Tā liǎ dōu ài miànzi, chǎole jià shéi yě bú dàoqiàn, nǐ qù ～ yě méiyòng.（あのふたりはメンツばかり気にして，言い争いをしても互いに謝らない。あなたが仲裁に行っても無駄です。）

【私房】sī·fáng

名 へそくり。

¶私房钱 ~qián（へそくり）¶她背地里攒了不少私房。Tā bèidìli zǎnle bù shǎo ~.（彼女はこっそりとへそくりをたくさん蓄えている。）

形 内輪の。

¶私房话 ~huà（夫婦の内緒話）¶私房菜 ~ cài（家の自慢料理）

[比較]【私房】sīfáng **名** 個人の家。

【思量】sī·liang

動 ①考慮する。考える。

¶我们仔细思量后再作决定吧。Wǒmen zǐxì ~ hòu zài zuò juédìng ba.（よく考えてから決定しましょう。）¶我思量了一下这个计划，觉得不可行。Wǒ ~le yíxià zhège jìhuà, juéde bù kěxíng.（この計画について考えてみて，実行不可能だと思った。）

②〈方言〉恋しく思う。心にかける。

¶正思量你呢，你就打电话来了，真是心有灵犀。Zhèng ~ nǐ ne, nǐ jiù dǎ diànhuà lái le, zhēn shì xīnyǒulíngxī.（ちょうど君のことを考えていたら電話をくれるなんて，まさに以心伝心だね。）

【斯文】sī·wen

形 優雅だ。上品だ。

¶他新配的这副眼镜，戴上显得很斯文。Tā xīn pèi de zhè fù yǎnjìng, dàishàng xiǎnde hěn ~.（彼が新調した眼鏡をかけるといかにも品よく見える。）¶他说话斯斯文文的，很有涵养。Tā shuōhuà sīsīwénwén de, hěn yǒu hányǎng.（彼の話し方は上品で，教養がある。）¶她斯斯文文地坐在那里，一句话也不说。Tā sīsīwénwén de zuò zài nàli, yí jù huà yě bù shuō.（彼女は優雅にそこに座って，ひと言も話さない。）

[比較]【斯文】sīwén **名** 文化。文人。

【松快】sōng·kuai

形 ①爽快だ。心地よい。

¶考完期末考试，心里松快了不少。Kǎowán qīmò kǎoshì, xīnli ~le bù shǎo.（期末試験が終わって，気分が随分楽になった。）

¶跑步出了一身汗，洗个澡，觉得身上很松快。Pǎobù chūle yì shēn hàn, xǐ ge zǎo, juéde shēnshang hěn ~.（ジョギングをして

ひと汗かき、ひと風呂浴びると気分爽快だ。)

②広々としている。込み合っていない。

¶搬走一张桌子，屋里松快多了。Bānzǒu yì zhāng zhuōzi, wū lǐ ~ duō le.（テーブルを1台運び出したら、部屋の中が広々とした。) ¶这个时间公交车上很松快。Zhège shíjiān gōngjiāochē shàng hěn ~.（この時間帯、バスの中は込み合っていない。)

【松散】sōng·san

動 気晴らしをする。リラックスする。

¶呆在家里没意思，出去松散一下吧。Dāi zài jiā lǐ méi yìsi, chūqù ~ yíxià ba.（家でじっとしていてもつまらないから、気晴らしに出かけよう。) ⇒ yì·si

[比較]【松散】sōngsǎn **形**（物事が）緩んでいる。(気持ちが）散漫だ。

【俗气】sú·qi

形 品がない。野暮ったい。

¶穿戴俗气 chuāndài ~（身なりが野暮ったい）¶整天老想着钱是很俗气的。Zhěngtiān lǎo xiǎngzhe qián shì hěn ~ de.（一日中ずっとお金のことばかり考えているのは品がない。) ¶她把自己打扮得俗里俗气的。Tā bǎ zìjǐ dǎban de súlisúqì de.（彼女は野暮ったい身なりをしている。) ⇒ dǎ·ban

【素净】sù·jing

形 色が派手でない。地味だ。

¶衣着素净 yīzhuó ~（身なりが地味だ）¶我喜欢素净的颜色。Wǒ xǐhuan ~ de yánsè.（私は地味な色が好きだ。) ⇒ xǐ·huan ¶花瓶里插着一束淡雅素净的花，把屋子装饰得很漂亮。Huāpíng lǐ chāzhe yí shù dànyǎ ~ de huā, bǎ wūzi zhuāngshì de hěn piàoliang.（花瓶に上品であっさりとした花を挿したら、部屋のきれいな飾り付けになった。) ⇒ piào·liang

【算计】suàn·ji

動 ①数える。計算する。

¶你算计一下上半年的收入有多少。Nǐ ~ yíxià shàngbànnián de shōurù yǒu duōshao.（上半期の収入がいくらあったかちょっと計算してください。) ⇒ duō·shao

②考慮する。計画する。

¶他算计着明年到韩国去旅游。Tā ~zhe míngnián dào Hánguó qù lǚyóu.（彼は来年韓国旅行に行こうと計画している。）¶这件事关系到很多人的利益，得好好儿算计算计。Zhè jiàn shì guānxì dào hěn duō rén de lìyì, děi hǎohāor ~ ~.（この件は多くの人の利益にかかわるので、じっくり考えなければならない。）⇒ guān·xì

③推測する。見積もる。

¶我算计他们今天回不了了。Wǒ ~ tāmen jīntiān huíbuliǎo le.（彼らは今日もう帰って来られないと思う。）¶据我算计，听到这个消息他会生气。Jù wǒ ~, tīngdào zhège xiāoxi tā huì shēngqì.（私の予想では、この知らせを聞いたら彼はきっと腹を立てます。）⇒ xiāo·xi

④人を陥れようとたくらむ。

¶他这么单纯，会被人算计的。Tā zhème dānchún, huì bèi rén ~ de.（彼はこんなに単純では、きっと人にはめられる。）¶总想着算计别人的人活得很累。Zǒng xiǎngzhe ~ biérén de rén huó de hěn lèi.（いつも他人を陥れようとたくらむ人の生き方はとても疲れる。）⇒ bié·rén

【算盘】suàn·pán

名 ①そろばん。

¶打算盘 dǎ ~（そろばんをはじく）¶算盘珠 ~zhū（そろばんの玉）¶计算器很快取代了算盘。Jìsuànqì hěn kuài qǔdàile ~.（あっと言う間に、電卓がそろばんに取って代わった。）

②計画や心積もり。

¶希望你好好儿考虑一下，别打错了算盘。Xīwàng nǐ hǎohāor kǎolǜ yíxià, bié dǎcuòle ~.（よく考えて、当てがはずれないようにしてください。）¶他的突然出现打乱了我的小算盘。Tā de tūrán chūxiàn dǎluànle wǒ de xiǎo~.（彼が突然現れたので、私のもくろみが狂ってしまった。）

【随和】suí·he

形 穏やかで気さくだ。

¶脾气随和 píqi ~（性格が気さくだ）⇒ pí·qi¶这个老师很随和，学生都喜欢跟他聊天儿。Zhège lǎoshī hěn ~, xuéshēng dōu xǐhuan gēn tā liáotiānr.（この先生はとても気さくなので、学生

たちはみんなおしゃべりをしたがる。）⇒ xué·shēng, xǐ·huan
¶她不仅聪明，性格也很随和。Tā bùjǐn cōngmíng, xìnggé yě hěn 〜. （彼女は賢いだけではなく，性格も気さくだ。）⇒ cōng·míng

【岁数】suì·shu
名 年齢。
¶上了岁数的人 shàngle 〜 de rén（年をとった人）¶你妈妈多大岁数？Nǐ māma duō dà 〜? （お母さんは何歳ですか？）¶岁数大了，眼睛都花了。〜 dà le, yǎnjing dōu huā le. （年をとって目がかすんでしまった。）⇒ yǎn·jing

【孙女】sūn·nǚ
名 息子の娘。孫娘。
¶外孙女 wài〜（娘の生んだ女の子，孫娘）¶他的孙女很可爱。Tā de 〜 hěn kě'ài. （彼の孫娘はとてもかわいい。）

T

【趿拉】tā·la
動 （靴の）かかとを踏んで履く。つっかける。

¶皮鞋不能趿拉着穿，会穿坏的。Píxié bù néng ~zhe chuān, huì chuānhuài de.（革靴はかかとで履いてはいけない。靴が悪くなる。）¶地震时他正在睡觉，趿拉着鞋就出来了。Dìzhèn shí tā zhèngzài shuìjiào, ~zhe xié jiù chūlái le.（地震の時、彼は眠っていたが、靴をつっかけてすぐに飛び出してきた。）

【踏实】tā·shi
形 ①堅実だ。うわついていない。

¶他是个踏实人，把工作交给他很放心。Tā shì ge ~rén, bǎ gōngzuò jiāo gěi tā hěn fàngxīn.（彼は堅実な人なので、彼に仕事を任せると安心だ。）¶他做事踏踏实实，很少出错。Tā zuòshì tātāshíshí, hěn shǎo chūcuò.（彼の仕事は確かで、ほとんどミスがない。）

②（気持ちが）落ち着いている。

¶今天不把活儿干完会被老板骂，心里不踏实。Jīntiān bù bǎ huór gànwán huì bèi lǎobǎn mà, xīnlǐ bù ~.（今日中に仕事を終えないと店主に叱られると思うと気が気でない。）¶今天高考很紧张，昨晚睡得不踏实。Jīntiān gāokǎo hěn jǐnzhāng, zuówǎn shuì de bù ~.（今日の大学入試のため緊張して、昨夜はぐっすり眠れなかった。）

【抬举】tái·ju
動 （人を）取り立てる。

¶不识抬举 bùshí ~（人の好意を無にする）¶您这么说真是太抬举我了。Nín zhème shuō zhēn shì tài ~ wǒ le.（これはどうも、私にはもったいないお言葉です。）

【太阳】tài·yáng
名 太陽。

¶太阳出来 ~ chūlái（太陽が出る）¶太阳落山 ~ luò shān（日が山に沈む）¶晒太阳 shài ~（日光浴をする）¶你们好像早晨八九点钟的太阳。Nǐmen hǎoxiàng zǎochen bā jiǔ diǎn zhōng de ~.（君たちは朝8時、9時の太陽のようだ。）⇒ zǎo·chen

【态度】tài·dù

名 態度。立ち居振る舞い。

¶态度大方 ～ dàfang（態度がおっとりしている）⇒ dà·fang ¶这个店员服务态度很好。Zhège diànyuán fúwù ～ hěn hǎo.（この店員の接客態度はとてもいい。）¶他态度很坚决地拒绝了小王的无理要求。Tā ～ hěn jiānjué de jùjuéle Xiǎo Wáng de wúlǐ yāoqiú.（彼はきっぱりとした態度で王さんの無理な要求を拒絶した。）¶要端正学习态度，才能取得好成绩。Yào duānzhèng xuéxí ～, cái néng qǔdé hǎo chéngjì.（学習態度を正してこそいい成績が取れる。）

【特务】tè·wu

名 スパイ。

¶特务活动 ～ huódòng（スパイ活動）

［比較］【特务】tèwù **名** 軍隊の特殊任務。

【体己】(梯己) tī·ji

名 へそくり。＝【私房】sī·fáng ①

形 内輪の。

¶体己话 ～huà（内緒話, 内輪話）¶体己人 ～rén（ごく親しい人, 内輪の人）

【踢蹬】tī·deng

動 ①足で踏んだりけったりする。

¶老实点儿，别踢蹬了。Lǎoshi diǎnr, bié ～ le.（じたばたせずに, おとなしくしろ。）⇒ lǎo·shi ¶小狗刚来我们家很认生，被抱起来时不停地踢蹬。Xiǎogǒu gāng lái wǒmen jiā hěn rènshēng, bèi bào qǐlái shí bù tíng de ～.（子イヌは我が家に来たばかりでものおじして, 抱き上げるとしきりに足でけったりする。）

②（お金を）浪費する。

¶买这么多没用的东西，真是踢蹬钱。Mǎi zhème duō méiyòng de dōngxi, zhēn shì ～ qián.（ろくでもない物をこんなに買って, 本当にお金の無駄遣いだ。）⇒ dōng·xi

③整理する。片付ける。

¶花了一个星期总算把这些杂事踢蹬完了。Huāle yí ge xīngqī zǒngsuàn bǎ zhèxiē záshì ～ wán le.（1週間かけて何とか雑用を全部片付けた。）

【添补】tiān·bǔ

動 (衣服や用具などを) 補充する。

¶**添补些衣裳** ~ xiē yīshang (衣服を何着か新調する) ⇒ yī·shang

【挑剔】tiāo·ti

動 あら探しをする。

¶**他对人太挑剔，没几个朋友。**Tā duì rén tài ~, méi jǐ ge péngyou. (彼は人のあら探しばかりするので，何人も友人がいない。) ⇒ péng·you ¶**这篇文章写得无可挑剔。**Zhè piān wénzhāng xiě de wúkě ~. (この文章は文句の付けようがない出来栄えだ。) ¶**他吃东西从不挑剔，所以长得很壮实。**Tā chī dōngxi cóng bù ~, suǒyǐ zhǎng de hěn zhuàngshi. (彼は好き嫌いなく何でも食べるので，丈夫な体付きをしている。) ⇒ dōng·xi, zhuàng·shi

【调理】tiáo·lǐ

動 ①養生する。

¶**调理身子** ~ shēnzi (養生する) ¶**产后要注意调理。**Chǎnhòu yào zhùyì ~. (産後は注意して養生しなければならない。)

②世話をする。管理する。

¶**她调理留学生的伙食。**Tā ~ liúxuéshēng de huǒshí. (彼女は留学生のまかないをしている。) ⇒ huǒ·shí

③しつける。訓練する。

¶**他把儿子调理得很听话了。**Tā bǎ érzi ~ de hěn tīnghuà le. (彼は息子を聞き分けのよい子にしつけた。)

【调戏】tiáo·xì

動 (女性を) からかう。

¶**调戏妇女** ~ fùnǚ (女性をからかう)

【笤帚】tiáo·zhou

名 (小さめの) ほうき。

¶**一把笤帚** yì bǎ ~ (1本のほうき) ¶**用笤帚扫地** yòng ~ sǎodì (ほうきで地面を掃く)

【跳蚤】tiào·zao

名 ノミ。

¶**一只跳蚤** yì zhī ~ (1匹のノミ) ¶**跳蚤市场** ~ shìchǎng (蚤の市，フリーマーケット) ¶**他被跳蚤咬了，身上很痒。**Tā bèi ~ yǎo le, shēnshang hěn yǎng. (彼はノミにかまれて体がかゆい。)

【铁匠】tiě·jiàng

名 鍛冶屋。

¶那个铁匠做的铁锹很好用。Nàge ~ zuò de tiěqiāo hěn hǎoyòng.（あの鍛冶屋の作ったスコップは使いやすい。）

【停当】tíng·dang

形 揃っている。完備している。

¶宴会一切准备停当，只等客人来了。Yànhuì yíqiè zhǔnbèi ~, zhǐ děng kèrén lái le.（宴会の準備はすべて整った。後はお客さんが来るのを待つだけだ。）⇒ kè·rén ¶快过年了，我已经把屋子打扫得干干净净，年货也采购停当了。Kuài guònián le, wǒ yǐjīng bǎ wūzi dǎsǎo de gāngānjìngjìng, niánhuò yě cǎigòu ~ le.（新年を迎えるのに、部屋をきれいに掃除して、正月用品も買い揃えた。）

【痛快】tòng·kuài

形 ①痛快だ。愉快だ。思う存分。

¶暑假我去中国玩儿得很痛快。Shǔjià wǒ qù Zhōngguó wánr de hěn ~.（夏休みに中国に行って愉快に遊んだ。）¶三年没见的好朋友来了，我们准备痛痛快快地喝一顿。Sān nián méi jiàn de hǎo péngyou lái le, wǒmen zhǔnbèi tòngtòngkuàikuài de hē yí dùn.（3年ぶりに親友が来たので、思う存分飲む予定だ。）⇒ péng·you

②率直だ。きっぱりとしている。

¶她是个痛快人。Tā shì ge ~rén.（彼女は率直な人だ。）¶这个人办事很痛快，从不拖泥带水。Zhège rén bànshì hěn ~, cóng bù tuōní dàishuǐ.（この人はてきぱきと仕事をする人で、だらけた所がまったくない。）¶你去还是不去，请痛痛快快地告诉我。Nǐ qù háishi bú qù, qǐng tòngtòngkuàikuài de gàosu wǒ.（行くのか行かないのか、はっきり言ってください。）⇒ hái·shi, gào·su

【头发】tóu·fa

名 髪の毛。

¶一根长头发 yì gēn cháng ~（1本の長い髪の毛）¶你剪头发了? Nǐ jiǎn ~ le?（髪を切ったの?）¶头发全都白了。~ quándōu bái le.（髪が真っ白になった。）

【透亮】tòu·liang

形 ①透き通っている。明るい。

¶这颗玻璃珠子晶莹透亮,很漂亮。Zhè kē bōli zhūzi jīngyíng ~, hěn piàoliang.(このガラス玉はきらきらと透き通っていて,とてもきれいだ。)⇒ bō·li, piào·liang ¶他熬夜写论文,睡觉时天色已透亮了。Tā áoyè xiě lùnwén, shuìjiào shí tiānsè yǐ ~ le.(彼は夜遅くまで論文を書いて,寝た時にはすでに空が白々としていた。)

②はっきりしている。よく分かる。

¶这话说得很透亮。Zhè huà shuō de hěn ~.(この話はとてもはっきりしている。)

[比較]【透亮儿】tòuliàngr 動 光がさし込む。

【徒弟】tú·dì

名 弟子。

¶带徒弟 dài ~(弟子を従える)¶我的徒弟很笨,老也学不会。Wǒ de ~ hěn bèn, lǎo yě xuébuhuì.(私の弟子は愚かで,いつまでたっても覚えが悪い。)¶他带出来的徒弟水平很高。Tā dài chūlái de ~ shuǐpíng hěn gāo.(彼が仕込んだ弟子はレベルが高い。)

【土地】Tǔ·di

名 土地の神様。氏神様。

¶土地庙 ~miào(氏神様を祭った小さなほこら)

[比較]【土地】tǔdì 名 ①土地。②領土。

【土气】tǔ·qì

名 野暮ったい様子。

¶他在城里住了近三十年,可还是土气十足。Tā zài chéng lǐ zhùle jìn sānshí nián, kě háishi ~ shízú.(彼は都会に住んで30年になろうというのに,まだまったくの田舎者だ。)⇒ hái·shi ¶他身上带着农村人特有的土气。Tā shēnshang dàizhe nóngcūnrén tèyǒu de ~.(彼には農村人特有の野暮ったさがある。)

形 野暮ったい。

¶这么土气的事情还是不要做的好。Zhème ~ de shìqing háishi búyào zuò de hǎo.(こんな野暮な事はやはりやらないに限る。)⇒ shì·qing, hái·shi ¶他不管穿多时髦的衣服,都显得土里土气的。Tā bùguǎn chuān duō shímáo de yīfu, dōu xiǎnde tǔlitǔqì de.(彼はどんな流行の服を着ても,見るからに野暮ったい。)⇒ yī·fu

【吐沫】tù·mo =【唾沫】tuò·mo
　名 つば。唾液の通称。

【妥当】tuǒ·dàng
　形 妥当だ。適当だ。
　¶最妥当的办法 zuì ~ de bànfǎ（最適な方法）¶这件事情你处理得不妥当。Zhè jiàn shìqing nǐ chǔlǐ de bù ~.（この件でのあなたの処理は妥当ではない。）⇒ shì·qing¶他是个优秀的秘书，工作总是做得妥妥当当。Tā shì ge yōuxiù de mìshū, gōngzuò zǒngshì zuò de tuǒtuǒdàngdàng.（彼は優秀な秘書で，仕事はいつも適切だ。）

【唾沫】tuò·mo
　名 つば。唾液の通称。
　¶唾沫星子 ~ xīngzi（つばのしぶき）¶他在街上吐了一口唾沫。Tā zài jiē shàng tǔle yì kǒu ~.（彼は通りでぺっとつばを吐いた。）

W

【挖苦】wā·ku

動 皮肉る。けなす。

¶别挖苦他了,怪可怜的。Bié ~ tā le, guài kělián de.(彼に皮肉を言わないで。かわいそうです。)¶总是挖苦别人可不好。Zǒngshì ~ biérén kě bù hǎo.(人をけなしてばかりいるのはよくない。)⇒ bié·rén

【瓦匠】wǎ·jiàng

名 瓦職人。左官。

¶瓦匠的工作很辛苦。~ de gōngzuò hěn xīnkǔ.(瓦職人の仕事は大変だ。)

【外道】wài·dao

形 他人行儀だ。よそよそしい。

¶都是老熟人了,你这样做就显得外道了。Dōu shì lǎo shúrén le, nǐ zhèyàng zuò jiù xiǎnde ~ le.(もう古馴染みなのに,あなたがこのようにするとはいかにも他人行儀です。)

[比較]【外道】wàidào 名 外道。異端教派。

【外甥】wài·sheng

名 姉または妹の息子。甥。

¶外甥女 ~nü(姉または妹の娘,姪)¶他外甥比他儿子小一岁。Tā ~ bǐ tā érzi xiǎo yí suì.(彼の甥は彼の息子より1歳年下だ。)

【晚上】wǎn·shang

名 晩。夜。

¶晚上好! ~ hǎo!(今晩は!)¶你晚上几点睡觉? Nǐ ~ jǐ diǎn shuìjiào?(あなたは夜何時に寝ますか?)¶一晚上没睡好觉。Yì ~ méi shuìhǎo jiào.(ひと晩中よく眠れなかった。)

【王八】wáng·ba

名 ①カメまたはスッポンの俗称。人を罵る言葉として使う。

¶王八蛋 ~dàn(ばか者)

②妻を寝取られた男。

【忘性】wàng·xìng

名 物忘れ。

¶上了岁数,忘性越来越大了。Shàngle suìshu, ~ yuè lái yuè dà

le.(年をとって,物忘れがますますひどくなった。)⇒ suì·shu¶ **我总是为自己的忘性而感到头疼。**Wǒ zǒngshì wèi zìjǐ de ~ ér gǎndào tóuténg.(いつも物忘れに悩まされている。)

【尾巴】wěi·ba

名 ①尾。しっぽ。

¶**狗摇尾巴。**Gǒu yáo ~.(イヌが尾を振る。)¶**孔雀的尾巴很漂亮。**Kǒngquè de ~ hěn piàoliang.(クジャクの尾はきれいだ。)⇒ piào·liang¶**小孩儿给自己的风筝装了尾巴。**Xiǎoháir gěi zìjǐ de fēngzheng zhuāngle ~.(子どもが自分の凧にしっぽを付けた。)⇒ fēng·zheng

②(物体の)後尾部。

¶**彗星尾巴** huìxīng ~(彗星の尾)¶**飞机尾巴** fēijī ~(飛行機の尾部)

③事物の残留部分。

¶**他做事情总是留个尾巴,得别人帮他完成。**Tā zuò shìqing zǒngshì liú ge ~, děi biérén bāng tā wánchéng.(彼の仕事はいつもやり残しが出て,最後は人に助けてもらわないとすまない。)⇒ shì·qing, bié·rén

④尾行者。

¶**他拼命地跑,终于甩掉了跟踪自己的尾巴。**Tā pīnmìng de pǎo, zhōngyú shuǎidiàole gēnzōng zìjǐ de ~.(彼は必死に走って,ついに尾行者を振り切った。)

⑤追随する人。

¶**你要有主见,不能做别人的尾巴。**Nǐ yào yǒu zhǔjiàn, bù néng zuò biérén de ~.(自分の考えを持ちなさい。人に追随してはいけません。)⇒ bié·rén

【委屈】wěi·qu

形(不当な非難や扱いを受けて)悔しい。

¶**他被同学冤枉,委屈地哭了。**Tā bèi tóngxué yuānwang, ~ de kū le.(彼は同級生に濡れ衣を着せられて,悔しがって泣いた。)⇒ yuān·wang¶**我不愿意一直在这个三流公司委委屈屈地做个小职员。**Wǒ bú yuànyì yìzhí zài zhège sānliú gōngsī wěiwěiqūqū de zuò ge xiǎo zhíyuán.(私はずっとこの三流会社で悔しい思いをしながら平社員を続けたくない。)

動 嫌な思いをさせる。

¶对不起，我没弄清情况就批评你，委屈你了。Duìbuqǐ, wǒ méi nòngqīng qíngkuàng jiù pīpíng nǐ, ～ nǐ le.（すみません。事情も分からずあなたを非難して，嫌な思いをさせました。）¶那个孩子在学校受了委屈从来不跟父母说。Nàge háizi zài xuéxiào shòule ～ cónglái bù gēn fùmǔ shuō.（その子は学校でいじめられても，両親に知らせたことがない。）

【位置】wèi·zhì

名 ①位置。場所。

¶咱们换一下位置吧。Zánmen huàn yíxià ～ ba.（私たち場所を代わりましょう。）¶星期天，商场的停车场里满是车，没有可以停车的位置了。Xīngqītiān, shāngchǎng de tíngchēchǎng lǐ mǎn shì chē, méiyǒu kěyǐ tíngchē de ～ le.（日曜日，デパートの駐車場は満車で駐車できる場所がない。）⇒ méi·yǒu

②地位。

¶在公司，经理是很有位置的人。Zài gōngsī, jīnglǐ shì hěn yǒu ～ de rén.（会社では，支配人は地位のある人です。）¶夏目漱石在日本文坛上占有重要位置。Xiàmù Shùshí zài Rìběn wéntán shàng zhànyǒu zhòngyào ～.（夏目漱石は日本の文壇で重要な地位を占めている。）

③職位。ポスト。

¶社长的位置是他奋斗的目标。Shèzhǎng de ～ shì tā fèndòu de mùbiāo.（社長の座は彼の奮闘目標だ。）¶因为休产假，她的位置被别人占了。Yīnwèi xiū chǎnjià, tā de ～ bèi biérén zhàn le.（産休を取っていたので，彼女は自分のポストを人に取られてしまった。）⇒ yīn·wèi, bié·rén

【味道】wèi·dào

名 ①味。

¶味道好极了。～ hǎojí le.（実においしい。）¶你尝尝味道。Nǐ chángchang ～.（味見をしてください。）¶我做的菜味道怎么样？Wǒ zuò de cài ～ zěnmeyàng?（私の作った料理の味はどうですか？）

②味わい。おもしろみ。

¶他作的曲子很有味道。Tā zuò de qǔzi hěn yǒu ～.（彼の作っ

た曲は味わい深い。）¶这篇文章写得很没味道。Zhè piān wénzhāng xiě de hěn méi ～.（この文章はとてもつまらない。）

③〈方言〉におい。

¶厕所里有股奇怪的味道。Cèsuǒ lǐ yǒu gǔ qíguài de ～.（トイレの中は変なにおいがする。）

【温和】wēn·huo

形（物が）温かい。

¶冬天洗手别用凉水，用点儿温和水吧。Dōngtiān xǐ shǒu bié yòng liángshuǐ, yòng diǎnr ～ shuǐ ba.（冬の手洗いは水ではなく，お湯を使いなさい。）¶饭还温和着，快吃吧。Fàn hái ～zhe, kuài chī ba.（ご飯がまだ温かいうちに，食べてください。）

[比較]【温和】wēnhé 形 ①温暖だ。②（性格や言葉遣いが）温和だ。

【文气】wén·qi

形 物静かだ。

¶她很文气，不失优雅。Tā hěn ～, bùshī yōuyǎ.（彼女はもの静かで，いつも優雅だ。）

[比較]【文气】wénqì 名 文章の勢い。文勢。

【稳当】wěn·dang

形 ①確実だ。堅実だ。

¶办事稳当 bànshì ～（仕事が確かだ）¶这样做稳当些，不过需要时间。Zhèyàng zuò ～ xiē, búguò xūyào shíjiān.（こうするのは確実だが，時間がかかる。）¶应该稳稳当当地赚钱，不能做冒险的事。Yīnggāi wěnwěndāngdāng de zhuànqián, bù néng zuò màoxiǎn de shì.（金儲けは堅実にすべきで，危険を冒してはならない。）

②安定している。しっかりしている。

¶那把椅子不稳当，不能往上站。Nà bǎ yǐzi bù ～, bù néng wǎng shàng zhàn.（その椅子はぐらぐらしているので，上に乗ってはいけない。）¶那个孩子才一岁半，已经可以稳稳当当地走路了。Nàge háizi cái yí suì bàn, yǐjing kěyǐ wěnwěndāngdāng de zǒulù le.（その子はわずか1歳半で，もうしっかりとした足取りで歩ける。）

【莴苣】wō·jù

名 チシャ。植物の一種。

【倭瓜】wō·guā =【南瓜】nán·guā

名 〈方言〉カボチャ。

【窝囊】wō·nang

形 ①悔しくてむしゃくしゃしている。

¶窝囊气 ~qì（やり場のない怒り，鬱憤）¶期末考试没及格，真窝囊。Qīmò kǎoshì méi jígé, zhēn ~. （期末試験に合格できず，悔しくてたまらない。）¶在公司工作了十几年，一直没升职，他觉得很窝囊。Zài gōngsī gōngzuòle shíjǐ nián, yìzhí méi shēngzhí, tā juéde hěn ~. （会社で 10 数年働いたのにずっと昇進できず，彼はむしゃくしゃしている。）

②無能だ。意気地がない。だらしない。

¶窝囊废 ~fèi（不甲斐ない人，意気地なし）¶别说这种窝囊话！Bié shuō zhè zhǒng ~huà！（そんな不甲斐ないことを言うな！）¶他总是被老板骂，给人感觉窝窝囊囊的。Tā zǒngshì bèi lǎobǎn mà, gěi rén gǎnjué wōwōnāngnāng de. （彼はいつも店主に叱られて不甲斐なく見える。）¶他穿得窝里窝囊，像要饭的似的。Tā chuān de wōliwōnāng, xiàng yàofàn de shìde. （彼はだらしない身なりをして，まるで乞食のようだ。）

【窝棚】wō·peng

名 掘っ建て小屋。

¶这个流浪汉住在自己搭的小窝棚里。Zhège liúlànghàn zhù zài zìjǐ dā de xiǎo ~ lǐ. （このルンペンは自分で建てた小屋に住んでいる。）¶他在自己的田地边盖了个窝棚，以便干农活儿的时候休息一下。Tā zài zìjǐ de tiándì biān gàile ge ~, yǐbiàn gàn nónghuór de shíhou xiūxi yíxià. （彼は自分の畑に小屋を建てて，農作業の時に休息できるようにした。）⇒ shí·hou, xiū·xi

【乌涂】(兀秃) wū·tu

形 ①（飲み水が）生ぬるい。

¶乌涂水不好喝。~ shuǐ bù hǎohē.（生ぬるい水はおいしくない。）

②（態度が）煮え切らない。てきぱきしていない。

¶这人做事不爽快，太乌涂了。Zhè rén zuòshì bù shuǎngkuai, tài ~ le.（この人の仕事は遅くててきぱきしていない。）⇒ shuǎng·kuai

【蜈蚣】**wú·gōng**

名 ムカデ。

¶一条蜈蚣 yì tiáo ～（1匹のムカデ）　¶一只蜈蚣 yì zhī ～（1匹のムカデ）　¶一大群蜈蚣 yí dà qún ～（ムカデの大群）

X

【西瓜】xī·guā

名 スイカ。

¶切西瓜 qiē ~（スイカを切る）¶无子西瓜 wúzǐ ~（種なしスイカ）

【稀罕】xī·han

形 珍しい。めったにない。

¶在这座南方的城市里，下雪是很稀罕的事情。Zài zhè zuò nánfāng de chéngshì lǐ, xià xuě shì hěn ~ de shìqing.（この南方の都市では，雪が降るのは珍しいことだ。）⇒ shì·qing ¶对于现在的年轻人来说，海外留学、旅行之类的事并不稀罕。Duìyú xiànzài de niánqīngrén lái shuō, hǎiwài liúxué, lǚxíng zhīlèi de shì bìng bù ~.（今の若者にとって，海外留学や海外旅行などは決して珍しくない。）

動 珍重する。

¶她稀罕的是他的才气。Tā ~ de shì tā de cáiqì.（彼女が見込んでいるのは彼の才能だ。）¶我才不稀罕你的钱呢。Wǒ cái bù ~ nǐ de qián ne.（私はあなたのお金なんか当てにしません。）

名 珍しい物事。

¶看稀罕 kàn ~（珍しい物を興味深く見る）¶这个东西也不怎么好吃的，就是尝个稀罕。Zhège dōngxi yě bù zěnme hǎochī de, jiùshì cháng ge ~.（これは別においしい物でもありませんが，ただ珍しい物なので食べてみてください。）⇒ dōng·xi

【媳妇】xí·fu

名 ①〈方言〉妻。

¶儿媳妇 ér~（息子の妻，嫁）¶他媳妇长得很漂亮。Tā ~ zhǎng de hěn ~.（彼の奥さんはとてもきれいだ。）⇒ piào·liang ¶她儿子都三十岁了还没娶媳妇，可把她急坏了。Tā érzi dōu sānshí suì le hái méi qǔ ~, kě bǎ tā jíhuài le.（息子が30歳を過ぎても嫁をもらわないので，彼女は気をもんでいる。）

②〈方言〉既婚の若い女性。

¶卖菜的媳妇对顾客很和气。Mài cài de ~ duì gùkè hěn héqi.（野菜売りの若奥さんは客に優しい。）⇒ hé·qi

[比較]【媳妇】xífù 名 ①息子の妻。嫁。②目下の親族の妻。

【喜欢】xǐ·huan

動 好む。好きだ。

¶我很喜欢学习汉语。Wǒ hěn ~ xuéxí Hànyǔ.（中国語の勉強が大好きだ。）¶我一看到那文静的女孩儿就喜欢上她了。Wǒ yí kàndào nà wénjìng de nǚháir jiù ~ shàng tā le.（その物静かな娘をひと目見て、好きになってしまった。）¶我不喜欢被人命令。Wǒ bù ~ bèi rén mìnglìng.（人に命令されるのは嫌いだ。）

形 愉快だ。楽しい。

¶听说要涨工资了，大家都很喜欢。Tīngshuō yào zhǎng gōngzī le, dàjiā dōu hěn ~.（給料が上がると聞いて、みんな大喜びだ。）

【细挑】xì·tiao

動 （体付きが）すらりとしている。

¶她是个身材细挑的漂亮姑娘。Tā shì ge shēncái ~ de piàoliang gūniang.（彼女はすらりとしたかわいい娘だ。）⇒ piào·liang, gū·niang

【虾米】xiā·mi

名 ①（頭と殻を取った）干しエビ。

¶虾米拌黄瓜很好吃。~ bàn huángguā hěn hǎochī.（干しエビはキュウリとあえるとおいしい。）⇒ huáng·guā

②〈方言〉小エビ。

¶在海里，大鱼吃小鱼，小鱼吃虾米。Zài hǎi lǐ, dàyú chī xiǎoyú, xiǎoyú chī ~.（海中では、大きな魚が小魚を食べ、小魚は小エビを食べる。強いものが弱いものをいじめる。）

【下巴】xià·ba

名 あご。下あご。

¶下巴颏儿 ~kēr（あご）¶他很得意地用手摸着下巴。Tā hěn déyì de yòng shǒu mōzhe ~.（彼は得意げにあごをなでている。）¶讲了好几个小时话，下巴都酸了。Jiǎngle hǎojǐ ge xiǎoshí huà, ~ dōu suān le.（何時間も話をしたら、あごが疲れた。）

【下作】xià·zuo

形 ①卑しい。下品だ。

¶他的语言很下作，让在场的人感到很难堪。Tā de yǔyán hěn ~, ràng zàichǎng de rén gǎndào hěn nánkān.（彼の言葉には品がな

く,居合わせた人が恥ずかしくなる。)

②〈方言〉(食べ物に)卑しい。がつがつしている。

【吓唬】xià·hu

動 脅す。脅かす。

¶你可别吓唬我啊。Nǐ kě bié ~ wǒ a.(脅かさないでください。)

¶小时候哥哥总是装鬼吓唬我。Xiǎoshíhou gēge zǒngshì zhuāng guǐ ~ wǒ.(子どもの頃,兄はよくお化けのまねをして私を脅かした。) ⇒ shí·hou

【先生】xiān·sheng

名 ①学校の先生。

¶他爸爸是个教书先生。Tā bàba shì ge jiāoshū ~.(彼のお父さんは学校の先生だ。) ¶我看过鲁迅写的《藤野先生》。Wǒ kànguo Lǔ Xùn xiě de《Téngyě ~》.(魯迅が書いた『藤野先生』を読んだことがある。)

②成人男性に対する敬称。

¶刘先生,您夫人好吗? Liú ~, nín fūrén hǎo ma?(劉さん,奥様はお元気ですか?) ⇒ fū·rén ¶先生,请问到北京动物园怎么走? ~, qǐngwèn dào Běijīng Dòngwùyuán zěnme zǒu?(すみません。お尋ねしますが,北京動物園にはどう行くのですか?)

③他人の夫の呼称。他人に対する自分の夫の呼称。

¶你先生工作忙吗? Nǐ ~ gōngzuò máng ma?(ご主人のお仕事は忙しいですか?) ¶我家先生最近总是加班。Wǒ jiā ~ zuìjìn zǒngshì jiābān.(うちの旦那は最近残業続きだ。)

④〈方言〉医者。

¶你这病最好找个先生看看。Nǐ zhè bìng zuìhǎo zhǎo ge ~ kànkan.(あなたの病気はお医者さんに診てもらうのがいい。)

⑤旧時の講談師や易者。または会計係。

¶算命先生 suànmìng ~(易者,占い師)

【鲜亮】xiān·liang

形 ①〈方言〉鮮やかだ。

¶鲜亮的红色 ~ de hóngsè(鮮やかな赤色) ¶她穿着颜色鲜亮的衣服,我一眼就看到了她。Tā chuānzhe yánsè ~ de yīfu, wǒ yì yǎn jiù kàndàole tā.(彼女は色鮮やかな服を着ていたので,ひと目で彼女を見つけた。) ⇒ yī·fu

②〈方言〉きれいだ。美しい。

¶院子里的花开得很鲜亮。Yuànzi lǐ de huā kāi de hěn ~.(庭の花がきれいに咲いている。)

【鲜灵】xiān·ling

形〈方言〉鮮やかで生き生きとしている。みずみずしい。

¶这个菜店卖的菜一向很鲜灵。Zhège càidiàn mài de cài yíxiàng hěn ~.(この八百屋の売る野菜はいつも新鮮だ。)

【显摆】xiǎn·bai

動〈方言〉ひけらかす。

¶那个人爱显摆。Nàge rén ài ~.(あの人は自慢好きだ。)¶很多人买高档车是为了显摆自己有钱。Hěn duō rén mǎi gāodàng chē shì wèile ~ zìjǐ yǒu qián.(多くの人が高級車を買うのは,自分が金持ちであることをひけらかすためだ。)

【乡巴佬儿】xiāng·balǎor

名 田舎者。世間知らず。

¶乡巴佬儿进城经常被看不起。~ jìn chéng jīngcháng bèi kànbuqǐ.(田舎者は町に行くといつもばかにされる。)

【乡下】xiāng·xia

名 田舎。農村。

¶乡下的空气真新鲜。~ de kōngqì zhēn xīnxiān.(田舎の空気は本当に新鮮だ。)⇒ xīn·xiān¶很多城市人看不起乡下人。Hěn duō chéngshìrén kànbuqǐ ~rén.(都会人の多くは田舎者をばかにしている。)

【响动】xiǎng·dong

名 物音。

¶那只狗对任何响动都很警觉。Nà zhī gǒu duì rènhé ~ dōu hěn jǐngjué.(あのイヌはいかなる物音にも敏感だ。)¶他睡觉时一有点儿什么响动马上就会醒。Tā shuìjiào shí yì yǒu diǎnr shénme ~ mǎshàng jiù huì xǐng.(彼は眠っている時,ちょっと何か物音がするとすぐに目を覚ます。)¶外面的响动太大了,吵得我没法儿专心工作。Wàimiàn de ~ tài dà le, chǎo de wǒ méifǎr zhuānxīn gōngzuò.(外の音がうるさすぎて,仕事に集中できない。)

【想法】xiǎng·fǎ

名 考え。意見。

¶你这个想法不错，很有创造性。Nǐ zhège ～ búcuò, hěn yǒu chuàngzàoxìng.（あなたのこの考えは創造性に富んでいてすばらしい。）¶他的想法很不现实，我不能接受。Tā de ～ hěn bú xiànshí, wǒ bù néng jiēshòu.（彼の意見は非現実的で，私には受け入れられない。）

[比較]【想法】xiǎngfǎ 動 方法を考える。

【相声】xiàng·sheng

名 漫才。

¶相声演员 ～ yǎnyuán（漫才師）¶单口相声 dānkǒu ～（ひとりで演ずる漫才）¶对口相声 duìkǒu ～（ふたりで演ずる漫才）¶说相声 shuō ～（漫才をする）

【消停】xiāo·ting

形〈方言〉静かだ。平穏だ。

¶过消停日子 guò ～ rìzi（平穏な日を過ごす）¶被你烦死了，你能不能消停一会儿? Bèi nǐ fánsǐ le, nǐ néng bù néng ～ yíhuìr？（君にはむかつくよ。少し静かにできないのか？）¶他总是唠唠叨叨，没有消停的时候。Tā zǒngshì láoláodāodāo, méiyǒu ～ de shíhou.（彼はいつもくどくど言って，おとなしい時がない。）⇒ láo·dao, méi·yǒu, shí·hou

動〈方言〉休む。

¶最近忙得一刻也不得消停。Zuìjìn máng de yíkè yě bùdé ～.（最近忙しくて，まったく休めない。）

【消息】xiāo·xi

名 ①ニュース。知らせ。情報。

¶我告诉你一个好消息。Wǒ gàosu nǐ yí ge hǎo ～.（いい知らせがあります。）⇒ gào·su ¶很高兴听到他结婚的消息。Hěn gāoxìng tīngdào tā jiéhūn de ～.（彼が結婚したという知らせを聞いてとても嬉しい。）¶这条错误消息误导了我们。Zhè tiáo cuòwù ～ wùdǎole wǒmen.（この誤報が我々に誤解を招いた。）

②音信。消息。

¶好久没有他的消息了。Hǎojiǔ méiyǒu tā de ～ le.（彼とは長らく音信不通だ。）⇒ méi·yǒu ¶他走后一点儿消息都没有了。Tā zǒu hòu yìdiǎnr ～ dōu méiyǒu le.（彼が去ってからまったく消息不明だ。）⇒ méi·yǒu

【小气】xiǎo·qi

形 ①けちだ。

¶小气鬼 ~guǐ（けちん坊，しみったれ）¶他很小气，舍不得花钱，可是在别人面前总是装得很大方。Tā hěn ~, shěbude huā qián, kěshì zài biérén miànqián zǒngshì zhuāng de hěn dàfang.（彼はけちで金を使うのを惜しむが，人前ではいつも気前のいいふりをしている。）⇒ bié·rén, dà·fang ¶我们的老板很小气，从来不给我们发加班费。Wǒmen de lǎobǎn hěn ~, cónglái bù gěi wǒmen fā jiābānfèi.（うちの店主はしみったれで，我々に残業代を払ったことがない。）

②度量が小さい。

¶你可真小气，这么点儿事情就生气了。Nǐ kě zhēn ~, zhèmediǎnr shìqing jiù shēngqì le.（君も度量が小さいね。こんな事で怒るなんて。）⇒ shì·qing ¶你错怪我了，我不是那么小气的人。Nǐ cuòguài wǒ le, wǒ bú shì nàme ~ de rén.（あなたの誤解です。私はそんなに了見の狭い人間ではありません。）

【小意思】xiǎoyì·si

名 ①寸志。ほんの気持ち（の品）。

¶这只是我的一点儿小意思，送给你做生日礼物。Zhè zhǐ shì wǒ de yìdiǎnr ~, sòng gěi nǐ zuò shēngrì lǐwù.（これはほんの気持ちです。バースデープレゼントに贈ります。）¶只是一点儿小意思而已，请您笑纳。Zhǐ shì yìdiǎnr ~ éryǐ, qǐng nín xiàonà.（ほんの気持ちだけです。ご笑納ください。）

②取るに足らないこと。

¶他是亿万富翁，捐一万块钱只是小意思。Tā shì yìwàn fùwēng, juān yíwàn kuài qián zhǐ shì ~.（彼は億万長者なので，1万元の寄付ぐらい何でもない。）¶修个电脑对于他来说是小意思。Xiū ge diànnǎo duìyú tā lái shuō shì ~.（パソコン修理など彼には朝飯前だ。）

【孝顺】xiào·shùn

动 孝行する。

¶孝顺双亲 ~ shuāngqīn（両親に孝行する）¶两个孩子都尽心孝顺父母。Liǎng ge háizi dōu jìnxīn ~ fùmǔ.（ふたりの子どもは親孝行を尽くしている。）

形 親孝行だ。

¶他是个孝顺的儿子。Tā shì ge ～ de érzi.（彼は孝行息子だ。）

【笑话】xiào·hua

名 笑い話。冗談。

¶冷笑话 lěng ～（駄洒落）¶你很会说笑话。Nǐ hěn huì shuō ～.（あなたは冗談がうまい。）¶他刚从农村到大城市的时候闹了不少笑话。Tā gāng cóng nóngcūn dào dàchéngshì de shíhou nàole bù shǎo ～.（彼は農村から都会に出たばかりの頃，滑稽なことばかりしでかした。）⇒ shí·hou

動 あざ笑う。笑いものにする。

¶不要笑话别人的失败。Búyào ～ biérén de shībài.（人の失敗を笑ってはいけない。）⇒ bié·rén¶你这么胆小是会被大家笑话的。Nǐ zhème dǎnxiǎo shì huì bèi dàjiā ～ de.（こんなに度胸がなくては，みんなに笑われるよ。）

【歇息】xiē·xi

動 ①休む。休憩する。

¶我们歇息一会儿，去吃午饭吧。Wǒmen ～ yíhuìr, qù chī wǔfàn ba.（しばらく休憩して，昼ご飯を食べに行こう。）

②泊まる。寝る。

¶今晚我在同学家歇息。Jīnwǎn wǒ zài tóngxué jiā ～.（今夜は同級生の家に泊まる。）

【邪乎】xié·hu

形〈方言〉普通ではない。ひどい。

¶盖房的成本并不高，可是现在的房价却高得邪乎。Gài fáng de chéngběn bìng bù gāo, kěshì xiànzài de fángjià què gāo de ～.（建築コストはそれほどかからないのに，現在の住宅価格は尋常ではない。）

【鞋匠】xié·jiàng

名 靴職人。

【心思】xīn·si

名 ①考え。つもり。

¶坏心思 huài ～（悪い考え）¶他的心思被妻子看出来了。Tā de ～ bèi qīzi kàn chūlái le.（彼の考えは妻に見抜かれた。）¶我总是搞不清老板的心思。Wǒ zǒngshì gǎobuqīng lǎobǎn de ～.（私

にはいつも店主の考えがつかめない。)

②頭。知恵。

¶**想赚大钱就得费心思**。Xiǎng zhuàn dàqián jiù děi fèi ~. (大儲けしたいのなら, 頭を使わなければいけない。) ¶**为了找个好工作, 他花了不少心思**。Wèile zhǎo ge hǎo gōngzuò, tā huāle bù shǎo ~. (いい仕事を探すために, 彼はいろいろ知恵をしぼった。) ¶**自从有了男朋友, 她就不把心思放在学习上了**。Zìcóng yǒule nán péngyou, tā jiù bù bǎ ~ fàng zài xuéxí shàng le. (ボーイフレンドができてから, 彼女は勉強の事を考えなくなった。) ⇒ péng·you

③(何かをしようとする)気。

¶**快考试了, 现在没心思出去玩儿**。Kuài kǎoshì le, xiànzài méi ~ chūqù wánr. (もうすぐ試験なので, いまは遊びに出かける気がしない。) ¶**你如果真有心思做的话, 就请认真点儿**。Nǐ rúguǒ zhēn yǒu ~ zuò dehuà, jiù qǐng rènzhēn diǎnr. (本当にやる気があるのなら, 少し真剣になってください。)

【新鲜】xīn·xiān

形 ①新鮮だ。(空気が) きれいだ。

¶**这家菜店卖的蔬菜既新鲜又便宜**。Zhè jiā càidiàn mài de shūcài jì ~ yòu piányi. (この八百屋の売る野菜は新鮮で安い。) ⇒ pián·yi ¶**他吃了不新鲜的鱼, 闹肚子了**。Tā chīle bù ~ de yú, nào dùzi le. (彼は古くなった魚を食べて, 腹を壊した。) ¶**早上的空气很新鲜**。Zǎoshang de kōngqì hěn ~. (朝の空気は新鮮だ。) ⇒ zǎo·shang

②(花が) 枯れていない。

¶**她从花店买的花很新鲜, 水灵灵的**。Tā cóng huādiàn mǎi de huā hěn ~, shuǐlínglíng de. (彼女が花屋で買ってきた花は, 生き生きとしてみずみずしい。) ⇒ shuǐ·ling

③目新しい。珍しい。

¶**最近听说了不少新鲜事**。Zuìjìn tīngshuōle bù shǎo ~ shì. (最近珍しい話をいろいろ耳にした。) ¶**现在网上购物已经不新鲜了**。Xiànzài wǎngshàng gòuwù yǐjīng bù ~ le. (現在ネットショッピングはもう目新しくない。) ¶**这话说得真新鲜**! Zhè huà shuō de zhēn ~! (珍しいことを言うものだ!)

【薪水】xīn·shui

名 給料。

¶他刚参加工作，薪水不多。Tā gāng cānjiā gōngzuò, ～ bù duō.（彼は就職したばかりで，給料が多くない。）¶我从老板那里领薪水，所以要好好儿给他干。Wǒ cóng lǎobǎn nàlǐ lǐng ～, suǒyǐ yào hǎohāor gěi tā gàn.（給料をもらっているのだから，店主のためにしっかり働かなくてはならない。）¶我每月只靠薪水没法儿养家。Wǒ měi yuè zhǐ kào ～ méifǎr yǎngjiā.（毎月の給料だけでは家族を養っていけない。）

【腥气】xīng·qi

名 生臭いにおい。

¶做鱼的时候放点儿姜会去掉腥气。Zuò yú de shíhou fàng diǎnr jiāng huì qùdiào ～.（魚を調理する時は，ショウガを少し入れると臭みが消える。）⇒ shí·hou

形 生臭い。

¶这条鱼很腥气。Zhè tiáo yú hěn ～.（この魚は生臭い。）

【刑法】xíng·fa

名 拷問。

¶受刑法 shòu ～（拷問を受ける）¶动刑法 dòng ～（拷問にかける）

[比較]【刑法】xíngfǎ **名** 刑法。

【行李】xíng·li

名（旅行の）荷物。

¶一件行李 yí jiàn ～（ひとつの手荷物）¶托运行李 tuōyùn ～（荷物を託送する）¶这是谁的行李？Zhè shì shéi de ～？（これは誰の手荷物ですか？）¶行李超重了。～ chāozhòng le.（旅行荷物が重量オーバーした。）¶行李都收拾好了吗？～ dōu shōushi hǎo le ma？（荷物の整理はすみましたか？）⇒ shōu·shi

【兄弟】xiōng·di

名 ①弟。

¶我有两个兄弟。Wǒ yǒu liǎng ge ～.（私には弟がふたりいます。）

②自分より年下の男性に対する呼称。

¶兄弟，好久没见了，最近忙什么呢？～, hǎojiǔ méi jiàn le, zuìjìn máng shénme ne？（君，久しぶりだね。最近は何をして

いるの？)

③男性が同輩や大勢の前で話す時の謙遜した自称。

¶有什么需要兄弟我帮忙的尽管说。Yǒu shénme xūyào ~ wǒ bāngmáng de jǐnguǎn shuō.(僕に手伝える事があれば，何なりとおっしゃってください。)

[比較]【兄弟】xiōngdì 名 兄と弟。

【休息】xiū·xi

動 ①休む。休憩する。

¶现在休息十分钟。Xiànzài ~ shí fēn zhōng.(いまから10分間休憩します。) ¶你休息一下吧。Nǐ ~ yíxià ba.(ちょっと休みなさい。) ¶让我休息一会儿吧。Ràng wǒ ~ yíhuìr ba.(しばらく休憩させてください。) ¶咱们休息休息。Zánmen ~ ~.(ちょっと休憩しましょう。)

②眠る。

¶昨晚没休息好，今天很没精神。Zuówǎn méi ~ hǎo, jīntiān hěn méi jīngshen.(昨夜はよく眠れなくて，今日はまったく元気が出ない。) ⇒ jīng·shen

【秀才】xiù·cai

名 明・清代における科挙の一次試験の合格者。広く秀才・学者を指す。

¶他是我们这里的大秀才。Tā shì wǒmen zhèlǐ de dà~.(彼は我々の所の大秀才だ。)

【秀气】xiù·qi

形 ①美しい。麗しい。

¶那个姑娘长得很秀气。Nàge gūniang zhǎng de hěn ~.(その娘は見目麗しい。) ⇒ gū·niang ¶社长的秘书字写得很秀气。Shèzhǎng de mìshū zì xiě de hěn ~.(社長秘書の書く字はとても美しい。)

②(言葉や振る舞いが)上品だ。

¶她举止端庄秀气，很有教养。Tā jǔzhǐ duānzhuāng ~, hěn yǒu jiàoyǎng.(彼女の立ち居振る舞いは端正で上品で，とても教養がある。)

③(道具などが) しゃれていて使いやすい。

¶这双新款式的鞋轻便秀气。Zhè shuāng xīn kuǎnshì de xié

qīngbiàn ~.(この新しいタイプの靴は軽くて履きやすい。) ¶这把手电筒小巧秀气，很好用。Zhè bǎ shǒudiàntǒng xiǎoqiǎo ~, hěn hǎoyòng.(この懐中電灯は小さくしゃれていて，とても使いやすい。)

【絮叨】xù·dāo

形 話がくどい。

¶这个领导讲话太絮叨。Zhège lǐngdǎo jiǎnghuà tài ~.(この上司の話はくどすぎる。) ¶他嫌妈妈整天絮絮叨叨地管他，不愿意回家。Tā xián māma zhěngtiān xùxùdāodāo de guǎn tā, bú yuànyì huíjiā.(彼は母親が一日中くどくどと干渉するのが嫌で，家に帰りたがらない。)

動 くどくど話す。

¶一提到她的儿子，她就没完没了地絮叨起来。Yì tídào tā de érzi, tā jiù méiwán méiliǎo de ~ qǐlái.(息子のことになると，彼女はとめどなく話し始める。) ¶孩子总是絮叨着让我给买玩具。Háizi zǒngshì ~zhe ràng wǒ gěi mǎi wánjù.(子どもがいつも玩具を買ってくれとしつこく言う。)

【絮烦】xù·fan

形 くどくてうんざりだ。

¶别唱了，这首歌我都听絮烦了。Bié chàng le, zhè shǒu gē wǒ dōu tīng ~ le.(もう歌うな。この歌は聞くのもうんざりだ。)

【暄腾】xuān·teng

形〈方言〉ふかふかして弾力がある。

¶面包烤得很暄腾。Miànbāo kǎo de hěn ~.(パンがふっくらと焼けた。) ¶被子晒得暄腾腾的，盖起来很舒服。Bèizi shài de xuāntēngtēng de, gài qǐlái hěn shūfu.(布団を干したらふかふかして，体にかけると気持ちがいい。) ⇒ shū·fu

【玄乎】xuán·hu

形 うさんくさい。不思議だ。

¶这么玄乎的事有人信吗？Zhème ~ de shì yǒu rén xìn ma?(こんなうさんくさい話を信じる人がいるのか？) ¶占卜是一件很玄乎的事情。Zhānbǔ shì yí jiàn hěn ~ de shìqing.(占いはとても不思議なものだ。) ⇒ shì·qing

【悬乎】xuán·hu

形 〈方言〉危険だ。確かでない。

¶这事情能不能办成不好说，有点儿悬乎。Zhè shìqing néng bù néng bànchéng bù hǎo shuō, yǒudiǎnr ~.（この件がうまくいくかどうかは何とも言えないが、ちょっとやばそうだ。）⇒ shì·qing

【学生】xué·shēng

名 ①学生。生徒。

¶他是北京大学的学生。Tā shì Běijīng Dàxué de ~.（彼は北京大学の学生だ。）¶你们学校一共有多少学生? Nǐmen xuéxiào yígòng yǒu duōshao ~?（あなたたちの学校には全部で何人の学生がいますか？）⇒ duō·shao

②教え子。弟子。

¶我是李老师的学生。Wǒ shì Lǐ lǎoshī de ~.（私は李先生の教え子です。）¶看到我的学生有出息了，我很高兴。Kàndào wǒ de ~ yǒu chūxi le, wǒ hěn gāoxìng.（教え子が出世したと知って、私はとても嬉しい。）⇒ chū·xi

【学问】xué·wen

名 ①学問。

¶那位教授整天在研究室里做学问。Nà wèi jiàoshòu zhěngtiān zài yánjiūshì lǐ zuò ~.（その教授は一日中研究室で研究をしている。）¶这是一门很实用的学问。Zhè shì yì mén hěn shíyòng de ~.（これはとても実用的な学問だ。）

②知識。学識。

¶他是我们这里最有学问的人。Tā shì wǒmen zhèlǐ zuì yǒu ~ de rén.（彼は私たちの所で最も学のある人だ。）¶光有学问没有经验是不行的。Guāng yǒu ~ méiyǒu jīngyàn shì bù xíng de.（知識だけあって経験がないのはだめだ。）⇒ méi·yǒu ¶那个人总向人卖弄自己的学问。Nàge rén zǒng xiàng rén màinong zìjǐ de ~.（あの人はいつも人に学をひけらかす。）⇒ mài·nong ¶种菜看起来容易，其实大有学问。Zhòng cài kàn qǐlái róngyì, qíshí dàyǒu ~.（野菜作りは簡単に見えるが、実は奥が深い。）

【寻摸】xún·mo

動 探す。物色する。

¶他在寻摸能胜任这项工作的人选。Tā zài ~ néng shèngrèn zhè xiàng gōngzuò de rénxuǎn.（彼はこの仕事を担当可能な候

補者を物色中だ。)

【寻思】xún·si

[動] よく考える。思索する。

¶独自寻思 dúzì ～(ひとりで思案する) ¶别着急，让我好好儿寻思一下下步该怎么办。Bié zháojí, ràng wǒ hǎohāor ～ yíxià xià bù gāi zěnme bàn.(慌てないで。私に次の手をじっくり考えさせてください。) ¶你别瞎寻思了，他才不会出事呢。Nǐ bié xiā ～ le, tā cái bú huì chūshì ne.(あれこれ考えすぎないように。彼に限って事故なんか起こさない。)

Y

【牙碜】yá·chen

形 ①(食べ物に砂が混じっていてかむと) じゃりじゃりして不快だ。

¶这蛤蜊里有沙, 很牙碜。Zhè gélí lǐ yǒu shā, hěn 〜.(このアサリは砂があって, 食べるとじゃりじゃりする。) ⇒ gé·lí

②(言葉が) 下品で聞くに堪えない。

¶这话说得真牙碜。Zhè huà shuō de zhēn 〜.(まったく品のない話だ。)

【牙口】yá·kou

名 ①家畜の年齢。家畜は歯が何本あるかによって年齢を判断するため。

②老人の物をかむ力。

¶奶奶牙口不好, 不能吃硬的东西。Nǎinai 〜 bù hǎo, bù néng chī yìng de dōngxi.(祖母は歯が悪くて, かたい物が食べられない。) ⇒ dōng·xi

【衙门】yá·men

名 旧時の役所。

¶清水衙门 qīngshuǐ 〜 (予算の少ない役所, 貧乏役所) ¶很多机关衙门作风很严重。Hěn duō jīguān 〜 zuòfēng hěn yánzhòng.(多くの組織で役所気質が抜けない。)

【衙役】yá·yi

名 旧時の小役人。

【哑巴】yǎ·ba

名 口の利けない人。

¶哑巴外语 〜 wàiyǔ (読めるだけで話せない外国語) ¶吃哑巴亏 chī 〜kuī (人に言えない損をする, 泣き寝入りする) ¶别说了, 没人会把你当哑巴。Bié shuō le, méi rén huì bǎ nǐ dàng 〜.(もう言うな。君をおしだと思う人はいないよ。)

【雅致】yǎ·zhì

形 (服飾・器物・家などが) 美しく趣がある。

¶雅致的花样 〜 de huāyàng (上品な柄) ¶他家客厅的摆设很雅致。Tā jiā kètīng de bǎishe hěn 〜.(彼の家の客間は飾り付

【胭脂】yān·zhi

名 紅。ほお紅。口紅。

¶胭脂红 ~hóng（深紅色）¶她脸上涂了胭脂，红扑扑的。Tā liǎn shàng túle ~, hóngpūpū de.（彼女はほお紅を付けて、顔が真っ赤だ。）

【烟火】yān·huo

名 花火。

¶放烟火 fàng ~（花火を打ち上げる）

[比較]【烟火】yānhuǒ 名 煙と火。火気。

【烟筒】yān·tong

名 煙突。

¶一根大烟筒 yì gēn dà ~（1本の大きな煙突）¶从烟筒里冒出烟来。Cóng ~ lǐ màochū yān lái.（煙突から煙が立ち上っている。）¶圣诞老人从烟筒下来给孩子们发礼物。Shèngdàn Lǎorén cóng ~ xiàlái gěi háizimen fā lǐwù.（サンタクロースは煙突から降りて来て、子どもたちにプレゼントを配る。）

【芫荽】yán·suī

名 コエンドロ。コウサイ。植物の一種。

¶一棵芫荽 yì kē ~（ひと株のコウサイ）

【严实】yán·shi

形 ①ぴったりしている。隙間がない。

¶你把窗户关严实了吗? Nǐ bǎ chuānghu guān ~ le ma?（窓をぴったりと閉めましたか?）⇒ chuāng·hu 冬天带娃娃出门得裹严实了。Dōngtiān dài wáwa chūmén děi guǒ ~ le.（冬に赤ちゃんを抱いて外出する時は、しっかりとくるんであげないといけない。）

②うまく隠してある。発見しにくい。

¶他以为自己藏得很严实，其实一下子就被我找到了。Tā yǐwéi zìjǐ cáng de hěn ~, qíshí yíxiàzi jiù bèi wǒ zhǎodào le.（彼は自分ではうまく隠れたつもりだったが、実際にはあっさりと私に見つかった。）

【言语】yán·yu

動 話す。口をきく。

¶她很文静，不怎么言语。Tā hěn wénjìng, bù zěnme ~.（彼女

は物静かで、ほとんど口をきかない。) ¶有事需要我帮忙尽管言语。Yǒu shì xūyào wǒ bāngmáng jǐnguǎn ~. (私に手伝える事があれば、何なりと言ってください。)

[比较]【言语】yányǔ 名 話。言葉。

【阎王】Yán·wang

名 ①閻魔大王。

¶幸亏你救了我的命，不然我早就见阎王了。Xìngkuī nǐ jiùle wǒ de mìng, bùrán wǒ zǎojiù jiàn ~ le.(幸いにもあなたが助けてくれました。さもなければ私はとっくに閻魔様に会っていたでしょう。)

②厳格な人。または、凶悪な人。

¶阎王债 ~zhài (高利の借金) ¶阎王账 ~zhàng (高利の借金)

【颜色】yán·shai

名 顔料。染料。

¶这里需要再上点儿颜色。Zhèlǐ xūyào zài shàng diǎnr ~.(ここにもう少し絵具を塗る必要がある。)

[比较]【颜色】yánsè 名 色。

【眼睛】yǎn·jing

名 目。

¶一只眼睛 yì zhī ~ (片方の目) ¶睁开眼睛 zhēngkāi ~ (目を開ける) ¶闭上眼睛 bìshàng ~ (目を閉じる) ¶我眼睛不好。Wǒ ~ bù hǎo. (私は目が悪い。) ¶眼睛花了。~huā le. (目がかすんだ。) ¶那个孩子眼睛很尖。Nàge háizi ~ hěn jiān. (あの子は目が早い。) ¶我的老板很精明，什么事都瞒不过他的眼睛。Wǒ de lǎobǎn hěn jīngmíng, shénme shì dōu mánbuguò tā de ~. (うちの店主はよく頭が切れ、どんな事も彼の目をごまかせない。)

【砚台】yàn·tai

名 すずり。

¶写书法的时候要用砚台来磨墨。Xiě shūfǎ de shíhou yào yòng ~ lái mó mò. (書道をする時にはすずりで墨を擦らなければならない。) ⇒ shí·hou ¶她家里收藏了好几方有名的砚台。Tā jiā lǐ shōucángzhe hǎojǐ fāng yǒumíng de ~. (彼女の家は有名なすずりをいくつも所蔵している。)

【央告】yāng·gao

動 懇願する。せがむ。

¶虽然那个小偷儿拼命央告求情，但是警察还是把他抓起来了。Suīrán nàge xiǎotōur pīnmìng ~ qiúqíng, dànshì jǐngchá háishi bǎ tā zhuā qǐlái le.（その泥棒は必死に許しを求めたが、警官はやはり彼を捕まえた。）⇒ hái·shi¶女儿央告母亲，希望能让她参加周末的舞会。Nǚ'ér ~ mǔqīn, xīwàng néng ràng tā cānjiā zhōumò de wǔhuì.（娘は週末のダンスパーティーに参加させてほしいと、母親にせがんだ。）⇒ mǔ·qīn

【秧歌】yāng·ge

名 ヤンコ踊り。北方の農村で行われる民間舞踏の一種。田植え歌などを起源とする。

¶扭秧歌 niǔ ~（ヤンコ踊りを踊る）

【养活】yǎng·huo

動 ①扶養する。

¶他穷得几乎无法养活自己的老婆孩子。Tā qióng de jīhū wúfǎ ~ zìjǐ de lǎopo háizi.（彼は貧しくて、ほとんど妻子を養うすべもない。）⇒ lǎo·po¶她从上了大学就开始靠打工养活自己。Tā cóng shàngle dàxué jiù kāishǐ kào dǎgōng ~ zìjǐ.（彼女は大学に入るとすぐアルバイトで自活を始めた。）

②飼育する。

¶孩子把抓来的鱼放在水槽里养活着。Háizi bǎ zhuālái de yú fàng zài shuǐcáo li ~zhe.（子どもは捕まえてきた魚を水槽に入れて飼っている。）¶麻雀在家里很难养活。Máquè zài jiā li hěn nán ~.（スズメは家の中では飼いにくい。）

【吆喝】yāo·he

動（物売りなどが）大声で叫ぶ。

¶吆喝着卖 ~zhe mài（ふれ歩いて売る）¶鱼市上到处是小贩们的吆喝声，很热闹。Yúshì shàng dàochù shì xiǎofànmen de ~shēng, hěn rènao.（魚市場はどこもかしこも商売人たちの呼び声がして、とてもにぎやかだ。）⇒ rè·nao¶是谁在外面吆吆喝喝的？Shì shéi zài wàimiàn yāoyāohèhè de?（誰が外で大騒ぎしているのか？）¶这个领导对下属说话总是吆五喝六的，很讨厌。Zhège lǐngdǎo duì xiàshǔ shuōhuà zǒngshì yāowǔ hèliù de, hěn tǎoyàn.（この上司は部下に話す時いつも威張りくさって，本当に嫌らしい。）

【妖精】yāo·jing

名 ①妖怪。化け物。

②色気で男性を惑わす女性。

¶那个小妖精有什么好，你整天去找她。Nàge xiǎo ～ yǒu shénme hǎo, nǐ zhěngtiān qù zhǎo tā.（あんな小悪魔のどこがいいの。一日中追いかけ回して。）

【摇晃】yáo·huàng

動 ①揺れる。ゆらゆらする。

¶地震时，房子摇晃得很厉害。Dìzhèn shí, fángzi ～ de hěn lìhai.（地震の時，家が激しく揺れた。）⇒ lì·hai ¶那个人喝醉了，走路摇摇晃晃。Nàge rén hēzuì le, zǒulù yáoyáohuànghuàng.（あの人は酔っぱらって，ふらふらと歩いている。）

②振る。揺り動かす。

¶你别摇晃桌子，汤都要洒出来了。Nǐ bié ～ zhuōzi, tāng dōu yào sǎ chūlái le.（テーブルを揺らさないで。スープがこぼれる。）

¶他摇晃着脑袋朗诵古诗的样子很可爱。Tā ～zhe nǎodai lǎngsòng gǔshī de yàngzi hěn kě'ài.（彼が首を振りながら漢詩を朗読する姿はかわいい。）⇒ nǎo·dai

【要是】yào·shi

接 もしも…ならば。

¶要是有机会，我一定再来。～ yǒu jīhuì, wǒ yídìng zài lái.（もしも機会があれば，必ずまた来ます。）⇒ jī·huì ¶要是你不努力，可能会毕不了业。～ nǐ bù nǔlì, kěnéng huì bìbuliǎo yè.（努力しなければ，きっと卒業できませんよ。）¶要是是我的话，绝对不会这么做的。～ shì wǒ dehuà, juéduì bú huì zhème zuò de.（もしも私なら絶対にこんなことはしません。）

【钥匙】yào·shi

名 鍵。

¶一把钥匙 yì bǎ ～（1本の鍵）¶配钥匙 pèi ～（合鍵を作る）

¶我把钥匙丢了。Wǒ bǎ ～ diū le.（私は鍵をなくした。）

【衣服】yī·fu

名 衣服。

¶洗衣服 xǐ ～(服を洗う，洗濯する)¶脱衣服 tuō ～(服を脱ぐ)¶我买了一件衣服。Wǒ mǎile yí jiàn ～.(私は服を1着買った。)¶女孩子喜欢穿漂亮衣服。Nǚháizi xǐhuan chuān piàoliang ～.(女の子はきれいな服を着たがる。) ⇒ xǐ·huan, piào·liang¶请稍等，我换件衣服。Qǐng shāo děng, wǒ huàn jiàn ～.(ちょっと待ってください。服を着替えます。)

【衣裳】yī·shang =【衣服】yī·fu

名 衣服。

【姨父】(姨夫) yí·fu

名 母の姉妹の夫。おじ。

¶我的姨夫是个待人很亲切的人。Wǒ de ～ shì ge dàirén hěn qīnqiè de rén.(私のおじはとても親切な人です。)

【义气】yì·qi

名 義理人情。

¶他是个讲义气的人。Tā shì ge jiǎng ～ de rén.(彼は義理堅い人だ。)¶他把朋友间的义气看得很重。Tā bǎ péngyou jiān de ～ kàn de hěn zhòng.(彼は友人同士の義理を重んじている。) ⇒ péng·you

形 義理堅い。

¶这个人很义气，他一定会帮助你的。Zhège rén hěn ～, tā yídìng huì bāngzhù nǐ de.(この人は義理人情に厚いので、きっとあなたを助けてくれます。)¶她喜欢义气的男人。Tā xǐhuan ～ de nánrén.(彼女は男らしい男性が好きだ。) ⇒ xǐ·huan

【意见】yì·jiàn

名 ①意見。

¶提意见 tí ～(意見を出す)¶您的意见如何？Nín de ～ rúhé？(あなたのご意見はいかがですか？)¶感谢您为我提出宝贵意见。Gǎnxiè nín wèi wǒ tíchū bǎoguì ～.(貴重なご意見をいただきありがとうございます。)¶我们来交换交换意见。Wǒmen lái jiāohuàn jiāohuàn ～.(意見交換をしましょう。)

②不満。文句。

¶我没什么意见。Wǒ méi shénme ～.(私には何も不満はありません。)¶大家对你有意见。Dàjiā duì nǐ yǒu ～.(みんな君に文句がある。)

【意识】yì·shí

名 意識。

¶他时间意识太差，经常迟到。Tā shíjiān ~ tài chà, jīngcháng chídào.（彼は時間の観念がなく、しょっちゅう遅刻する。）¶在现代社会，我们应该培养学生具有竞争意识。Zài xiàndài shèhuì, wǒmen yīnggāi péiyǎng xuéshēng jùyǒu jìngzhēng ~.（現代社会では、学生に競争意識を持たせるように教育すべきである。）
⇒ xué·shēng

動 気付く。意識する。

¶他意识到自己错了。Tā ~ dào zìjǐ cuò le.（彼は自分の誤りに気付いた。）¶他还没意识到自己的处境很危险。Tā hái méi ~ dào zìjǐ de chǔjìng hěn wēixiǎn.（彼はまだ自分の立場が危険だと気付いていない。）

【意思】yì·si

名 ①意味。

¶这是什么意思? Zhè shì shénme ~ ?（これはどういう意味か？）
¶我不明白你说这句话的意思。Wǒ bù míngbai nǐ shuō zhè jù huà de ~.（あなたの言う意味が分かりません。）⇒ míng·bai

②意見。意向。

¶你别多想，我没什么别的意思。Nǐ bié duō xiǎng, wǒ méi shénme biéde ~.（考えすぎないでください。私に他意はありません。）
¶我的意思是你最好别理他。Wǒ de ~ shì nǐ zuìhǎo bié lǐ tā.（私が言いたいのは、彼を相手にしないに限るということだ。）

③寸志。ほんの気持ち（の品）。=【小意思】xiǎoyì·si ①

④傾向。兆候。

¶看样子火车有要晚点的意思。Kàn yàngzi huǒchē yǒu yào wǎndiǎn de ~.（どうも列車が遅れそうな模様だ。）

⑤興趣。面白み。

¶有意思 yǒu ~（おもしろい）¶没意思 méi ~（つまらない）¶这部电影没什么意思。Zhè bù diànyǐng méi shénme ~.（この映画は何もおもしろくない。）

動 感謝の気持ちを示す。

¶他帮了我这么多忙，不买点儿东西意意思思我心里不过意。Tā bāngle wǒ zhème duō máng, bù mǎi diǎnr dōngxi ~ ~ wǒ xīnlǐ búguòyì.（彼はこんなに助けてくれたのだから，何か贈り物をして感謝しないと気がすまない。）⇒ dōng·xi ¶跟他不用客气，稍微意思一下就行了。Gēn tā búyòng kèqi, shāowēi ~ yíxià jiù xíng le.（彼には遠慮しなくていい。ちょっと感謝の気持ちを表せばいいよ。）⇒ kè·qi

【因为】yīn·wèi

介 …のために。…によって。

¶因为时间的关系，今天不能多讲。~ shíjiān de guānxì, jīntiān bù néng duō jiǎng.（時間の関係で，今日は多くを話せません。）⇒ guān·xì ¶因为这事，我们吵架了。~ zhè shì, wǒmen chǎojià le.（この事で，私たちは口論した。）

接 …なので。なぜなら。

¶因为下雨了，所以比赛取消了。~ xià yǔ le, suǒyǐ bǐsài qǔxiāo le.（雨が降ったので，試合が中止になった。）¶对不起，因为路上堵车，我来晚了。Duìbuqǐ, ~ lùshang dǔchē, wǒ láiwǎn le.（すみません。道が渋滞していたので，遅刻しました。）¶我不能和大家一起去，因为有别的事。Wǒ bù néng hé dàjiā yìqǐ qù, ~ yǒu biéde shì.（皆さんと一緒に行けません。別の用事があるので。）

【樱桃】yīng·táo

名 オウトウ。サクランボ。

¶一颗樱桃 yì kē ~（ひと粒のサクランボ）¶樱桃小口 ~ xiǎokǒu（おちょぼ口，女性の唇が美しい例え）

【鹦哥】yīng·gē

名 オウム。インコ。鳥の一種。

¶一只鹦哥 yì zhī ~（1羽のオウム）

【营生】yíng·sheng

名〈方言〉職業。仕事。

¶你是干什么营生的? Nǐ shì gàn shénme ~ de?（どんな職に就かれているのですか?）¶你要找个正经营生。Nǐ yào zhǎo ge zhèngjing ~.（まともな仕事を探しなさい。）⇒ zhèng·jing

[比較]【营生】yíngshēng 動 生計を立てる。

【应酬】yìng·chou

動 交際する。応対する。

¶不善应酬 búshàn ~（交際が苦手だ）¶说应酬话 ~huà（社

交辞令を言う，お愛想を言う）¶他不爱喝酒，可是有时因为应酬需要不得不喝酒。Tā bú ài hē jiǔ, kěshì yǒushí yīnwèi ~ xūyào bùdé bù hē jiǔ.（彼は酒が好きではないが，時には付き合いの必要から飲まないといけない。）⇒ yīn·wèi

名 私的な宴会や集まり。

¶最近应酬太多，酒喝得有点儿过量。Zuìjìn ~ tài duō, jiǔ hē de yǒudiǎnr guòliàng.（最近飲み会が多くて，ちょっと飲みすぎだ。）

【应付】yìng·fù

動 ①対処する。

¶为了应付明天的考试，今晚我得熬夜复习了。Wèile ~ míngtiān de kǎoshì, jīnwǎn wǒ děi áoyè fùxí le.（明日の試験に備えて，今夜は徹夜で準備しなければならない。）¶我不知道该如何应付眼前的困难。Wǒ bù zhīdào gāi rúhé ~ yǎnqián de kùnnan.（目の前の困難にどう対処すべきか分からない。）⇒ zhī·dào, kùn·nan

②いいかげんにやる。

¶这件事你不用认真做，应付一下就行了。Zhè jiàn shì nǐ búyòng rènzhēn zuò, ~ yíxià jiù xíng le.（この件は真剣にやらなくても適当でいいよ。）¶如果你总是应付工作，老板会开除你的。Rúguǒ nǐ zǒngshì ~ gōngzuò, lǎobǎn huì kāichú nǐ de.（もしもあなたがいつも適当に仕事をしているなら，きっと店主に解雇される。）

③間に合わせる。我慢する。

¶家里给的钱应付不了大城市的高消费，所以放学后我必须打工赚钱。Jiā lǐ gěi de qián ~buliǎo dàchéngshì de gāoxiāofèi, suǒyǐ fàngxué hòu wǒ bìxū dǎgōng zhuànqián.（家からもらうお金では都会の高消費に間に合わず，授業後に私はアルバイトで稼がなければならない。）¶这些粮食还能再应付一个星期。Zhèxiē liángshi hái néng zài ~ yí ge xīngqī.（これだけ食糧があれば，まだ1週間は何とかなる。）⇒ liáng·shi

【硬棒】yìng·bang

形〈方言〉丈夫だ。かたい。

¶这个面包硬棒得没法儿吃。Zhège miànbāo ~ de méifǎr chī.（このパンはかたくて，食べようがない。）

【硬朗】yìng·lang

形 ①（老人の）体が壮健だ。

¶看到爷爷很硬朗，我真高兴。Kàndào yéye hěn ~, wǒ zhēn gāoxìng.（祖父が元気なのを見て，本当に嬉しい。）¶那个老人都八十岁了，身体还硬朗得很呢。Nàge lǎorén dōu bāshí suì le, shēntǐ hái ~ de hěn ne.（あの老人はもう80歳なのに，体はまだ丈夫そのものだ。）

②（言葉が）強硬だ。

¶他把话说得很硬朗，看来没有反驳的余地。Tā bǎ huà shuō de hěn ~, kànlái méiyǒu fǎnbó de yúdì.（彼の発言は強硬で，反駁の余地がなさそうだ。）⇒ méi·yǒu

【硬气】yìng·qi

形 ①〈方言〉気丈だ。気骨がある。

¶他家里很穷，但生性硬气，不愿意接受别人的施舍。Tā jiā lǐ hěn qióng, dàn shēngxìng ~, bú yuànyì jiēshòu biérén de shīshě.（彼の家は貧しいが，生まれつき負けん気が強く，人の施しを受けたがらない。）⇒ bié·rén

②〈方言〉やましくない。

¶他没做亏心事，说话也硬气。Tā méi zuò kuīxīn shì, shuōhuà yě ~.（彼は心に恥じることをしていないので，言葉にもやましさがない。）

【硬实】yìng·shi

形〈方言〉丈夫だ。かたい。

¶在疗养院休养了一段时间，他的身子骨儿硬实起来了。Zài liáoyǎngyuàn xiūyǎngle yí duàn shíjiān, tā de shēnzigǔr ~ qǐlái le.（療養所でしばらく静養したら，彼の体は丈夫になってきた。）

【用人】yòng·ren

名 召し使い。

¶女用人 nǚ~（女中，家政婦）

[比較]【用人】yòngrén 動 ①人を選び使う。②人手を必要とする。

【油水】yóu·shui

名 ①（料理の）脂肪分。

¶最近吃的菜油水太大，又长胖了。Zuìjìn chī de cài ~ tài dà, yòu zhǎngpàng le.（最近脂肪分の多い物ばかり食べたので，ま

た太ってしまった。)　¶这几天老吃青菜，肚子里缺油水了。Zhè jǐ tiān lǎo chī qīngcài, dùzi lǐ quē ～ le.（ここ数日野菜ばかり食べていたら，体に油分が足りなくなった。）

②（不当な収入などの）うまみ。

¶捞油水 lāo ～（うまい汁を吸う）¶这份工作没什么油水。Zhè fèn gōngzuò méi shénme ～.（この仕事には何のうまみもない。）

【鸳鸯】yuān·yāng

名 オシドリ。鳥の一種。夫婦に例えられることがある。

¶一对鸳鸯 yí duì ～（ひとつがいのオシドリ）

【冤家】yuān·jia

名 ①仇敵。

¶同行是冤家。Tóngháng shì ～.（同業者は敵も同然だ。）

②（憎いほど）愛しい人。憎い奴。

【冤枉】yuān·wang

形 ①（不当な扱いを受けて）無念だ。

¶被警察错当成小偷儿，太冤枉了！Bèi jǐngchá cuò dàngchéng xiǎotōur, tài ～ le！（警察から泥棒と勘違いされて，本当に悔しい！）¶妈妈以为我打碎了盘子，批评了我，我觉得很冤枉。Māma yǐwéi wǒ dǎsuìle pánzi, pīpíngle wǒ, wǒ juéde hěn ～.（私が皿を割ったものと思った母から叱られて，悔しい思いをした。）

②無駄だ。損だ。

¶花冤枉钱 huā ～qián（無駄金を使う）¶跑冤枉路 pǎo ～lù（無駄足を踏む）¶给她买了一套高档服装后我才知道她对我没感情，那笔钱花得真冤枉。Gěi tā mǎile yí tào gāodàng fúzhuāng hòu wǒ cái zhīdào tā duì wǒ méi gǎnqíng, nà bǐ qián huā de zhēn ～.（彼女に高級ドレスを買ってやった後に，やっと彼女が私に気がないことを知った。あのお金は全く無駄遣いだった。）⇒ zhī·dào

動 無実の罪を着せる。濡れ衣を着せる。

¶你不要冤枉好人！Nǐ búyào ～ hǎorén！（いい人に濡れ衣を着せるな！）¶我的朋友被冤枉了，我不能不管。Wǒ de péngyou bèi ～ le, wǒ bù néng bù guǎn.（友人が濡れ衣を着せられては，私としても口を出さないわけにはいかない。）⇒ péng·you

【圆实】yuán·shi

形 丸々としている。

¶这个孩子长得挺圆实。Zhège háizi zhǎng de tǐng ~.（この子は丸々としたいい体付きをしている。）

【缘分】yuán·fèn

名 縁。ゆかり。

¶我们俩的生日如此接近，我感觉我们好像很有缘分。Wǒmen liǎ de shēngrì rúcǐ jiējìn, wǒ gǎnjué wǒmen hǎoxiàng hěn yǒu ~.（私たちふたりの誕生日がこんなに近いなんて、何だかとてもご縁があるような気がします。）¶我跟钱没有缘分。Wǒ gēn qián méiyǒu ~.（私はお金と縁がない。）⇒ méi·yǒu

【约会】yuē·huì

動 会う約束をする。デートする。

¶周末他俩在老地方约会。Zhōumò tā liǎ zài lǎo dìfang ~.（週末にふたりはいつもの場所でデートする。）⇒ dì·fang ¶第一次和女朋友约会，这个男孩子很紧张。Dì-yī cì hé nǚ péngyou ~, zhège nánháizi hěn jǐnzhāng.（初めてのデートで、この男の子は緊張した。）⇒ péng·you

名 会う約束。デート。

¶对不起，今晚有其他的约会，不能陪你吃饭。Duìbuqǐ, jīnwǎn yǒu qítā de ~, bù néng péi nǐ chīfàn.（すみません。今夜は別の約束があるので食事にお付き合いできません。）¶我姐姐最近好像每天晚上有约会。Wǒ jiějie zuìjìn hǎoxiàng měi tiān wǎnshang yǒu ~.（姉は最近毎晩デートがあるようだ。）⇒ wǎn·shang

【约摸】(约莫) yuē·mo

動 見積もる。推定する。

¶你约摸这个人有多大岁数？Nǐ ~ zhège rén yǒu duō dà suìshu?（この人は何歳ぐらいだと思いますか？）⇒ suì·shu ¶我约摸着快到开会时间了，咱们去吧。Wǒ ~zhe kuài dào kāihuì shíjiān le, zánmen qù ba.（そろそろ会議の時間になると思う。早く行こう。）

副 およそ。だいたい。

¶您往前一直走约摸二百米就是商店了。Nín wǎng qián yìzhí zǒu ~ èrbǎi mǐ jiù shì shāngdiàn le.（ずっとまっすぐに約200メートルほど行くと商店があります。）¶这件事发生在约摸五年以前。Zhè jiàn shì fāshēng zài ~ wǔ nián yǐqián.（この事はお

よそ5年ほど前に起こった。)

【月饼】yuè·bing

名 月餅。菓子の一種。丸くて中にあんが入っている。中秋節の時の食べ物。

¶月饼是中国人过中秋时吃的传统食品。~ shì Zhōngguórén guò Zhōngqiū shí chī de chuántǒng shípǐn.(月餅は，中国人が中秋節を過ごす時に食べる伝統的な食べ物だ。)

【月亮】yuè·liang

名 月。

¶中秋的月亮特别明亮。Zhōngqiū de ~ tèbié míngliàng.（中秋節の月は特別に明るい。）¶不知不觉月亮已经出来了。Bùzhī bùjué ~ yǐjīng chūlái le.（知らない間に月がもう出ていた。）

【云彩】yún·cai

名 雲。

¶一朵云彩 yì duǒ ~（ひとひらの雲）¶天空上一片云彩也没有。Tiānkōng shàng yí piàn ~ yě méiyǒu.（空には1片の雲もない。）
⇒ méi·yǒu

【匀和】yún·huo

形 均等だ。

¶他把酱汁搅拌匀和，浇在牛排上。Tā bǎ jiàngzhī jiǎobàn ~, jiāo zài niúpái shàng.（彼はソースをむらなく混ぜて，ステーキにかけた。）

動 均等にする。

¶你把每个碗里的汤匀和一下，让它们看起来一样多。Nǐ bǎ měi ge wǎn lǐ de tāng ~ yíxià, ràng tāmen kàn qǐlái yíyàng duō.（どの碗のスープも加減して，同じ量に見えるようにしてください。）

【匀溜】yún·liu

形 （大きさ・太さなどが）ちょうどいい。

¶这个太大了，有没有匀溜一点儿的? Zhège tài dà le, yǒu méiyǒu ~ yìdiǎnr de?（これは大きすぎます。もう少し手ごろな物はありますか?）⇒ méi·yǒu ¶这孩子不胖不瘦，身材真匀溜。Zhè háizi bú pàng bú shòu, shēncái zhēn ~.（この子は太ってもいないし瘦せてもいなくて，ちょうどいい体格をしている。）

【匀实】yún·shi

[形] 均等だ。

¶买的这些土豆, 个头儿挺匀实。Mǎi de zhèxiē tǔdòu, gètóur tǐng ~.(買ってきたジャガイモは大きさがよく揃っている。)

【运气】yùn·qi

[名] 運。運命。

¶今天运气不错, 彩票中奖了。Jīntiān ~ búcuò, cǎipiào zhòngjiǎng le.(今日は運がいい。宝くじに当たった。)¶这种事情只能碰运气, 不能强求。Zhè zhǒng shìqing zhǐ néng pèng ~, bù néng qiǎngqiú.(この事は運に任せるしかない。無理はしないことだ。)⇒ shì·qing¶成功不是靠运气取得的, 你得努力。Chénggōng bú shì kào ~ qǔdé de, nǐ děi nǔlì.(成功は運で得るものではない。努力しなさい。)

[形] 幸運だ。

¶你找了份这么好的工作, 真够运气。Nǐ zhǎole fèn zhème hǎo de gōngzuò, zhēn gòu ~.(こんないい仕事を見つけられて,君は本当に幸運だ。)¶对于他来说, 考试能及格已经很运气了。Duìyú tā lái shuō, kǎoshì néng jígé yǐjīng hěn ~ le.(彼にしてみれば, 試験に合格できるだけで十分に幸運だ。)

[比較]【运气】yùnqì [動] (体のある部分に)気を集中させる。

Z

【杂碎】zá·sui

名 ウシやヒツジの内臓を煮て細かく切った食品。もつ。

¶牛杂碎 niú ~（ウシのもつ）

【在乎】zài·hu

動 意に介する。気にする。多く否定文で用いる。

¶一副满不在乎的样子 yí fù mǎn bú ~ de yàngzi（まったく気にしない様子）¶工作虽然很累，但我不在乎。Gōngzuò suīrán hěn lèi, dàn wǒ bú ~.（仕事は疲れるが、私は気にしない。）¶自信点儿，不用在乎别人怎么看。Zìxìn diǎnr, búyòng ~ biérén zěnme kàn.（自信を持ちなさい。人がどう思おうが気にする必要はない。）⇒ bié·rén 这个孩子买东西从来不在乎花钱多少。Zhège háizi mǎi dōngxi cónglái bú ~ huā qián duōshao.（この子は買い物でお金をいくら使おうと気にかけたことがない。）⇒ dōng·xi, duō·shao

【糟践】zāo·jian

動 ①無駄にする。粗末にする。

¶糟践粮食是不道德的。~ liángshi shì bú dàodé de.（食糧を粗末にするのは不道徳だ。）⇒ liáng·shi

②そしる。けなす。

¶不可以胡乱糟践别人。Bù kěyǐ húluàn ~ biérén.（みだりに人をそしってはいけない。）⇒ bié·rén

【糟蹋】(糟踏) zāo·tà

動 ①無駄にする。粗末にする。だめにする。

¶不能糟蹋粮食。Bù néng ~ liángshi.（食糧を粗末にしてはいけない。）⇒ liáng·shi ¶好好儿加油，别糟蹋这个好机会。Hǎohāor jiāyóu, bié ~ zhège hǎo jīhuì.（頑張って。このチャンスを逃してはいけません。）⇒ jī·huì 别喝这么多酒，你是在糟蹋自己的身体。Bié hē zhème duō jiǔ, nǐ shì zài ~ zìjǐ de shēntǐ.（こんなに飲んではいけない。君は自分の体をだめにしている。）

②侮辱する。踏みにじる。

¶别拿这种话糟蹋人！Bié ná zhè zhǒng huà ~ rén！（こんなことを言って人を侮辱するな！）¶森林已经让乱砍滥伐的人糟蹋

得不像样子了。Sēnlín yǐjīng ràng luànkǎn lànfá de rén ～ de bú xiàng yàngzi le.（森林はもう無闇に濫伐されて、めちゃめちゃだ。）

【早晨】zǎo·chen =【早上】zǎo·shang

名 朝。夜明けから9時頃まで。

【早上】zǎo·shang

名 朝。夜明けから9時頃まで。

¶早上好！～ hǎo!（おはようございます！）¶你早上几点起床？Nǐ ～ jǐ diǎn qǐchuáng?（朝何時に起きますか？）¶每周末的早上我都会睡懒觉。Měi zhōumò de ～ wǒ dōu huì shuì lǎnjiào.（毎週末の朝はいつも寝坊する。）

【造化】zào·hua

名 幸運。運。

¶你真有造化，进了一家这么好的公司。Nǐ zhēn yǒu ～, jìnle yì jiā zhème hǎo de gōngsī.（君は本当に運がいい。こんなにいい会社に入るなんて。）¶这件事能否成功得看你的造化，强求不得。Zhè jiàn shì néngfǒu chénggōng děi kàn nǐ de ～, qiǎngqiúbude.（この件が成功するか否かは君の運しだいだ。無理をしてはいけない。）

[比較]【造化】zàohuà **名** 自然界の創造者。自然。

【造作】zào·zuo =【做作】zuò·zuo

形 わざとらしい。

【扎煞】(挓挲) zhā·shā

動〈方言〉（手を）広げる。（髪や枝がぼうぼうに）伸びる。

¶他扎煞着手，不知道该干什么。Tā ～zhe shǒu, bù zhīdào gāi gàn shénme.（彼は両手を広げ、どうすべきか分からなかった。）⇒ zhī·dào

【扎实】zhā·shi

形 ①丈夫だ。頑丈だ。

¶他身体很扎实，很少生病。Tā shēntǐ hěn ～, hěn shǎo shēngbìng.（彼は体が丈夫で、めったに病気をしない。）¶那把椅子不扎实，别往上踩。Nà bǎ yǐzi bù ～, bié wǎng shàng cǎi.（その椅子は頑丈ではないので、上に乗ってはいけない。）

②（仕事や学習が）着実だ。堅実だ。

¶他的汉语学得很扎实。Tā de Hànyǔ xué de hěn ~.（彼の中国語はしっかりと身に付いている。）¶我们必须扎扎实实地干好自己的工作。Wǒmen bìxū zhāzhāshíshí de gànhǎo zìjǐ de gōngzuò.（我々は着実に自分の仕事をしなければならない。）

【咋呼】zhā·hu

動〈方言〉大声で叫ぶ。

¶他一有点儿小事就爱咋呼。Tā yì yǒu diǎnr xiǎoshì jiù ài ~.（彼はちょっとした事ですぐに大声を出す。）

【渣滓】zhā·zǐ

名 ①かす。残りかす。

¶炸过东西以后，油里会有很多渣滓。Zháguo dōngxi yǐhòu, yóu lǐ huì yǒu hěn duō ~.（揚げ物をすると，油の中にかすがたくさん出る。）⇒ dōng·xi

②人間のくず。

¶那个人总是干坏事，简直是社会的渣滓。Nàge rén zǒngshì gàn huàishì, jiǎnzhí shì shèhuì de ~.（あいつはいつも悪事を働いて，まったく社会のくずだ。）

【眨巴】zhǎ·ba

動〈方言〉まばたきする。

¶那个小男孩儿冲我调皮地眨巴了一下眼睛。Nàge xiǎo nánháir chòng wǒ tiáopí de ~le yíxià yǎnjing.（その男の子は私に向かって，いたずらっぽく目をぱちくりさせた。）⇒ yǎn·jing

【诈唬】zhà·hu

動 かたって脅す。

¶他被那个骗子诈唬走了不少钱。Tā bèi nàge piànzi ~ zǒule bù shǎo qián.（彼はその詐欺師にお金をたくさんだまし取られた。）

【栅栏】zhà·lan

名 柵。

¶栅栏门 ~mén（柵を扉にした門）¶在牧场周围围着栅栏。Zài mùchǎng zhōuwéi wéizhe ~.（牧場の周囲には柵がめぐらしてある。）

【痄腮】zhà·sai

名 おたふく風邪。

【窄巴】zhǎi·ba

形 ①〈方言〉狭い。

¶他租的房子很窄巴,住不下两个人。Tā zū de fángzi hěn ~, zhùbuxià liǎng ge rén.(彼の借りた家は狭くて,ふたりで住むことはできない。)

②〈方言〉(生活に)ゆとりがない。

¶他刚参加工作,过得很窄巴。Tā gāng cānjiā gōngzuò, guò de hěn ~.(彼は就職したばかりで,生活が楽ではない。)

【张罗】zhāng·luo

動 ①処置する。処理する。

¶主妇每天张罗家里的活儿,很辛苦。Zhǔfù měi tiān ~ jiā lǐ de huór, hěn xīnkǔ.(主婦は毎日家事をこなして,とても大変だ。)¶你还是先把自己的工作张罗好再管别人的事吧。Nǐ háishi xiān bǎ zìjǐ de gōngzuò ~ hǎo zài guǎn biéren de shì ba.(やはりまず自分の仕事をしっかりやって,それから人の事に口を出しなさい。)⇒ hái·shi, bié·rén

②計画する。準備する。

¶全家人都在张罗着给爷爷祝寿。Quánjiārén dōu zài ~zhe gěi yéye zhùshòu.(家族みんながおじいさんの誕生祝いの準備をしている。)¶要张罗一家人的饭可不容易。Yào ~ yì jiā rén de fàn kě bù róngyì.(家族の食事の準備は大変だ。)

③応対する。もてなす。

¶你别忙,不要张罗。Nǐ bié máng, búyào ~.(何もしないで。おかまいなく。)¶客人太多,他张罗不过来了。Kèrén tài duō, tā ~buguòlái le.(客が多くて,彼は応対しきれなくなった。)⇒ kè·rén

【丈夫】zhàng·fu

名 夫。

¶我丈夫是医生。Wǒ ~ shì yīshēng.(私の夫は医者だ。)¶您丈夫做什么工作? Nín ~ zuò shénme gōngzuò ?(ご主人はどんな仕事をしていますか?)

[比較]【丈夫】zhàngfū 名 成年男子。

【丈母娘】zhàng·muniáng

名 妻の母親。

¶他的丈母娘是个很和气的人。Tā de ～ shì ge hěn héqi de rén.（彼の義母はとても優しい人だ。）⇒ hé·qi

【丈人】zhàng·ren

名 妻の父親。

¶他的太太跟丈人长得很像。Tā de tàitai gēn ～ zhǎng de hěn xiàng.（彼の奥さんは父親似だ。）

[比較]【丈人】zhàngrén **名** 旧時の老年男性に対する敬称。

【帐篷】zhàng·peng

名 テント。

¶一顶帐篷 yì dǐng ～（ひと張りのテント）¶支帐篷 zhī ～（テントを張る）¶搭帐篷 dā ～（テントを張る）

【招呼】zhāo·hu

動 ①呼ぶ。

¶听见有人招呼他，他转过头来。Tīngjiàn yǒu rén ～ tā, tā zhuǎnguò tóu lái.（自分を呼ぶ声が聞こえたので，彼は振り向いた。）¶主人一招呼，他的小狗就跑过来了。Zhǔrén yì ～, tā de xiǎogǒu jiù pǎo guòlái le.（主人が呼ぶと，子イヌはすぐに駆けて来た。）⇒ zhǔ·rén

②挨拶をする。

¶我只是过来跟您打个招呼，没什么别的事。Wǒ zhǐshì guòlái gēn nín dǎ ge ～, méi shénme biéde shì.（ちょっとご挨拶に伺っただけで，別に用事はありません。）

③言い付ける。ひと声かける。

¶部长招呼司机把车开过来。Bùzhǎng ～ sījī bǎ chē kāi guòlái.（部長は運転手に車をこちらにつけるように言い付けた。）¶你走的话一定招呼我一声。Nǐ zǒu dehuà yídìng ～ wǒ yì shēng.（もしも出かけるなら，必ずひと声かけてください。）

④世話をする。

¶主人热情地招呼客人。Zhǔrén rèqíng de ～ kèrén.（主人は熱心に客の世話をしている。）⇒ zhǔ·rén, kè·rén

⑤〈方言〉気を付ける。

¶晚上走路要好好儿招呼着脚底下。Wǎnshang zǒulù yào hǎohāor ～zhe jiǎo dǐxia.（夜，出歩く時は足もとに十分気を付けなさい。）⇒ wǎn·shang, dǐ·xia

【招牌】zhāo·pái

名 看板。名義や名目。

¶这家商店的招牌做得很漂亮。Zhè jiā shāngdiàn de ～ zuò de hěn piàoliang.（この商店の看板はきれいに作られている。）⇒ piào·liang¶很多厂家打着免费试用的招牌吸引消费者。Hěn duō chǎngjiā dǎzhe miǎnfèi shìyòng de ～ xīyǐn xiāofèizhě.（多くのメーカーが無料お試しの看板を掲げて消費者を引き付けている。）¶这家饭店的招牌菜是牛肉盖饭。Zhè jiā fàndiàn de ～cài shì niúròu gàifàn.（このレストランの看板料理は牛丼だ。）

【找补】zhǎo·bu

動（足りない分を）補う。

¶没吃饱的话就再找补点儿吧。Méi chībǎo dehuà jiù zài ～ diǎnr ba.（食べ足りなければもう少し食べてください。）

【笊篱】zhào·lí

名 網じゃくし。ゆでた食品を鍋からすくう道具。

¶一把笊篱 yì bǎ ～（1本の網じゃくし）

【照应】zhào·ying

動 世話をする。

¶房东是个很热情的阿姨，经常照应我们这些留学生。Fángdōng shì ge hěn rèqíng de āyí, jīngcháng ～ wǒmen zhèxiē liúxuéshēng.（家主はとても親切なおばさんで，いつも我々留学生の世話をしてくれる。）¶这位是我们社长的女儿，请您多照应照应。Zhè wèi shì wǒmen shèzhǎng de nǚ'ér, qǐng nín duō ～ ～.（こちらは社長のお嬢様です。お世話のほどよろしくお願いします。）

[比較]【照应】zhàoyìng **動** 協力する。呼応する。

【折腾】zhē·teng

動 ①ごろごろ寝返りを打つ。

¶下午睡了三小时，结果晚上在床上折腾了很长时间也睡不着。Xiàwǔ shuìle sān xiǎoshí, jiéguǒ wǎnshang zài chuáng shàng ～le hěn cháng shíjiān yě shuìbuzháo.（午後に3時間眠ったら，夜はベッドで長い間寝返りを打っても寝つけなかった。）⇒ wǎn·shang¶他折腾来折腾去，把睡在身边的孩子都弄醒了。Tā ～ lái ～ qù, bǎ shuì zài shēnbiān de háizi dōu nòngxǐng le.（彼

はごろごろと寝返りを打って，横に寝ていた子どもを起こしてしまった。）

②繰り返しする。

¶快别折腾着修了，买个新电脑算了。Kuài bié ~zhe xiū le, mǎi ge xīn diànnǎo suàn le.（もう修理ばかりせずに，新しいパソコンを買えばいい。）

③苦しめる。さいなむ。

¶他们的领导过分严格，总是折腾他们。Tāmen de lǐngdǎo guòfèn yángé, zǒngshì ~ tāmen.（上司は厳しすぎて，いつも彼らにつらく当たる。）¶这个病很折腾人。Zhège bìng hěn ~ rén.（この病気は本当につらい。）¶昨天被孩子折腾了一整天，累死了。Zuótiān bèi háizi ~le yì zhěngtiān, lèisǐ le.（昨日は子どもに一日中騒がれて，疲れ果てた。）

④無駄遣いする。

¶他每月都会把工资折腾光。Tā měi yuè dōu huì bǎ gōngzī ~ guāng.（彼は毎月きまって給料をすべて浪費してしまう。）

【折磨】zhé·mó

動 苦しめる。さいなむ。

¶别折磨我了。Bié ~ wǒ le.（私を苦しめないでください。）¶因为做了亏心事，他的内心备受折磨。Yīnwèi zuòle kuīxīn shì, tā de nèixīn bèishòu ~.（後ろめたいことをしたので，彼は内心ひどく苦しんでいる。）⇒ yīn·wèi ¶经过一个月的痛苦折磨之后，他决定辞掉这份工作。Jīngguò yí ge yuè de tòngkǔ ~ zhīhòu, tā juédìng cídiào zhè fèn gōngzuò.（1か月苦しみ抜いた後，彼はこの仕事を辞めることにした。）¶人们经常苦于各种疾病的折磨。Rénmen jīngcháng kǔyú gè zhǒng jíbìng de ~.（人々はしばしばいろいろな病の苦しみにさいなまれる。）

【针脚】zhēn·jiǎo

名（衣服の）縫い目。針目。

¶你缝得不行，针脚太大了。Nǐ féng de bù xíng, ~ tài dà le.（君の縫い方はだめだ。縫い目が粗すぎる。）¶这条裤子针脚很整齐。Zhè tiáo kùzi ~ hěn zhěngqí.（このズボンは縫い目がよく揃っている。）

【针线】zhēn·xiàn

名 針仕事。裁縫。

¶我手很笨，总是做不好针线活儿。Wǒ shǒu hěn bèn, zǒngshì zuòbuhǎo ~huór.（手が不器用なので，針仕事が上手にできない。）¶半年后就要结婚了，她现在正在跟一个裁缝学针线。Bàn nián hòu jiùyào jiéhūn le, tā xiànzài zhèngzài gēn yí ge cáifeng xué ~.（半年後に結婚をひかえ，彼女は仕立て屋に裁縫を習っている。）⇒ cái·feng

【针眼】zhēn·yǎn

名 ものもらい。眼病の一種。

¶我长了针眼，很疼。Wǒ zhǎngle ~, hěn téng.（目にものもらいができて痛い。）

[比較]【针眼】zhēnyǎn 名 ①針の穴。②針を刺したあとにできる穴。

【真是】zhēn·shi

動 本当にもう。不満の気持ちを表す。

¶这个人净给我添麻烦，真是的！Zhège rén jìng gěi wǒ tiān máfan, ~ de!（この人は私に面倒ばかりかけて。まったくもう！）⇒ má·fan ¶你可真是的，这么简单的事情都做不好！Nǐ kě ~ de, zhème jiǎndān de shìqing dōu zuòbuhǎo!（君という人は本当にもう。こんな簡単な事もできないなんて！）⇒ shì·qing

【正经】zhèng·jing

形 ①きちんとしてまじめだ。

¶装正经 zhuāng ~（まじめなふりをする）¶我说的可是正经事，不是笑话。Wǒ shuō de kě shì ~ shì, bú shì xiàohua.（まじめなことを話しているのだ。冗談ではない。）⇒ xiào·hua ¶那个人不正经，你小心点儿。Nàge rén bú ~, nǐ xiǎoxīn diǎnr.（あの人は嫌らしいので，用心しなさい。）

②正当だ。正しい。

¶我们应该把钱花在正经地方。Wǒmen yīnggāi bǎ qián huā zài ~ dìfang.（お金は正しい所に使うべきである。）⇒ dì·fang ¶我想换一份正正经经的工作。Wǒ xiǎng huàn yí fèn zhèngzhèngjīngjīng de gōngzuò.（まっとうな仕事に代わりたいと思います。）

③正式だ。一定の基準に合っている。

¶他上学时不好好儿念书，现在没什么正经本事。Tā shàngxué

shí bù hǎohāor niànshū, xiànzài méi shénme ~ běnshi.（彼は学生の時，まじめに勉強しなかったので，いま何もまともな才能がない。）⇒ běn·shi ¶他家很穷，没穿过什么正经衣服。Tā jiā hěn qióng, méi chuānguo shénme ~ yīfu.（彼は家が貧しいので，ましな服を着たことがない。）⇒ yī·fu

副〈方言〉確かに。本当に。

¶这个菜正经好吃。Zhège cài ~ hǎochī.（この料理は本当においしい。）¶这次考试，他考得正经不错呢。Zhè cì kǎoshì, tā kǎo de ~ búcuò ne.（今回の試験で彼は確かにいい成績を取った。）

【证人】zhèng·rén

名 ①（法律上の）証人。

¶这个证人的话不一定可靠。Zhège ~ de huà bù yídìng kěkào.（この証人の話は必ずしも信頼できない。）¶今天下午他要去法院当证人。Jīntiān xiàwǔ tā yào qù fǎyuàn dāng ~.（今日の午後，彼は証人として裁判所に行かなければならない。）

②（一般的な）証人。証明する人。

¶因为没证人，我被大家冤枉了。Yīnwèi méi ~, wǒ bèi dàjiā yuānwang le.（証人がいなかったので，みんなに濡れ衣を着せられた。）⇒ yīn·wèi, yuān·wang ¶这个东西不是我弄坏的，你可得给我当证人啊。Zhège dōngxi bú shì wǒ nònghuài de, nǐ kě děi gěi wǒ dāng ~ a.（これは私が壊したのではありません。証人になってください。）⇒ dōng·xi

【支棱】zhī·leng

動〈方言〉ぴんと立つ。

¶刚睡醒，头发都支棱着，快梳梳吧。Gāng shuìxǐng, tóufa dōu ~zhe, kuài shūshu ba.（起きたばかりで，髪の毛が立っているよ。早くとかしなさい。）⇒ tóu·fa

【支使】zhī·shi

動（人に）指図する。（人に）仕事をさせる。

¶她总是支使别人帮自己干活儿。Tā zǒngshì ~ biérén bāng zìjǐ gàn huór.（彼女はいつも人に指図して，自分の仕事を手伝わせる。）⇒ bié·rén ¶我是受人支使才这么做的。Wǒ shì shòu rén ~ cái zhème zuò de.（私は人の指図でこうしただけだ。）

【支吾】zhī·wú

動 言葉を濁す。言い逃れをする。

¶支吾其词 ～ qící（言葉を濁す）¶一味支吾 yíwèi ～（言を左右にする，はっきりと言わない）¶他支吾了半天也没说清楚。Tā ～le bàntiān yě méi shuō qīngchu.（彼は長い間言葉を濁していたが，結局はっきり言わなかった。）⇒ qīng·chu ¶你快说，别支支吾吾的。Nǐ kuài shuō, bié zhīzhīwúwú de.（早く言ってください。言葉を濁していないで。）

【汁水】zhī·shui

名〈方言〉汁。

¶这桃汁水多。Zhè táo ～ duō.（このモモは水気が多い。）

【芝麻】zhī·ma

名 ゴマ。

¶芝麻油 ～yóu（ゴマ油）¶芝麻官 ～guān（下っ端役人）¶一粒芝麻 yí lì ～（ひと粒のゴマ）¶芝麻大的事 ～ dà de shì（ゴマ粒ほどの大きさのこと，取るに足りないこと）

【知道】zhī·dào

動 知る。知っている。分かる。

¶我知道了。Wǒ ～ le.（承知しました。）¶我连她的名字也不知道。Wǒ lián tā de míngzi yě bù ～.（私は彼女の名前すら知らない。）⇒ míng·zi ¶对不起，请问您知道去车站怎么走吗？Duìbuqǐ, qǐngwèn nín ～ qù chēzhàn zěnme zǒu ma？（すみません。お尋ねしますが，バス停にどう行くかご存知ですか？）

【知会】zhī·hui

動（口頭で）通知する。知らせる。

¶什么时候开会别忘了知会我一声。Shénme shíhou kāihuì bié wàngle ～ wǒ yì shēng.（いつ会議があるか，忘れずにひと声かけてください。）⇒ shí·hou

【知识】zhī·shi

名 ①知識。

¶今天我们学到了很多知识。Jīntiān wǒmen xuédàole hěn duō ～.（今日我々はいろいろな知識を身に付けた。）¶书本知识光学是不够的，还得会用。Shūběn ～ guāng xué shì búgòu de, hái děi huì yòng.（書物の知識を学ぶだけでは不十分で，使えなければならない。）

②学術。学問。文化。

¶那位教授在知识界很有名。Nà wèi jiàoshòu zài ~jiè hěn yǒumíng.（あの教授は学術界で有名だ。）¶他爸爸在大学教书,算是知识分子。Tā bàba zài dàxué jiāoshū, suàn shì ~ fènzǐ.（彼の父親は大学の先生で、インテリと言える。）

【直溜】zhí·liu

形 まっすぐだ。ぴんとしている。

¶他站得很直溜。Tā zhàn de hěn ~.（彼はぴんと立っている。）

¶这根钓鱼竿不直溜, 是不是坏了? Zhè gēn diàoyúgān bù ~, shì bú shì huài le?（この釣り竿は曲がっているけれど、壊れたのか?）

【侄女】zhí·nǚ

名 兄弟または同世代の男性親族の娘。姪。友人の娘も指す。

¶我有两个侄女。Wǒ yǒu liǎng ge ~.（私には姪がふたりいます。）

【指甲】zhǐ·jia

名 爪。

¶手指甲 shǒu~（手の爪）¶脚指甲 jiǎo~（足の爪）¶指甲刀 ~dāo（爪切り）¶指甲油 ~yóu（マニキュア）¶剪指甲 jiǎn ~（爪を切る）

【指望】zhǐ·wàng

動 一心に期待する。当てにする。

¶她指望毕业后能找个好工作。Tā ~ bìyè hòu néng zhǎo ge hǎo gōngzuò.（彼女は卒業後、いい仕事が見つかると期待している。）

¶他忙得很, 别指望他会帮你。Tā máng de hěn, bié ~ tā huì bāng nǐ.（彼は多忙だ。彼が手伝ってくれると当てにしてはいけない。）

名 期待。見込み。

¶这么不景气, 发奖金看来是没有指望了。Zhème bù jǐngqì, fā jiǎngjīn kànlái shì méiyǒu ~ le.（こんなに不景気では、ボーナスが出る見込みはないようだ。）⇒ méi·you ¶你觉得我还有指望考上大学吗? Nǐ juéde wǒ hái yǒu ~ kǎoshàng dàxué ma?（私に大学合格の見込みがまだあると思いますか?）

【志气】zhì·qì

名 意気込み。気概。

¶他虽然小，但是很有志气。Tā suīrán xiǎo, dànshì hěn yǒu ～.（彼は若いが，なかなか気概がある。）¶学长考上了名牌大学，真给我们长志气。Xuézhǎng kǎoshàngle míngpái dàxué, zhēn gěi wǒmen zhǎng ～.（先輩が有名大学に合格して，我々の意気込みが上がった。）

【妯娌】zhóu·li

名 兄の嫁と弟の嫁を合わせた呼称。

¶这妯娌俩人关系很好。Zhè ～ liǎ rén guānxì hěn hǎo.（兄と弟の嫁ふたりは仲がいい。）⇒ guān·xì

【主人】zhǔ·rén

名 ①主人。

¶主人热情地招待客人。～ rèqíng de zhāodài kèrén.（主人が熱心に客をもてなしている。）⇒ kè·rén¶女主人很会做饭。Nǚ～ hěn huì zuò fàn.（女主人は料理が得意だ。）

②雇い主。

¶她是主人，我是仆人。Tā shì ～, wǒ shì púrén.（あの女性がご主人様で，私は召し使いです。）

③所有者。

¶小狗很听话地跟在主人后面。Xiǎogǒu hěn tīnghuà de gēn zài ～ hòumiàn.（子イヌがおとなしく飼い主の後ろについて行く。）

¶我是这座房子的主人，您如果想买房，请联系我。Wǒ shì zhè zuò fángzi de ～, nín rúguǒ xiǎng mǎi fáng, qǐng liánxì wǒ.（私がこの住宅のオーナーです。購入をお望みでしたらご連絡ください。）

【主意】zhǔ·yi

名 ①しっかりした考え。

¶这个孩子很有主意。Zhège háizi hěn yǒu ～.（この子はしっかりした考えを持っている。）¶如果你改变主意了，可以随时给我打电话。Rúguǒ nǐ gǎibiàn ～ le, kěyǐ suíshí gěi wǒ dǎ diànhuà.（もしも考えが変わったら，いつでも電話をください。）¶到底该怎么办，他现在还拿不定主意。Dàodǐ gāi zěnme bàn, tā xiànzài hái nábudìng ～.（一体どうしたらいいか彼はいまもまだ腹が決まっていない。）

②知恵。アイディア。

¶馊主意 sōu~（つまらぬ思いつき）¶这个好主意是他想出来的。Zhège hǎo ~ shì tā xiǎng chūlái de.（このいいアイディアは彼が思いついたものだ。）¶快帮我出出主意吧。Kuài bāng wǒ chūchu ~ ba.（早くいい知恵を出してください。）

【嘱咐】zhǔ·fù

動 言い聞かせる。

¶医生再三嘱咐病人要按时吃药。Yīshēng zàisān ~ bìngrén yào ànshí chī yào.（医者は病人に，決まった時間に薬を飲むようにと何度も言い聞かせた。）¶你又不是小孩子，不用什么事都需要我嘱咐吧。Nǐ yòu bú shì xiǎoháizi, búyòng shénme shì dōu xūyào wǒ ~ ba.（子どもでもあるまいし，君に何でもいちいち言って聞かせる必要はないでしょう。）¶他一个人在外地上学，妈妈总是嘱咐他要好好儿照顾自己。Tā yí ge rén zài wàidì shàngxué, māma zǒngshì ~ tā yào hǎohāor zhàogù zìjǐ.（彼はひとり家を離れて学校に通っているので，母はいつも体に気を付けるように言い聞かせている。）

【转悠】zhuàn·you

動 ①ぐるぐる回る。

¶风车转悠起来了。Fēngchē ~ qǐlái le.（風車が回り始めた。）¶那个陌生人老在门口转悠，是不是有什么事？Nàge mòshēngrén lǎo zài ménkǒu ~, shì bú shì yǒu shénme shì?（あの見知らぬ人はずっと入口を行ったり来たりして，何か用があるのだろうか？）

②ぶらぶら歩く。

¶咱们出门转悠转悠吧。Zánmen chūmén ~ ~ ba.（外に出て，ちょっとぶらぶらしましょう。）¶我每天晚上吃完饭都到附近转悠一圈。Wǒ měi tiān wǎnshang chīwán fàn dōu dào fùjìn ~ yì quān.（毎晩夕食後，近所をぶらぶらひと回りする。）⇒ wǎn·shang

【庄稼】zhuāng·jia

名 農作物。

¶庄稼地 ~dì（田畑，農地）¶庄稼活儿 ~huór（畑仕事）¶农民种庄稼很不容易，所以我们应该爱惜粮食。Nóngmín zhòng ~ hěn bù róngyì, suǒyǐ wǒmen yīnggāi àixī liángshi.（農民が作物を作るのは容易ではない。だから我々は穀物を大切にしなけ

ればならない。) ⇒ liáng·shi

【壮実】zhuàng·shi

形 たくましく丈夫だ。

¶那孩子从小喜欢运动，身体锻炼得很壮实。Nà háizi cóngxiǎo xǐhuan yùndòng, shēntǐ duànliàn de hěn ~. (あの子は小さな頃から運動好きで、体はたくましく鍛えられている。) ⇒ xǐ·huan ¶那个中年人壮实得像个小伙子。Nàge zhōngniánrén ~ de xiàng ge xiǎohuǒzi. (あの中年男性は若者のようにたくましい。)

【状元】zhuàng·yuan

名 ①状元。科挙の試験での首席合格者への称号。広く試験の首席合格者を指す。

②ある業種の中で最も優れた人。

¶三百六十行，行行出状元。Sānbǎi liùshí háng, hángháng chū ~. (どの業種からも優れた人物は出る。)

【酌量】zhuó·liang

動 斟酌する。考慮する。

¶请你酌量处理。Qǐng nǐ ~ chǔlǐ. (事情を考慮して、処置をお願いします。) ¶这件事情交给你了，你酌量着办吧。Zhè jiàn shìqing jiāo gěi nǐ le, nǐ ~zhe bàn ba. (この件は君に任せるので、よく考えてやってください。) ⇒ shì·qing

【自然】zì·ran

形 (態度などが) 自然だ。

¶态度自然 tàidù ~ (態度が自然だ) ⇒ tài·dù ¶他的表情很不自然，是不是有什么心事? Tā de biǎoqíng hěn bú ~, shì bú shì yǒu shénme xīnshì? (彼の表情は不自然だ。何か心配事でもあるのだろうか?) ¶她第一次上电视很紧张，声音有点儿不自然。Tā dì-yī cì shàng diànshì hěn jǐnzhāng, shēngyīn yǒudiǎnr bú ~. (彼女は初めてのテレビ出演で緊張して、声がちょっと不自然だ。)

[比較]【自然】zìrán **名** 自然。**形** 本来のままだ。**副** 当然。

【自在】zì·zai

形 のんびりとして快適だ。

¶这个假期不用加班，过得轻松自在。Zhège jiàqī búyòng jiābān, guò de qīngsōng ~. (この休暇は休日出勤もなく、気楽にのん

びりと過ごしている。) ¶和陌生人在一起我觉得不自在。Hé mòshēngrén zài yìqǐ wǒ juéde bú ~. (見知らぬ人と一緒にいると気づまりだ。)

[比較]【自在】zìzài 形 自由気ままだ。

【字号】zì·hao

名 商店の名前。屋号。商店。

¶老字号 lǎo~ (老舗) ¶这家店的字号是一百多年前起的。Zhè jiā diàn de ~ shì yìbǎi duō nián qián qǐ de. (この店の屋号は100年以上前に付けられたものだ。)

[比較]【字号】zìhào 名 (文書に付ける) 順序を示す文字や番号。

【祖宗】zǔ·zong

名 先祖。祖先。

¶祭拜祖宗 jìbài ~ (先祖を祭る) ¶这个宝贝是他家的祖宗留下来的。Zhège bǎobèi shì tā jiā de ~ liú xiàlái de. (この宝物は彼の家の先祖伝来のものである。) ⇒ bǎo·bèi ¶我们不能忘记老祖宗的教诲。Wǒmen bù néng wàngjì lǎo ~ de jiàohuì. (我々は先祖の教えを忘れてはならない。)

【嘴巴】zuǐ·ba

名 ①ほお。横っ面。

¶我太生气了，打了他一个嘴巴。Wǒ tài shēngqì le, dǎle tā yí ge ~. (あんまり腹が立ったので，彼にびんたを食らわした。)

②口。

¶张开嘴巴 zhāngkāi ~ (口を開ける) ¶那个人嘴巴不牢，这件事别跟他说了。Nàge rén ~ bù láo, zhè jiàn shì bié gēn tā shuō le. (彼は口が軽いので，この件は伝えるな。) ¶她长得很可爱，嘴巴又甜，领导很喜欢她。Tā zhǎng de hěn kě'ài, ~ yòu tián, lǐngdǎo hěn xǐhuan tā. (彼女はかわいくてお世辞もうまいので，上司からとても好かれている。) ⇒ xǐ·huan

【罪过】zuì·guo

名 過失。「恐れ入ります」という意味の謙譲語としても使う。

¶这事搞砸了都是我的罪过，请原谅。Zhè shì gǎozá le dōu shì wǒ de ~, qǐng yuánliàng. (この件がだめになったのはすべて私のミスです。お許しください。) ¶罪过，罪过，叫你特意跑一趟。~, ~, jiào nǐ tèyì pǎo yí tàng. (ご足労をおかけして，恐れ入り

ます。)

【作坊】zuō·fang

　名　手工業の工場。作業場。

　¶城市里很少见手工作坊了。Chéngshì li hěn shǎojiàn shǒugōng ~ le.（都会では手工業の工場がほとんど見られなくなった。）

【琢磨】zuó·mo

　動　熟慮する。考慮する。

　¶琢磨了半天我也琢磨不出什么好办法来。~le bàntiān wǒ yě ~buchū shénme hǎo bànfǎ lái.（半日じっくり考えても、いい方法をひねり出すことができなかった。）¶他的想法让我琢磨不透。Tā de xiǎngfǎ ràng wǒ ~butòu.（彼の考えは、私にはまったく察しがつかない。）⇒ xiǎng·fǎ

　［比較］【琢磨】zhuómó 動 ①（玉石を）磨く。②（文章に）磨きをかける。

【作践】zuò·jian

　動　駄目にする。台無しにする。

　¶好好儿的画被你作践了。Hǎohāor de huà bèi nǐ ~ le.（見事な絵が君にめちゃめちゃにされた。）

【作料】zuò·liao

　名　調味料。

　¶中国人做饭喜欢放很多作料。Zhōngguórén zuò fàn xǐhuan fàng hěn duō ~.（中国人は料理に調味料をたくさん入れたがる。）⇒ xǐ·huan

【座位】（坐位）zuò·wèi

　名　①席。座席。

　¶我可以换换座位吗？Wǒ kěyǐ huànhuan ~ ma？（席を代わってもいいですか？）¶对不起，你来晚了，没座位了。Duìbuqǐ, nǐ láiwǎn le, méi ~ le.（申し訳ございません。遅く来られたので、席がなくなりました。）¶前排的座位已经被别人占了。Qiánpái de ~ yǐjīng bèi biérén zhàn le.（前列の席はもう人に取られた。）⇒ bié·rén

　②椅子など座る物。

　¶到广场看节目你最好带个座位，不然得站着。Dào guǎngchǎng kàn jiémù nǐ zuìhǎo dài ge ~, bùrán děi zhànzhe.（広場に行って

イベントを見るのなら,何か座る物を持って行くのがいい。そうしないとずっと立っていなければならない。)

【做作】zuò·zuo

形 わざとらしい。

¶这个演员的表演太做作。Zhège yǎnyuán de biǎoyǎn tài ~. (この俳優の演技はいかにもわざとらしい。) ¶那个人很做作,表情很夸张,不自然。Nàge rén hěn ~, biǎoqíng hěn kuāzhāng, bú zìran. (あの人はわざとらしく,表情も大げさで不自然だ。) ⇒ zì·ran

おわりに

――「中国語 常用軽声語辞典」作成に当たって――

小川郁夫

1.『現代漢語詞典』における軽声語

『現代漢語詞典』[注1]は中国で1978年に発行されて以来, 現代中国語「普通話」の語音を比較的正確に記述している辞典と評されている。「普通話」とは北京語音を標準音とし, 北方方言を基礎とするものであるが, いま我々が学んでいる中国語がこの「普通話」である。

現在, 流通している『現代漢語詞典』は第6版である。その奥付によれば, この辞典の経歴は次の通りである。

1960 年　　　　試印本
1965 年　　　　試用本
1978 年 12 月　　第 1 版
1983 年 1 月　　 第 2 版
1996 年 7 月　　 修訂本（第 3 版）
2002 年 5 月　　 増補本（第 4 版）
2005 年 6 月　　 第 5 版
2012 年 6 月　　 第 6 版

筆者は中国語の教師になってからしばらく第2版を使用していたが, 第3版が発行された時, 軽声語についての改訂を数多く発見した。軽声語が減少傾向を示していたのである。

第3版は『現代漢語詞典修訂本』と呼ばれるものである。第4版は『現代漢語詞典増補本』と呼ばれ, 第3版の巻末に新語を加えたものである。

第5版でも軽声語はさらに減少傾向を示し, 第6版では軽声語の減少がきわめて顕著になった。

『現代漢語詞典』の軽声表示法には次のような2種類がある[注2]。

　①軽声で発音する字のピンインには声調記号を記さず, その前に"·"を加える。例えば,【桌子】zhuō·zi。

②一般に軽声で発音するが，時として強く発音することもある字にはピンインに声調記号を記し，さらにその前に"·"を加える。例えば，【因为】yīn·wèi。"因为"の"为"は一般に軽声で発音するが，時として第4声で発音してもよいことを示す。

①型の語は絶対的な軽声語である。つまり「規範的な普通話」では必ず軽声で発音すべき語である。本書では，①型の軽声語を絶対的軽声語と呼ぶことにする。

それに対して，②型の語は任意的な軽声語であると言える。『現代漢語詞典』の説明では「一般に軽声で発音する」となっているが，「時として強く発音する」ことも許容される。また，『現代漢語詞典』に収録された②型の軽声語を見ると，強く発音するものが多いように思われる。本書では，②型の軽声語を任意的軽声語と呼ぶことにする。

『現代漢語詞典』の軽声語のピンイン表記について，第2版から第6版を見比べると，かつて絶対的軽声語であったものが任意的軽声語に改訂されたり，またかつて任意的軽声語であったものが非軽声語に改訂されていることが分かる。これは「普通話」において軽声語が減少していることを示すものである。

以下に使用頻度が比較的高い語についてその改訂の経緯を示す。各語について，右から左に「←」に従って見ていくと，改訂の経緯が分かりやすい。「同右」は右のピンイン表記と同じであることを示す。各語の下に品詞名と簡単な意味を記す。

まず，第3版ですでに非軽声語に改訂され，第6版までそのまま非軽声語とされているものを挙げる。第2版では，"**光润**""**近视**""**面食**""**生发**""**松动**"は絶対的軽声語，"**操持**""**程度**""**景致**""**夸奖**""**柔和**"は任意的軽声語であった。

	第6版	第3版	第2版
操持	同右	← cāochí	← cāo·chí
	動 ①切り盛りする。処理する。②計画する。準備する。		
程度	同右	← chéngdù	← chéng·dù
	名 程度。レベル。		
光润	同右	← guāngrùn	← guāng·run
	形（皮膚などが）つやつやしている。		
近视	同右	← jìnshì	← jìn·shi
	形 近視だ。		
景致	同右	← jǐngzhì	← jǐng·zhì
	名 風景。景色。		
夸奖	同右	← kuājiǎng	← kuā·jiǎng
	動 褒める。たたえる。		
面食	同右	← miànshí	← miàn·shi
	名 小麦粉食品。めん類・マントー・ギョーザなど。		
柔和	同右	← róuhé	← róu·hé
	形 ①柔和だ。穏やかだ。②（手触りが）やわらかい。		
生发	同右	← shēngfā	← shēng·fa
	動 発生する。発展する。		
松动	同右	← sōngdòng	← sōng·dong
	動 ①（人が）空く。②緩む。ぐらつく。形（経済的に）余裕がある。		

次は，第2版では絶対的軽声語であったが，まず第3版で任意的軽声語に改訂され，さらに第5版で非軽声語に改訂されたものである。「普通話」において段階を経て，徐々に非軽声化が進んだものと考えることができる。これらはすべて第6版でも非軽声語である。「第6・5版」は第5版で改訂され，第6版でもそのままであることを示す。

	第6・5版	第3版	第2版
本钱	běnqián	← běn·qián	← běn·qian
	名 ①資本金。元手。②経歴や能力を例える。		
变通	biàntōng	← biàn·tōng	← biàn·tong
	動 融通を利かせる。		
别致	biézhì	← bié·zhì	← bié·zhi
	形 風変りだ。ユニークだ。		
寒毛	hánmáo	← hán·máo	← hán·mao
	名 うぶ毛。		
横竖	héngshù	← héng·shù	← héng·shu
	副 いずれにせよ。どうせ。		
似乎	sìhū	← sì·hū	← sì·hu
	副 …のようだ。		
体谅	tǐliàng	← tǐ·liàng	← tǐ·liang
	動 思い遣る。人の気持ちを理解する。		
替换	tìhuàn	← tì·huàn	← tì·huan
	動 交替する。交換する。		
周到	zhōudào	← zhōu·dào	← zhōu·dao
	形 周到だ。行き届いている。		

次は，第5版で非軽声語に改訂されたものである。このうち，"冰激凌""落花生""已经""犹疑"は任意的軽声語の段階を経ることなく，いきなり非軽声語に改訂されている。これらの語はすべて第6版でも非軽声語である。

	第6版	第5版	第2版
冰激凌	同右	← bīngjīlíng	← bīng·jilíng
	名 アイスクリーム。		
感激	同右	← gǎnjī	← gǎn·jī
	動 感謝する。感激する。		
刚刚	同右	← gānggāng	← gāng·gāng
	副 ちょうど。…したばかり。		

功劳	同右	← gōngláo	← gōng·láo

名 功労。功績。

拘泥	同右	← jūnì	← jū·nì

動 固執する。こだわる。**形** 堅苦しい。

孔雀	同右	← kǒngquè	← kǒng·què

名 クジャク。

老鼠	同右	← lǎoshǔ	← lǎo·shǔ

名 ネズミ。

理事	同右	← lǐshì	← lǐ·shì

名 理事。

落花生	同右	← luòhuāshēng	← luò·huasheng

名 ラッカセイ。

破绽	同右	← pòzhàn	← pò·zhàn

名 衣服のほころび。言動の破綻を例える。ぼろ。

魄力	同右	← pòlì	← pò·lì

名 気迫。果敢さ。

情面	同右	← qíngmiàn	← qíng·miàn

名 情実。メンツ。

情绪	同右	← qíngxù	← qíng·xù

名 ①意欲。気分。②不愉快な感情。嫌気。

舒展	同右	← shūzhǎn	← shū·zhǎn

動 広げる。伸ばす。**形**（心身が）心地よい。

唢呐	同右	← suǒnà	← suǒ·nà

名 チャルメラ。管楽器の一種。

心事	同右	← xīnshì	← xīn·shì

名 考え事。心配事。

已经	同右	← yǐjīng	← yǐ·jing

副 すでに。もう。

犹疑	同右	← yóuyí	← yóu·yi

形 ためらっている。

站住	同右	← zhànzhù	← zhàn·zhù

動 ①（人や車が）止まる。②しっかりと立つ。落ち

		着く。成り立つ。	
志向	同右	← zhìxiàng	← zhì·xiàng
	名 志。抱負。		
资格	同右	← zīgé	← zī·gé
	名 ①資格。②年功。キャリア。		

次は，第2版では絶対的軽声語であったが，まず第3版で任意的軽声語に改訂され，さらに第6版で非軽声語に改訂されたものである。「普通話」において段階を経て，徐々に非軽声化が進んだものと考えることができる。

	第6版	第3版	第2版
白天	báitiān	← bái·tiān	← bái·tian
	名 昼間。日中。		
成分	chéngfèn	← chéng·fèn	← chéng·fen
	名 ①成分。②（経歴や職業などの）出身。		
大拇指	dàmǔzhǐ	← dà·mǔzhǐ	← dà·muzhǐ
	名 親指。		
得罪	dézuì	← dé·zuì	← dé·zui
	動 機嫌を損ねる。怒らせる。		
底细	dǐxì	← dǐ·xì	← dǐ·xi
	名 （人や事柄の）内情。		
点缀	diǎnzhuì	← diǎn·zhuì	← diǎn·zhui
	動 ①（美しさを）引き立たせる。②取りつくろう。		
府上	fǔshàng	← fǔ·shàng	← fǔ·shang
	名 お宅。相手の家に対する敬称。		
家具	jiājù	← jiā·jù	← jiā·ju
	名 家具。		
体面	tǐmiàn	← tǐ·miàn	← tǐ·mian
	名 体面。メンツ。形 ①光栄だ。体裁がよい。②きれいだ。美しい。		
下场	xiàchǎng	← xià·chǎng	← xià·chang

		名（人の）結末。末路。	
响声	xiǎngshēng	← xiǎng·sheng	← xiǎng·sheng
		名 音。物音。	
小姐	xiǎojiě	← xiǎo·jiě	← xiǎo·jie
		名 お嬢さん。若い女性に対する敬称。	
招惹	zhāorě	← zhāo·rě	← zhāo·re
		動 ①（もめごとを）引き起こす。②（人の心を）刺激する。からかう。	
症候	zhènghòu	← zhèng·hòu	← zhèng·hou
		名 ①疾病。②症状。	
支撑	zhīchēng	← zhī·chēng	← zhī·cheng
		動 ①支える。②無理をする。我慢する。	

次は，第2版では絶対的軽声語であったが，第5版で任意的軽声語に改訂され，さらに第6版で非軽声語に改訂されたものである。これらも「普通話」において段階を経て，徐々に非軽声化が進んだものと考えることができる。

	第6版	第5版	第2版
奸细	jiānxì	← jiān·xì	← jiān·xi
	名 スパイ。		
来往	láiwǎng	← lái·wǎng	← lái·wang
	動 付き合う。交際する。		
牢靠	láokào	← láo·kào	← láo·kao
	形 ①堅固だ。しっかりしている。②確実だ。安心できる。		
牧师	mùshī	← mù·shī	← mù·shi
	名 牧師。		
陪客	péikè	← péi·kè	← péi·ke
	名 主客の相手をするために招かれた客。相伴客。		
飘洒	piāosǎ	← piāo·sǎ	← piāo·sa
	形 洒脱だ。あか抜けている。		
亲事	qīnshì	← qīn·shì	← qīn·shi

		名 縁組み。縁談。			
生日	shēngrì	←	shēng·rì	←	shēng·ri
		名 誕生日。			
势力	shìlì	←	shì·lì	←	shì·li
		名（政治・経済・軍事面での）勢力。			
喜鹊	xǐquè	←	xǐ·què	←	xǐ·que
		名 カササギ。鳥の一種。			

　次は，第3版で任意的軽声語に改訂されたものである。第6版までそのまま任意的軽声語とされている。これらはすべて軽声語として「中国語 常用軽声語辞典」に収録したので，ここに品詞名と意味は記さない。

	第6版	第3版	第2版
残疾	同右	← cán·jí	← cán·ji
聪明	同右	← cōng·míng	← cōng·ming
反正	同右	← fǎn·zhèng	← fǎn·zheng
风水	同右	← fēng·shuǐ	← fēng·shui
客人	同右	← kè·rén	← kè·ren
拉拢	同右	← lā·lǒng	← lā·long
迷惑	同右	← mí·huò	← mí·huo
敲打	同右	← qiāo·dǎ	← qiāo·da
痛快	同右	← tòng·kuài	← tòng·kuai
徒弟	同右	← tú·dì	← tú·di
摇晃	同右	← yáo·huàng	← yáo·huang
意见	同右	← yì·jiàn	← yì·jian
折磨	同右	← zhé·mó	← zhé·mo
知道	同右	← zhī·dào	← zhī·dao
主人	同右	← zhǔ·rén	← zhǔ·ren

　次は，第5版で任意的軽声語に改訂されたものである。これらはすべて第6版でも任意的軽声語である。これらもすべて軽

声語として「中国語 常用軽声語辞典」に収録したので、ここに品詞名と意味は記さない。

	第6版	第5版	第2版
标致	同右	← biāo·zhì	← biāo·zhi
拨弄	同右	← bō·nòng	← bō·nong
尺寸	同右	← chǐ·cùn	← chǐ·cun
打算	同右	← dǎ·suàn	← dǎ·suan
道理	同右	← dào·lǐ	← dào·li
工钱	同右	← gōng·qián	← gōng·qian
恭维	同右	← gōng·wéi	← gōng·wei
黄瓜	同右	← huáng·guā	← huáng·gua
活泼	同右	← huó·pō	← huó·po
价钱	同右	← jià·qián	← jià·qian
口音	同右	← kǒu·yīn	← kǒu·yin
力量	同右	← lì·liàng	← lì·liang
首饰	同右	← shǒu·shì	← shǒu·shi
算计	同右	← suàn·jì	← suàn·ji
位置	同右	← wèi·zhì	← wèi·zhi
味道	同右	← wèi·dào	← wèi·dao
证人	同右	← zhèng·rén	← zhèng·ren

もしも「普通話」において軽声語の減少傾向が続くならば、第3版または第5版で任意的軽声語に改訂された以上のものは、今後非軽声語になる有力候補かもしれない。

また、第5版まで絶対的軽声語であったもので、第6版で任意的軽声語に改訂されたものもかなりある。それらで使用頻度の高いものは「中国語 常用軽声語辞典」に収録した。

任意的軽声語は軽声で発音してもよいし、非軽声で発音してもかまわないわけであるが、中国語を学ぶ者としては、まず非軽声の発音を覚え、時として軽声で発音してもよいと考えるのがよい。任意的軽声語はゆっくり発音すれば本来の声調が現れ

るはずである。

　以下に挙げた語は，第5版まで任意的軽声語であったが，第6版で非軽声語に改訂されたものである[注3]。今後もしばらくは場合により軽声で発音されるかもしれない語とも考えられるが，これらは「中国語 常用軽声語辞典」に収録しなかった。品詞名と簡単な意味を記す。

工人 gōngrén 名 労働者。

公平 gōngpíng 形 公平だ。

光滑 guānghuá 形 なめらかだ。つるつるしている。

归拢 guīlǒng 動 一か所にまとめる。

衡量 héngliáng 動 ①比較する。評定する。②考慮する。

活动 huódòng 動 運動する。活動する。名 活動。形 固定していない。

祭祀 jìsì 動 祭る。祭りを営む。

看见 kànjiàn 動 見える。目にする。

看望 kànwàng 動 （両親・年長者・友人を訪ねて）ご機嫌を伺う。

老人 lǎorén 名 ①老人。②年老いた両親または祖父母。

腼腆 miǎntiǎn 形 恥ずかしがりだ。はにかむ。

碰见 pèngjiàn 動 ばったり出会う。出くわす。

瞧见 qiáojiàn 動 見える。目にする。

轻易 qīngyì 副 容易に。安易に。

情分 qíngfèn 名 情愛。よしみ。

提拔 tíbá 動 抜擢する。引き立てる。

调和 tiáohé 形 調和している。動 ①混ぜる。②調停する。③妥協する。

贴补 tiēbǔ 動 （経済的に）援助する。

听见 tīngjiàn 動 聞こえる。耳にする。

通融 tōngróng 動 ①融通を利かせる。②（金銭を）融通してもらう。

小心 xiǎoxīn 動 気を付ける。用心する。形 慎重だ。

性情 xìngqíng 名 性格。気性。
妖怪 yāoguài 名 妖怪。化け物。
遇见 yùjiàn 動 出会う。出くわす。
愿意 yuànyì 動 …したいと思う。願う。望む。
照顾 zhàogù 動 ①考慮する。気を配る。②世話をする。面倒をみる。
支派 zhīpài 動 （人に）指示する。
住处 zhùchù 名 住んでいる所。泊まる所。

以下に挙げた語は、第5版まで絶対的軽声語であったが、第6版で非軽声語に改訂されたものである^(注4)。多くの"〜处"が非軽声語に改訂されたことが分かる。第6版では軽声語の減少が顕著である。これらも場合により軽声で発音されるかもしれない語とも考えられるが、「中国語 常用軽声語辞典」には収録しなかった。品詞名と簡単な意味を記す。

长处 chángchù 名 長所。
错处 cuòchù 名 間違った点。過ち。
短处 duǎnchù 名 短所。欠点。
多会儿 duōhuìr 代 いつ。
害处 hàichù 名 害になる点。弊害。
好处 hǎochù 名 ①よい点。有益な点。②儲け。
坏处 huàichù 名 悪い点。弊害。
娇嫩 jiāonèn 形 やわらかい。きゃしゃだ。
苦处 kǔchù 名 苦しみ。困ったこと。
难处 nánchù 名 困難。困ったこと。
年月 niányuè 名 ①年代。時代。②日々。歳月。
泼辣 pōlà 形 ①凶暴だ。②気迫がある。大胆だ。
烧卖 shāomài 名 シューマイ。
书记 shūjì 名 書記。党などの主要責任者。
小拇指 xiǎomǔzhǐ 名 小指。
益处 yìchù 名 利点。有益な点。

用处 yòngchù **名** 用途。使い道。

これまでに挙げた語とは逆に,『現代漢語詞典』の改訂で,軽声化が進んだものもある。第3版で軽声化したもの,第5版で軽声化したもの,第6版で軽声化したものの3種類に分けて,以下に使用頻度が高い語について改訂の経緯を示すが,その数はそれほど多くない。最後に挙げた,第6版で軽声化したもののうち,"宝贝""气氛""太阳"は第5版までずっと非軽声語であった[注5]。これらはすべて軽声語として「中国語 常用軽声語辞典」に収録したので,ここに品詞名と意味は記さない。

	第6版	第3版	第2版
报应	同右	← bào·ying	← bàoyìng
出息	同右	← chū·xi	← chū·xī
惦记	同右	← diàn·jì	← diànjì
端量	同右	← duān·liang	← duānliáng
饭量	同右	← fàn·liàng	← fànliàng
老气	同右	← lǎo·qì	← lǎoqì
亲戚	同右	← qīn·qi	← qīn·qī
跳蚤	同右	← tiào·zao	← tiào·zǎo

	第6版	第5版	第2版
玻璃	同右	← bō·li	← bō·lí
冬瓜	同右	← dōng·gua	← dōngguā
哆嗦	同右	← duō·suo	← duō·suō
固执	同右	← gù·zhi	← gù·zhí
蛤蟆	同右	← há·ma	← há·má
呼扇	同右	← hū·shan	← hū·shān
馄饨	同右	← hún·tun	← hún·tún
琉璃	同右	← liú·li	← liú·lí
辘轳	同右	← lù·lu	← lù·lú
南瓜	同右	← nán·gua	← nánguā

菩萨	同右	←	pú·sà	←	púsà
商量	同右	←	shāng·liang	←	shāng·liáng
透亮	同右	←	tòu·liang	←	tòu·liàng
倭瓜	同右	←	wō·guā	←	wōguā
西瓜	同右	←	xī·guā	←	xīguā
孝顺	同右	←	xiào·shùn	←	xiàoshùn
缘分	同右	←	yuán·fèn	←	yuánfèn

	第 6 版		第 5 版		第 2 版
宝贝	bǎo·bèi	←	同右	←	bǎobèi
荸荠	bí·qi	←	同右	←	bí·qí
道行	dào·heng	←	同右	←	dào·héng
掂量	diān·liang	←	同右	←	diān·liáng
估量	gū·liang	←	同右	←	gū·liáng
蒺藜	jí·li	←	同右	←	jí·lí
魁梧	kuí·wu	←	同右	←	kuí·wú
邋遢	lā·ta	←	同右	←	lā·tā
连累	lián·lei	←	同右	←	lián·lěi
喽啰	lóu·luo	←	同右	←	lóu·luó
啰唆	luō·suo	←	同右	←	luō·suō
泥鳅	ní·qiu	←	同右	←	ní·qiū
枇杷	pí·pa	←	同右	←	pí·pá
琵琶	pí·pa	←	同右	←	pí·pá
葡萄	pú·tao	←	同右	←	pú·táo
气氛	qì·fēn	←	同右	←	qìfēn
太阳	tài·yáng	←	同右	←	tàiyáng
樱桃	yīng·tao	←	同右	←	yīng·táo
应付	yìng·fu	←	同右	←	yìng·fù
笊篱	zhào·li	←	同右	←	zhào·lí
妯娌	zhóu·li	←	同右	←	zhóu·lǐ
酌量	zhuó·liang	←	同右	←	zhuó·liáng

『現代漢語詞典』の改訂で，次のような経緯をたどったものもある。「第5～3版」は第3版から第5版のいずれかで改訂されたことを示す。"臭虫""熟悉"は段階を経て，徐々に軽声化が進んでいるが，そのような例は多くない。これらはすべて軽声語として「中国語 常用軽声語辞典」に収録したので，ここに品詞名と意味は記さない。

	第6版		第5～3版		第2版
臭虫	chòu·chong	←	chòu·chóng	←	chòuchóng
逻辑	luó·jí	←	luó·ji	←	luó·jí
熟悉	shú·xi	←	shú·xī	←	shúxī
挑剔	tiāo·ti	←	tiāo·tī	←	tiāo·ti
絮叨	xù·dao	←	xù·dāo	←	xù·dao
芫荽	yán·sui	←	yán·sui	←	yán·sui
支吾	zhī·wu	←	zhī·wú	←	zhī·wu

また，第5版まで任意的軽声語であったもので，第6版で絶対的軽声語に改訂されたものも若干ある。それらで使用頻度の高いものは「中国語 常用軽声語辞典」に収録した。ただし，それらの軽声語を任意的軽声語とするか，あるいは絶対的軽声語とするかについては，改訂の経緯を考慮しつつ，いくつかの中国語辞典を参照して決定した。これまでに挙げた軽声語についても同様である[注6]。

(注1)《现代汉语词典》。
(注2)《现代汉语词典第6版》凡例3.4，3.5。
(注3) もちろん，後ろの音節が任意的軽声であった語である。例えば"工人"は『現代漢語詞典』第5版までは"gōng·rén"であった。
(注4) "小拇指"は『現代漢語詞典』第5版までは"xiǎo·muzhǐ"であった。その他はもちろん，後ろの音節が絶対的軽声であった語である。例えば"长处"は"cháng·chu"であった。
(注5) "气氛"に関しては，1999年発行の《现代汉语小词典》ですで

に任意的軽声語 "qì·fēn" になっている。
(注6)「中国語 常用軽声語辞典」の作成では,「普通話」における軽声語の減少傾向を踏まえて,なるべく絶対的軽声語を増やさない方針をとった。それでも,収録した絶対的軽声語は約 600 語,任意的軽声語は約 200 語である。

2. 助詞

次の助詞は絶対的軽声語である。

啊	·a	吧	·ba
呗	·bei	的	·de
地	·de	得	·de
过	·guo	啦	·la
了	·le	哩	·li
咯	·lo	喽	·lou
吗	·ma	嘛	·ma
哪	·na	呢	·ne
哇	·wa	呀	·ya
哟	·yo	着	·zhe

"的" は構造助詞と語気助詞の 2 つの用法を持つ。構造助詞にはさらに "得" "地" がある。"了" は時態助詞と語気助詞の 2 つの用法を持つ。時態助詞にはさらに "过" "着" がある。その他はすべて語気助詞である。ここには挙げないが,"着呢 ·zhe·ne" という語気助詞もある。

"啦" は "了" と "啊" の合音とされる。"哪" "哇" "呀" の用法は "啊" と同じで,直前に来る音の影響を受け,"啊" の音が変化したものである。

これらの助詞は絶対的軽声語であることが明らかなので,「中国語 常用軽声語辞典」に収録しなかった。

助詞 "的" を含む語に次のようなものがあるが,これらも「中国語 常用軽声語辞典」に収録しなかった。品詞名と簡単な意

味を記す。

的话 ·dehuà **助** …ならば。
什么的 shén·me·de **助** …など。
似的 shì·de **助** …のようだ。
有的 yǒu·de **代** ある人。ある物。

　助詞"得"は用法が多く，状態補語や可能補語を作ったり，語の一部分として使われたりする。また，"不得·bu·de"には動詞の後ろに置いて「…してはいけない，…できない」という意味を表す用法がある。
　例えば，"走得很慢"「歩き方が遅い」は状態補語の用例である。
　また，"看得懂"「見て分かる」は可能補語の用例である。その否定形は"看不懂"「見ても分からない」であるが，否定形に用いられる"不"も一般に絶対的軽声で発音される。このような例は数多く作られるため，一般に辞典には収録されない。
　一方，"对不起"「申し訳が立たない，すまない」は"对得起"「申し訳が立つ」の否定形で，これも可能補語の表現である。しかし，これらは一般に辞典に収録されている。可能補語の表現の中には漢字を見ただけでは意味を類推できないものもあるため，辞典に収録されるものがある。そのような例で使用頻度の高いものを以下に挙げる。すべて肯定形と否定形のペアになっているが，中間の"得""不"はすべて絶対的軽声である。これらも「中国語 常用軽声語辞典」に収録しなかった[注]。これらはフレーズと見なすこともできるが，『現代漢語詞典』第6版に従って品詞名と簡単な意味を記す。

吃得开 chī·dekāi **形** 通用する。受けがよい。
吃不开 chī·bukāi **形** 通用しない。受けが悪い。
吃得来 chī·delái **動** 何とか食べられる。
吃不来 chī·bulái **動** （食べ物が）口に合わない。

吃得消 chī·dexiāo 動 耐えられる。
吃不消 chī·buxiāo 動 耐えられない。
吃得住 chī·dezhù 動 支えられる。
吃不住 chī·buzhù 動 支えられない。
对得起 duì·deqǐ 動 申し訳が立つ。
对不起 duì·buqǐ 動 申し訳が立たない。すまない。
合得来 hé·delái 形 気が合う。
合不来 hé·bulái 形 気が合わない。
禁得住 jīn·dezhù 動 耐えられる。
禁不住 jīn·buzhù 動 ①耐えられない。②こらえきれず。思わず。
看得起 kàn·deqǐ 動 重視する。(人を) 重く見る。
看不起 kàn·buqǐ 動 軽視する。ばかにする。
来得及 lái·dejí 動 間に合う。
来不及 lái·bují 動 間に合わない。
数得着 shǔ·dezháo 動 指折り数えられる。屈指である。
数不着 shǔ·buzháo 動 物の数に入らない。

また、中間に絶対的軽声の"不"を含むものとして次のようなものがある。本来は可能補語の否定形と考えられるものもあれば、そうでないものもある。これらも「中国語 常用軽声語辞典」に収録しなかった。

差不多 chà·buduō 形 ①ほとんど同じだ。②ほとんどの。副 ほとんど。
大不了 dà·buliǎo 形 重大だ。大変だ。副 せいぜい。
动不动 dòng·budòng 副 ややもすれば。
短不了 duǎn·buliǎo 動 欠かせない。副 …するのを免れない。
冷不防 lěng·bufáng 副 不意に。突然。
了不起 liǎo·buqǐ 形 ①すばらしい。すごい。②重大だ。大変だ。
免不了 miǎn·buliǎo 動 免れない。避けられない。

说不定 shuō·budìng 動 はっきり言えない。副 …かもしれない。

　その他，"得""不得"を含むものとして次のようなものがある。"得"の部分を多少強く発音するものもあるが，一般には絶対的軽声と見なしてかまわない。これらも「中国語 常用軽声語辞典」に収録しなかった。

巴不得 bā·bu·dé 動 切望する。…したくてたまらない。
不见得 bújiàn·dé 副 …とはかぎらない。
不由得 bùyóu·de 動 許さない。副 思わず。
懂得 dǒng·de 動 分かる。知っている。
怪不得 guài·bu·de 動 責めることができない。副 道理で。なるほど。
恨不得 hèn·bu·de 動 切望する。…したくてたまらない。
记得 jì·de 動 覚えている。
觉得 jué·de 動 ①感じる。②…と思う。
懒得 lǎn·de 動 …するのがおっくうだ。…する気がしない。
了不得 liǎo·bu·dé 形 ①すごい。大したものだ。②重大だ。大変だ。
落得 luò·de 動 結局…となる。
免得 miǎn·de 接 …しなくてすむように。
认得 rèn·de 動 知っている。見知っている。
舍不得 shě·bu·de 動 捨てられない。離れられない。惜しい。
舍得 shě·de 動 惜しまない。
省得 shěng·de 接 …しなくてすむように。
使不得 shǐ·bu·de 動 ①使えない。②だめだ。
使得 shǐ·de 動 ①使える。②よろしい。③…させる。
显得 xiǎn·de 動 …なのが見て取れる。いかにも…だ。
晓得 xiǎo·de 動 分かる。知っている。
由不得 yóu·bu·de 動（誰々の）勝手にはできない。副 思わず。

値得 zhí·dé 動 (…する) 値打ちがある。

また, 助詞"了""着"を含む語として次のようなものがある。これらも「中国語 常用軽声語辞典」に収録しなかった。

罢了 bà·le 助 …にすぎない。…だけだ。
除了 chú·le 介 …を除いて。…のほかに。
为了 wèi·le 介 …のために。
跟着 gēn·zhe 動 付き従う。副 引き続き。
接着 jiē·zhe 動 (…に) 続く。副 引き続き。
来着 lái·zhe 助 …していた。
为着 wèi·zhe 介 …のために。

(注)「中国語 常用軽声語辞典」の用例に登場する可能補語のピンイン表記は「続け書き」する。例えば, "看得懂""看不懂"はそれぞれ "kàndedǒng" "kànbudǒng" と表記する。また, 状態補語に用いられる "得" のピンイン表記は「分かち書き」する。例えば, "走得很慢"は "zǒu de hěn màn" と表記する。これは後述の『漢語拼音正詞法基本規則』に必ずしも従っていない。

3. 接尾辞"子""头""们""么"を含む語

"椅子""帽子"のように絶対的軽声の接尾辞"子"を含む名詞は非常に多い。次に挙げたのは,「中国語 常用軽声語辞典」の例文に登場する語の一部である。絶対的軽声の接尾辞"子"を含む名詞は「中国語 常用軽声語辞典」に一切収録しなかった。

被子 bèi·zi 名 掛け布団。
虫子 chóng·zi 名 虫。昆虫。
肚子 dù·zi 名 腹。
儿子 ér·zi 名 息子。
房子 fáng·zi 名 家屋。家。
孩子 hái·zi 名 子ども。
饺子 jiǎo·zi 名 ギョーザ。

裤子 kù·zi 名 ズボン。
帽子 mào·zi 名 ①帽子。②（罪名などの）レッテル。
面子 miàn·zi 名 ①（物の）表面。②体面。メンツ。
盘子 pán·zi 名 大皿。
骗子 piàn·zi 名 詐欺師。ペテン師。
妻子 qī·zi 名 妻。
日子 rì·zi 名 ①日。期日。②生活。暮らし。
蚊子 wén·zi 名 カ。
屋子 wū·zi 名 部屋。
小伙子 xiǎohuǒ·zi 名 若者。
燕子 yàn·zi 名 ツバメ。
样子 yàng·zi 名 姿。様子。
叶子 yè·zi 名 葉。
椅子 yǐ·zi 名 （背もたれのある）椅子。
桌子 zhuō·zi 名 机。テーブル。

接尾辞"子"は実質的な意味を失っているが、次に挙げた語の"子"は実質的な意味を持っていて、本来の声調で"zi"と発音される。このことは"子"が原義を持っているかどうかを考えてみれば比較的容易に見分けることができる。

弟子 dìzǐ 名 弟子。
电子 diànzǐ 名 電子。
独生子 dúshēngzǐ 名 一人息子。
瓜子 guāzǐ 名 スイカやカボチャの種を炒った食品。
君子 jūnzǐ 名 君子。
男子 nánzǐ 名 男子。
女子 nǚzǐ 名 女子。
鱼子 yúzǐ 名 魚の卵。

接尾辞"头"を含む次のような名詞もしばしば絶対的軽声語であると言われる。意味は順に「木」「舌」「石」「枕」である。

木头 mù·tou	舌头 shé·tou
石头 shí·tou	枕头 zhěn·tou

上に挙げた"头"は名詞の接尾辞であるが，"头"には動詞や形容詞の後ろに付き抽象的な概念を表す用法もある^(注1)。次に挙げた語の意味は「考え，意図」「甘味，うまい味」である。

念头 niàn·tou	甜头 tián·tou

接尾辞"头"は次の方位詞にも用いられる。意味は順に「上」「下」「前」「後」「中」「外」である。

上头 shàng·tou	下头 xià·tou
前头 qián·tou	后头 hòu·tou
里头 lǐ·tou	外头 wài·tou

しかし，次の語は非軽声語である。軽声の"头"と非軽声の"头"を見分けるのは，"子"の場合ほど容易ではない。

街头 jiētóu 名 街頭。街。
劲头 jìntóu 名 ①力。②意気込み。③様子。ふり。
镜头 jìngtóu 名 ①レンズ。②（写真の）ショット。③（映画撮影の）カット。
眉头 méitóu 名 眉間。
手头 shǒutóu 名 ①手もと。②懐具合。
心头 xīntóu 名 心の中。
窝头 wōtóu 名 食品の一種。トウモロコシ粉などで作る。
钟头 zhōngtóu 名 （60分間としての）時間。

接尾辞"头"を含む名詞も多い。以下に使用頻度が高いものをいくつか挙げる。任意的軽声の"头"を含むものも若干あり，接尾辞かどうかの判断に悩むものもあるが，ほとんどは絶対的

軽声語である。また,「アル化」するものもある[注2]。意味の前に添えた〈方言〉は方言語彙であることや方言の用法であるを示す。

接尾辞"头"を含む名詞と方位詞は「中国語 常用軽声語辞典」に一切収録しなかった。

熬头儿 áo·tour 名 辛抱のしがい。

奔头儿 bèn·tour 名 (将来に対する) 希望。やりがい。

对头 duì·tou 名 ①かたき。②相手。ライバル。

风头 fēng·tou 名 ①情勢。風当たり。②出しゃばること。

斧头 fǔ·tóu 名 斧。

跟头 gēn·tou 名 もんどり。とんぼ返り。

骨头 gǔ·tou 名 ①骨。②人柄。気骨。③〈方言〉(言葉の)とげ。

罐头 guàn·tou 名 缶詰め。

苦头 kǔ·tóu 名 ①少し苦い味。苦味。②苦しみ。苦難。

浪头 làng·tou 名 ①波。②潮流や時流。

码头 mǎ·tóu 名 波止場。埠頭。港。

馒头 mán·tou 名 マントー。小麦粉で作った蒸しパン。

苗头 miáo·tou 名 兆し。兆候。

盼头 pàn·tou 名 望み。(実現可能な) 見込み。

拳头 quán·tóu 名 握りこぶし。

饶头 ráo·tou 名 (買い物をする時の) おまけ。

日头 rì·tou 名 〈方言〉太陽。日。

说头儿 shuō·tour 名 ①話すべき点。②言い分。言い訳。

想头 xiǎng·tou 名 ①考え。つもり。②望み。見込み。

兴头 xìng·tou 名 興。夢中になること。

丫头 yā·tou 名 ①女の子。②下女。

由头 yóu·tou 名 口実。

芋头 yù·tou 名 サトイモ。

找头 zhǎo·tou 名 つり銭。

兆头 zhào·tou 名 兆し。前兆。

指头 zhī·tou 名 (手足の) 指。

砖头 zhuān·tou 名 〈方言〉れんが。
赚头 zhuàn·tou 名 儲け。利益。
准头 zhǔn·tou 名 （射撃の腕や話し方の）確かさ。

主に人の複数を表す接尾辞"们"を含む語は，すべて絶対的軽声語である。接尾辞"们"を含む語には次のものがある。意味は順に「私たち」「(話し相手を含んだ) 私たち」「あなたたち」「彼ら」「彼女ら」「それら」「人々」である。最後の"人们"だけが名詞で，その他はすべて代詞である。また，やや特殊な語で"哥们儿 gē·menr"「兄弟たち」や"姐们儿 jiě·menr"「姉妹たち」などもあるが，接尾辞"们"を含む語は「中国語 常用軽声語辞典」に一切収録しなかった。

我们 wǒ·men　　**咱们** zán·men
你们 nǐ·men　　**他们** tā·men
她们 tā·men　　**它们** tā·men
人们 rén·men

接尾辞"么"を含む語には次のものがあるが，すべて絶対的軽声語である。さらに，例えば"这么"を含む語に"这么点儿 zhè·mediǎnr""这么些 zhè·mexiē""这么样 zhè·meyàng""这么着 zhè·me·zhe"などがある (注3)。接尾辞"么"を含む語は「中国語 常用軽声語辞典」に一切収録しなかった。

这么 zhè·me 代 こんなに。
那么 nà·me 代 そんなに。あんなに。接 それでは。
怎么 zěn·me 代 ①どのように。②なぜ。
多么 duō·me 副 ①どのくらい。②何と。
什么 shén·me 代 何。どんな。
要么 yào·me 接 あるいは。

　(注1) 接尾辞"头"には，動詞の後ろに付き「…する値打ち」という

意味を表す用法もある。例えば"看头 kàn·tou""吃头 chī·tou"はそれぞれ「見る価値，見ごたえ」「食べる価値」という意味である。

(注2)「アル化語」にも絶対的なものと任意的なものがある。ここに挙げた"熬头儿""奔头儿""说头儿"は「絶対的アル化語」である。また，"苦头""盼头""想头""由头""找头""准头"はアル化してもアル化しなくてもよい語で，「任意的アル化語」である。筆者は「アル化語」も軽声語と同様，「普通話」において減少傾向にあると感じている。

(注3)"这么点儿"は「これっぽっち」，"这么些"は「これら（の）」，"这么样"は「このようだ」，"这么着"は「このようにする」という意味である。その他，"那"で始まる絶対的軽声語に"那么点儿""那么些""那么样""那么着"が，"怎"で始まる絶対的軽声語に"怎么样""怎么着"がある。

4. 重ね型の名詞

重ね型の名詞には家族や親族を表すものが多く，それらは後ろの音節を絶対的軽声で発音する。次の語は，中国語の初級テキストに登場する基本的なものである。

爸爸 bà·ba 名 父。お父さん。

妈妈 mā·ma 名 母。お母さん。

哥哥 gē·ge 名 兄。お兄さん。

姐姐 jiě·jie 名 姉。お姉さん。

弟弟 dì·di 名 弟。

妹妹 mèi·mei 名 妹。

爷爷 yé·ye 名 ①（父方の）祖父。②年をとった男性に対する呼称。

奶奶 nǎi·nai 名 ①（父方の）祖母。②年をとった女性に対する呼称。

次の語の中には必ずしも親族を表さないものもあるが，やはり絶対的軽声語である。

宝宝 bǎo·bao 名 子どもに対する愛称。
伯伯 bó·bo 名 父の兄。おじさん。
爹爹 diē·die 名 〈方言〉父。お父さん。
公公 gōng·gong 名 夫の父。しゅうと。
姑姑 gū·gu 名 父の姉妹。おばさん。
舅舅 jiù·jiu 名 母の男兄弟。おじさん。
姥姥 lǎo·lao 名 外祖母。
娘娘 niáng·niang 名 ①皇后。または，王妃。②神話中の女神。
婆婆 pó·po 名 夫の母。しゅうとめ。
嫂嫂 sǎo·sao 名 〈方言〉兄嫁。
婶婶 shěn·shen 名 父の弟の妻。おばさん。
叔叔 shū·shu 名 ①父の弟。おじさん。②父と同世代の男性に対する呼称。
太太 tài·tai 名 奥様。他人または自分の妻に対する呼称。
娃娃 wá·wa 名 ①小さな子ども。赤ちゃん。②人形。

次の語は親族とまったく関係がないが，絶対的軽声語である。どちらも「アル化」している。

混混儿 hùn·hunr 名 〈方言〉ごろつき。チンピラ。
头头儿 tóu·tour 名 ボス。親分。

次の語は人を表さないが，絶対的軽声語である^(注)。「アル化」するものもある。

蝈蝈儿 guō·guor 名 キリギリス。
蛐蛐儿 qū·qur 名 〈方言〉コオロギ。
星星 xīng·xing 名 星。
猩猩 xīng·xing 名 オランウータン。
蛛蛛 zhū·zhu 名 クモ。

次の語も絶対的軽声語である。「アル化」するものもある。

道道儿 dào·daor **名** ①やり方。考え。②(物事の)こつ。要領。
杠杠 gàng·gang **名** ①傍線。アンダーライン。②一定の基準。
框框 kuàng·kuang **名** ①（物の周りの）枠。②古いやり方。
　　既成の枠。
套套 tào·tao **名** 〈方言〉方法。

また，次のような絶対的軽声語もある。

毛毛虫 máo·maochóng **名** 毛虫。
毛毛雨 máo·maoyǔ **名** 小ぬか雨。霧雨。
泡泡糖 pào·paotáng **名** 風船ガム。
碰碰车 pèng·pengchē **名** 遊園地でぶつけ合って遊ぶゴーカート。

絶対的軽声の重ね型の名詞は「中国語 常用軽声語辞典」に一切収録しなかった。

　（注）"**大猩猩** dàxīng·xing"「ゴリラ」，"**黑猩猩** hēixīng·xing"「チンパンジー」という語もある。

5. 方位詞

接尾辞"头"を含む絶対的軽声の方位詞"上头""下头""前头""后头""里头""外头"はすでに 3 に挙げたが，方位詞には"～边""～面"という形を取るものもある。

方位詞"～边"は，方位詞"～头"より数が多い。「上」「下」「前」「後」「中」「外」のほかに，「東」「南」「西」「北」「左」「右」「傍ら，横」を表すものがあるからである。このうち最後に挙げた「傍ら，横」を表す"旁边"だけが非軽声語で，その他はすべて絶対的軽声語である。

"旁边"以外の方位詞"～边"も非軽声での発音を聞くことがあるが，一般にこれらは絶対的軽声語と考えてよい。これらも「中国語 常用軽声語辞典」には収録しなかった。

上边 shàng·bian		下边 xià·bian	
前边 qián·bian		后边 hòu·bian	
里边 lǐ·bian		外边 wài·bian	
东边 dōng·bian		南边 nán·bian	
西边 xī·bian		北边 běi·bian	
左边 zuǒ·bian		右边 yòu·bian	
旁边 pángbiān			

　方位詞には"～面"の形を取るものもある。方位詞"～面"には「傍ら，横」を表すものが存在しない。1で『現代漢語詞典』における軽声語の改訂について述べた時には取り上げなかったが，実は『現代漢語詞典』第5版で初めて方位詞"～面"がすべて次のような任意的軽声語に改訂された。それ以前は"里面""左面""右面"が非軽声語で，その他の"上面""下面"などは絶対的軽声語であった^(注1)。

上面 shàng·miàn		下面 xià·miàn	
前面 qián·miàn		后面 hòu·miàn	
里面 lǐ·miàn		外面 wài·miàn	
东面 dōng·miàn		南面 nán·miàn	
西面 xī·miàn		北面 běi·miàn	
左面 zuǒ·miàn		右面 yòu·miàn	

　しかし，『現代漢語詞典』第6版ではこれらがすべて次のような非軽声語に改訂された。学習者はすべて非軽声語としての発音を覚え，場合によっては軽く発音することもあると覚えるのがよい。

上面 shàngmiàn		下面 xiàmiàn	
前面 qiánmiàn		后面 hòumiàn	
里面 lǐmiàn		外面 wàimiàn	
东面 dōngmiàn		南面 nánmiàn	

西面 xīmiàn　　　　北面 běimiàn
左面 zuǒmiàn　　　右面 yòumiàn

　方位詞 "～边" "～面" "～头" の "～" の部分は，それだけでも方位詞として使われることがあり，それらは名詞の後ろに置かれる。そのうち，"山上" などの "上" と "家里" などの "里" は軽く発音することがある。

　また，『現代漢語詞典』には方位詞 "上" と "里" を含む語として次のようなものが収録されている。

基本上 jīběn·shàng 副 ①主として。②基本的に。大体。
路上 lù·shang 名 ①路上。②道中。途中。
身上 shēn·shang 名 ①体。身体。②身。手もと。
实际上 shíjì·shàng 副 実際には。
暗地里 àndì·lǐ 名 暗中。
背地里 bèidì·lǐ 名 背後（で）。
哪里 nǎ·lǐ 代 どこ。
那里 nà·lǐ 代 そこ。あそこ。
心里 xīn·lǐ 名 ①胸の中。②心の中。頭の中。
夜里 yè·lǐ 名 夜。
这里 zhè·lǐ 代 ここ。

　"这里" "那里" "哪里" は中国語学習の早い段階で登場する重要な代詞であるが，すべて任意的軽声語になっている。実は，この3つは『現代漢語詞典』第5版で任意的軽声語に改訂されたものである。それ以前は "这里" が非軽声語 "zhèlǐ" で，"那里" "哪里" は絶対的軽声語 "nà·li" "nǎ·li" であった。

　中国語のテキストなどで，"这里" だけを非軽声語として提示することは学習者に無用な混乱を引き起こす。日本で発行されている中国語のテキストでは，この3つをすべて絶対的軽声語として提示するものが多いようである。テキストの軽声語のピンイン表記で軽声を表す "·" を使うことはないので，"这里"

"那里""哪里"はそれぞれ"zhèli""nàli""nǎli"と示されることになる。

ところで、"哪里 nǎli"の実際の発音は"náli"である。これは"里"が"li"という第3声としての力を失っておらず、直前の第3声を第2声に変調させるからである。『現代漢語詞典』で"这里""那里""哪里"がすべて任意的軽声語に改訂されたことは、場合によっては、ピンイン表記を"zhèli""nàli""nǎli"と示してもかまわなくなったと考えることができる。"哪里"を"nǎli"と示せば、学習者は第3声の連続による変調だけに注意を払えばよくなる。

上に挙げた語は「中国語 常用軽声語辞典」に収録しなかったが、用例のピンインでは絶対的軽声語の"路上""身上"以外はすべて非軽声で示した。

また、"山上"などの"上"と"家里"などの"里"のピンイン表記としては、それぞれ次の2通りが考えられるが、「中国語 常用軽声語辞典」の用例のピンインでは左側の非軽声のものを用いた。名詞の後ろに置かれる方位詞"上"と"里"は軽く発音することもあるが、強く発音しても不自然ではなく、やはり任意的軽声と考えられるからである[注2]。

山上	shān shàng	shān shang
桌子上	zhuōzi shàng	zhuōzi shang
家里	jiā lǐ	jiā li
手里	shǒu lǐ	shǒu li

中国語のテキストでは方位詞"里"を軽声の"li"で示すものが多いようであるが、そうすると"手里"のピンインは上の右側の"shǒu li"で示されることになる。しかし、"shǒu li"の実際の発音は"shóu li"である。"哪里"の場合と同様、"里"が"li"という第3声としての力を失っておらず、直前の第3声を第2声に変調させるからである。"手里"のピンインを"shǒu li"と示せば、"哪里"の場合と同様に、学習者は第3声の連続

による変調だけに注意を払えばよくなる。

> （注1）厳密に言うと，『現代漢語詞典』第2版に非軽声語として"南面 nánmiàn"は収録されていたが，"东面""西面""北面"は収録されていなかった。1989年発行の《现代汉语词典补编》では非軽声語として"东面 dōngmiàn"が収録された。その後，第5版ではじめてここに挙げたすべてが任意的軽声語として収録された。なお，方位詞"～边"については，"北边"だけが第3版まで非軽声語"běibiān"であった。
>
> （注2）『現代漢語詞典』では方位詞"上""里"のピンイン表記を絶対的軽声の"·shang""·li"で示しているが，「中国語 常用軽声語辞典」の用例のピンイン表記ではそれを採用しなかった。後述の『漢語拼音正詞法基本規則』では，"上"を非軽声で，"里"を絶対的軽声で示しているが，どちらかに統一したほうが学習者に親切である。

6. 量詞"个"

　量詞"个"は，本来の第4声"gè"ではなくしばしば軽声で"ge"と発音される。日本で発行されている中国語のテキストでは，量詞"个"を軽声でピンイン表記するものが多い。

　また，"一个"はしばしば"yí ge"とピンイン表記される。例外を除いて，"一"は後ろに第1声または第2声または第3声が続くと第4声"yì"に変調し，後ろに第4声が続くと第2声"yí"に変調する。"个"は本来第4声"gè"であるため，直前の"一"を第2声に変調させ，その結果"一个"は"yí ge"と発音される。"个"はこのように第4声としての力を残しているので，任意的軽声語と考えることもできる。しかし，量詞"个"はよほどゆっくり発音しないかぎり本来の第4声が現れることはない。

　絶対的軽声の"个"を含む語には次のようなものがあるが，このうち"这个""那个""哪个"は中国語学習の早い段階で登場する重要な代詞である。これらの語は「中国語 常用軽声語辞典」に収録しなかったが，用例のピンインではすべてこの通りの絶対的軽声で示した。

这个 zhè·ge 代 これ。この。
那个 nà·ge 代 それ。あれ。その。あの。
哪个 nǎ·ge 代 どれ。どの。
些个 xiē·ge 量 いくらか。少し。
一个劲儿 yí·gejìnr 副 しきりに。ひたすら。

　また，量詞"个"自体も「中国語 常用軽声語辞典」に収録しなかったが，用例のピンインではすべて絶対的軽声で示した。学習者はピンインの"ge"を見たら，"个"であると考えればいい。この表記法は日本の中国語教育で広く行われているものでもある^(注)。

> （注）『現代漢語詞典』では量詞"个"のピンイン表記を本来の声調の"gè"で示しているが，「中国語 常用軽声語辞典」の用例のピンイン表記ではそれを採用しなかった。後述の『漢語拼音正詞法基本規則』でも量詞"个"のピンイン表記を本来の声調の"gè"で示しているが，絶対的軽声"ge"で示すほうが学習者に親切であると思われる。"个"には"笑个不停""说个没完没了"のように補語としての用法もあるが，その場合のピンインも絶対的軽声"ge"で示すのがよい。また，本書では"一个"のように"一"が変調する場合，ピンインは変調後の声調で示した。

7. 方向動詞

　次の3種類の動詞には，方向動詞としての用法がある。

(1) "来""去"
(2) "上""下""进""出""回""过""起""开"
(3) "上来""上去""下来""下去""进来""进去""出来""出去""回来""回去""过来""过去""起来"

　方向動詞は別の動詞の後ろに付いて方向補語となることがあり，方向補語の部分は一般に軽声で発音すると言われる。しかし，実際には強く発音することもある^(注1)。

『現代漢語詞典』では (1) の "来" "去" のピンインを次の 2 通りに示している。

来	lái	·lái
去	qù	·qù

左側のピンインは非軽声になっているが,これは本来の動詞としてのピンイン表記である。右側のピンインは任意的軽声になっているが,これは方向補語として使われた場合のピンイン表記である。

例えば,"拿来""拿去""走来""走去"は動詞"拿""走"の後ろに方向補語"来""去"が付いたものであるが,中国語のテキストにおいてこれらをピンイン表記する場合,軽声を表す"·"を使うことはないので,次の 2 通りのうちどちらかのピンイン表記で示されることになる。

拿来	nálái	nálai
拿去	náqù	náqu
走来	zǒulái	zǒulai
走去	zǒuqù	zǒuqu

方向補語の部分をある例では軽声で,ある例では非軽声で示すことは学習者に対して不親切である。すべて軽声で表記するか,あるいはすべて本来の声調で表記して統一するのがよい。

(2) の動詞についても,『現代漢語詞典』では次の 2 通りのピンインを示している。

上	shàng	·shàng
下	xià	·xià
进	jìn	·jìn
出	chū	·chū

回	huí	·huí
过	guò	·guò
起	qǐ	·qǐ
开	kāi	·kāi

　左側は本来の動詞としてのピンイン表記で，非軽声になっている。右側は方向補語として使われた場合のピンイン表記で，任意的軽声になっている。(2)の動詞が方向補語として使われた場合は，(1)の方向補語"来""去"よりもさらに強く発音されるようである。

　次に挙げるものは，上の方向補語を含む例についての2通りのピンイン表記である。

爬上	páshàng	páshang
坐下	zuòxià	zuòxia
买进	mǎijìn	mǎijin
卖出	màichū	màichu
取回	qǔhuí	qǔhui
走过	zǒuguò	zǒuguo
提起	tíqǐ	tíqi
拉开	lākāi	lākai

　上に挙げた例の方向補語の部分は絶対的軽声で発音するとやや不自然なものもあるが，逆に強く発音したからといって極めて不自然な発音になるわけではない。
　(1)(2)が方向補語として使われた場合のピンイン表記は，すべて左側のものがよいと思われる。「中国語 常用軽声語辞典」の用例では，方向補語のピンイン表記はすべて本来の声調で示した。

　(3)に挙げたものは，(2)の後ろに(1)が付いたものである。『現代漢語詞典』では(3)の動詞についても次の2通りの

ピンインを示している[注2]。やはり左側が本来の動詞としてのピンイン表記で，右側が方向補語として使われた場合のピンイン表記である。(1)(2) のように 1 音節の動詞が補語になったものを単純方向補語と呼び，(3) のように 2 音節の動詞が補語になったものを複合方向補語と呼ぶことがある。

上来	shàng·lái	·shàng·lái
上去	shàng·qù	·shàng·qù
下来	xià·lái	·xià·lái
下去	xià·qù	·xià·qù
进来	jìn·lái	·jìn·lái
进去	jìn·qù	·jìn·qù
出来	chū·lái	·chū·lái
出去	chū·qù	·chū·qù
回来	huí·lái	·huí·lái
回去	huí·qù	·huí·qù
过来	guò·lái	·guò·lái
过去	guò·qù	·guò·qù
起来	qǐ·lái	·qǐ·lái

次に挙げるものは，上の複合方向補語を含む例の，考えられる 3 通りのピンイン表記である[注3]。

跑上来	pǎo shànglái	pǎo shànglai	pǎo shanglai
拿回来	ná huílái	ná huílai	ná huilai
走过来	zǒu guòlái	zǒu guòlai	zǒu guolai
唱起来	chàng qǐlái	chàng qǐlai	chàng qilai

複合方向補語のピンイン表記を軽声・非軽声のどちらで示すかは，中国語のテキストを作成する際に非常に頭を悩ませられる問題である。しかし，方向補語は強く発音しても極めて不自然なものになるわけではないので，すべて本来の声調で示して

もかまわないと考えれば，問題は即座に解決する。「中国語 常用軽声語辞典」の用例では，複合方向補語のピンイン表記もすべて本来の声調で示した。

例えば，"想起来"は2通りの意味を持つ。1つは「思い出す」という意味で，その場合は，「思う」という意味の動詞"想"の後ろに複合方向補語"起来"が付いたものである。もう1つの意味は「起きたいと思う」という意味で，その場合は，「…したいと思う」という意味の動詞"想"が，「起きる」という意味の動詞"起来"を目的語として取ったものである。前者の意味の場合のピンイン表記を"xiǎng qilai"とし，後者の意味の場合のピンイン表記を"xiǎng qǐlai"とすれば，両者の意味の違いを異なるピンイン表記で表すことができるとも言える。ピンイン表記がこのように有効に作用する場合も確かにあるが，もともとの漢字表記"想起来"自体が2通りの意味を持っているのである。どちらの場合も"xiǎng qǐlái"とピンイン表記し，漢字表記を用いた時と同様に意味は文脈から判断するとしても問題はない。

方向動詞は「中国語 常用軽声語辞典」に一切収録しなかった。また，これまで述べてきたように用例に登場する方向補語のピンインはすべて本来の声調で示した(注4)。

(注1)《现代汉语八百词（增订本）》〈现代汉语语法要点〉"动趋式的轻重音"に方向補語の発音について「"进""出""回"は文末に置かれた時は強く発音する」「"起"はあまり文末に置かれないが，文末に置かれた時は強く発音する」「"过""开"は強く発音する」という記述がある。『現代漢語詞典』第6版の凡例3.7には「"起来"の"来"は軽声で発音するが，"起得来""起不来"においては"来"を強く発音する。"拿起来"のように方向補語として用いられた場合は"起来"の2つの字をともに軽声で発音するが，中間に"得""不"を挿入した"拿得起来""拿不起来"においては"起来"の2つの字をともに強く発音する。さらに，"起来"の中間に目的語を加えた"拿得起枪来""拿不起枪来"においては，"起"は強く発音し，"来"は軽声で発音する。"上来""上去""下来""下去""出来""出去"などでも同様である」という記述が

ある。また,《现代汉语语音答问》には方位詞や方向動詞の発音について「この種の語はこれまでずっと規則的な軽声語と見なされてきたが,近年ますます自由なものに変わり,ますます複雑になっている」という記述がある。

(注2) "起去"は存在しない。また,方向補語としての"开来""开去"は挙げなかったが,ピンイン表記に関してはすべて本来の声調で示せばよい。

(注3) 本書では後述の『漢語拼音正詞法基本規則』に従って,「動詞と2音節の補語」を2つの部分に「分かち書き」する。『漢語拼音正詞法基本規則』では,「1音節の動詞と1音節の補語」の場合のみ「続け書き」し,その他の場合は「分かち書き」するとしている。その他の場合には,「1音節の動詞と2音節の補語」「2音節の動詞と1音節の補語」「2音節の動詞と2音節の補語」の場合がある。本書でもそれに従う。

(注4)《新华拼写词典》でも同様のピンイン表記を用いている。

8. "ＡＡＢＢ"型フレーズ

形容詞 "漂亮" piào·liang "清楚" qīng·chu などは,"漂漂亮亮" "清清楚楚" のように重ねて "ＡＡＢＢ" の形式を作ることができる。このような "ＡＡＢＢ" 型フレーズは,一般に第2音節の "Ａ" を軽く発音すると言われる。

"ＡＡＢＢ" 型フレーズは多くの形容詞などから作られ意味も類推しやすいため,すべてが辞典に収録されるわけではない。辞典に収録されるものは "ＡＢ" に戻せないものや解釈の必要なものに限られる。『現代漢語詞典』第6版に収録されている "ＡＡＢＢ" 型フレーズのピンイン表記では,第2音節の "Ａ" を本来の声調で示すものと軽声で示すものがある。

まず,第2音節の "Ａ" を本来の声調で示すものをいくつか挙げる。これらはフレーズであると思われるが,『現代漢語詞典』第6版に従って品詞名と簡単な意味を記す(注1)。

吃吃喝喝 chīchīhēhē 動 飲み食いする。

纷纷扬扬 fēnfēnyángyáng 形 (雪・花・葉などが) 舞い散る

さま。
风风火火 fēngfēnghuǒhuǒ 形 ①慌てふためくさま。②活発で力強い。
轰轰烈烈 hōnghōnglièliè 形 気迫に満ち勢いがすさまじい。
花花绿绿 huāhuālǜlǜ 形 色鮮やかだ。
家家户户 jiājiāhùhù 名 どの家も。
哭哭啼啼 kūkūtítí 形 泣き続けるさま。
满满当当 mǎnmǎndāngdāng 形 満ちあふれている。
跑跑颠颠 pǎopǎodiāndiān 形 忙しく駆けずり回るさま。
曲曲弯弯 qūqūwānwān 形 曲がりくねっている。
松松垮垮 sōngsōngkuǎkuǎ 形 ①緩んでいる。②だらけている。
堂堂正正 tángtángzhèngzhèng 形 ①公明正大だ。②威風堂々としている。
歪歪扭扭 wāiwāiniǔniǔ 形 ゆがんでいる。
战战兢兢 zhànzhànjīngjīng 形 ①びくびくしている。②注意深く慎重だ。

次に『現代漢語詞典』で第2音節の"A"を軽声で示すものをいくつか挙げる。

病病歪歪 bìng·bingwāiwāi 形 病気でふらふらしている。
大大咧咧 dà·dalièliē 形 いいかげんで気ままだ。
鼓鼓囊囊 gǔ·gunāngnāng 形 （包みが）膨れ上がっている。
叽叽喳喳 jī·jizhāzhā 擬声 小鳥が鳴く声を表す。
急急巴巴 jí·jibābā 形 慌ただしい。
磕磕绊绊 kē·kebànbàn 形 歩きにくい。（物事が）順調に進まない。
哩哩啦啦 lī·liláā 形 ばらばらだ。断続的だ。
骂骂咧咧 mà·malièliē 形 罵りながら話すさま。
慢慢腾腾 màn·mantēngtēng 形 ゆっくりしている。のろのろしている。
密密层层 mì·micéngcéng 形 幾重にも重なっている。

婆婆妈妈 pó·pomāmā 形 ぐずぐずしている。言葉がくどい。
稀稀拉拉 xī·xilālā 形 まばらだ。

　以上のような第2音節の"A"を軽声で示す"ＡＡＢＢ"型フレーズは,「中国語 常用軽声語辞典」に一切収録しなかった。
　"漂亮""清楚"はどちらも絶対的軽声語で,使用頻度が非常に高いものであるから当然「中国語 常用軽声語辞典」に収録した。また,"漂亮""清楚"から作られる"漂漂亮亮""清清楚楚"のような"ＡＡＢＢ"型フレーズは,「中国語 常用軽声語辞典」の用例でできるだけ取り上げるようにした。このようなフレーズは多くの形容詞などから作られるため,一般に辞典に収録されないが,第2音節"Ａ"のピンイン表記については次の2通りが考えられる。なお,"漂亮""清楚"のような軽声語が"ＡＡＢＢ"型フレーズになった場合,"ＢＢ"の部分は軽声ではなく本来の声調で強く発音される[注2]。

　漂漂亮亮　piàopiàoliàngliàng　　piàopiaoliàngliàng
　清清楚楚　qīngqīngchǔchǔ　　　qīngqingchǔchǔ

　これらの第2音節は強く発音しても不自然ではなく,規範的な「普通話」ではむしろそのように発音したほうがいい。「中国語 常用軽声語辞典」の用例に登場する"ＡＡＢＢ"型のフレーズは,若干の例外[注3]を除き,すべての音節を本来の声調でピンイン表記した。
　また,"ＡＡＢＢ"型フレーズに似たものとして,"糊里糊涂húlihútú"「わけが分からない,めちゃくちゃだ」や"土里土气tǔlitǔqì"「野暮ったい」のような"Ａ里ＡＢ"型フレーズがある。「中国語 常用軽声語辞典」の用例に登場する方位詞の"里"は非軽声"lǐ"でピンイン表記したと5で述べたが,「中国語 常用軽声語辞典」の用例に登場する"Ａ里ＡＢ"型フレーズの"里"は絶対的軽声"li"でピンイン表記した。この"里"は第3声としての力をほとんど失っているし,また絶対的軽声"li"で

ピンイン表記するほうが"Ａ里ＡＢ"型フレーズであることに
気付きやすいと考えたからである。

> （注1）"吃吃喝喝""哭哭啼啼""松松垮垮"の第2音節は,『現代漢語詞典』第5版までは任意的軽声または絶対的軽声であったが,第6版で非軽声に改訂された。ただし,第2版に"吃吃喝喝""松松垮垮"は収録されていなかった。
> （注2）《实用现代汉语语法（增订本）》に"ＡＡＢＢ"型フレーズの発音について「口語では,第2音節は軽声で発音する。第3音節は第1声で発音し,第4音節も第1声で,アル化してなおかつ強く発音する。例えば"漂漂亮亮儿 piàopiaoliāngliāngr"。公式の場面では第1音節は強く,第2音節は軽声で発音する。第3・4音節は普通に発音する。例えば"漂漂亮亮 piàopiaoliàngliàng"」という記述がある。《现代汉语八百词（增订本）》の巻末にある〈形容词生动形式表〉にも同様の記述がある。また,《新华正音词典》には"清清楚楚"の発音について「"qīngqīngchǔchǔ"と発音するが,口語では"qīngqingchūchū"と発音してもよい」とある。
> （注3）"别别扭扭 bièbièniūniū""规规矩矩 guīguījūjū""马马虎虎 mǎmāhūhū""暖暖和和 nuǎnnuānhuōhuō"などのピンイン表記のように,第3・4音節を第1声で示したものもある。意味は「中国語 常用軽声語辞典」の【别扭】【规矩】【马虎】【暖和】を参照のこと。第2音節はすべて本来の声調で示したが,第3・4音節を第1声で発音するものの多くは,第2音節を軽く発音する傾向にあるようである。

9.「動詞の重ね型」と「重ね型の動詞」

1音節の動詞,例えば"看"を重ねて"看看"とすると「ちょっと見る,見てみる」という意味を表し,この場合,後ろの"看"は一般に軽声で発音される。「中国語 常用軽声語辞典」の用例に登場するこのような「動詞の重ね型」については,中国語教育で一般に行われているように"kànkan"とピンイン表記した。

"想想"「ちょっと考える,考えてみる」のピンイン表記も"xiǎngxiang"とするが,実際の発音は"xiángxiang"となる。後ろの"想"が第3声としての力を失っておらず,直前の第3

声を第2声に変調させるからである。"等等 děngdeng"「ちょっと待つ」や"洗洗 xǐxi"「ちょっと洗う」においても同様である。

2音節の動詞、例えば"打扮"を重ねた場合も後ろの部分は少し軽く発音されるが、「中国語 常用軽声語辞典」の用例に登場するものに関しては、"dǎban dǎban"のように2つの部分に「分かち書き」し、後ろの部分を本来の声調で示した。"dǎbandaban"という「続け書き」の表記は一見して理解しにくいと考えたからである[注]。

"看看" "打扮打扮"などの「動詞の重ね型」は、2語からなるフレーズである。

"看看"のように1音節の動詞を重ねたものは、中間に"一"を加えて"看一看"と言うことができ、"一"も少し軽く発音される。"看一看"のピンイン表記に関しては次のようなものが考えられるが、一番左側のピンイン表記が適当であると考える。"看一看"は3語からなるフレーズであるから、ピンインはすべて「分かち書き」する。また、丁寧にゆっくり発音すればすべて本来の声調が現れるはずである。

看一看　　kàn yí kàn　　　　kàn yi kàn　　　　kàn yi kan

ところで、"谢谢"は動詞"谢"を2つ重ねたフレーズではなく、これで1語の動詞である。このような動詞を「重ね型の動詞」と呼ぶことにする。"爸爸" "星星"のような重ね型の名詞については4で挙げたが、これらももちろん1語である。

"看看" "打扮打扮"などの「動詞の重ね型」はフレーズなので一般に辞典に収録されることはないが、"谢谢"は1語の動詞なので辞典に収録される。

"谢谢"のように後ろの音節を絶対的軽声で発音する動詞で、『現代漢語詞典』に収録されているものには次のようなものがある。これらは「中国語 常用軽声語辞典」に収録しなかった。

喳喳 chā·cha 動 ひそひそ話す。
吵吵 chāo·chao 動 〈方言〉口々に騒ぐ。
叨叨 dāo·dao 動 くどくど言う。
咧咧 liē·lie 動 〈方言〉でたらめを言う。しゃべりまくる。
嚷嚷 rāng·rang 動 ①大声で騒ぐ。②言い触らす。
谢谢 xiè·xie 動 感謝する。ありがとう。

動詞以外の重ね型の語には次のようなものがある。これらもやはり後ろの音節を絶対的軽声で発音する。"乖乖"は重ね型の感嘆詞、"痒痒"は重ね型の形容詞である。"痒痒"は後ろの"痒"が第3声としての力を失っているため、"第3声＋軽声"で発音される。これらは「中国語 常用軽声語辞典」に収録しなかった。

乖乖 guāi·guai 感 驚きや称賛を表す。何とまあ。
痒痒 yǎng·yang 形 ①かゆい。②もどかしい。うずうずする。

（注）後述の『漢語拼音正詞法基本規則』でも、2音節の動詞の重ね型は2つの部分に「分かち書き」している。《新华拼写词典》でも同様のピンイン表記を用いている。

10. その他の軽声

肯定形と否定形を重ねた"好不好""是不是"などの否定形の部分、または中間の"不"を軽声であると言う場合がある。これは語彙としての軽声ではなく、文法的軽声と言うことができる。

9で挙げた"看看"などの「動詞の重ね型」で後ろの部分が軽声で発音されることや、7で挙げた方向補語が軽く発音されることなども文法的軽声である。

"好不好""是不是"などについて、中国語のテキストでは次のようなピンイン表記のいずれかが用いられている。

好不好	hǎo bù hǎo	hǎo bu hǎo	hǎo bu hao
是不是	shì bú shì	shì bu shì	shì bu shi

「中国語 常用軽声語辞典」の用例に登場するものに関しては，一番左側のピンイン表記を用いた。すべての声調をはっきり示すほうが学習者に親切だと考えたからである。また，丁寧にゆっくり発音すればすべて本来の声調が現れるはずである[注1]。

また，目的語として動詞の後ろに置かれた人称代詞は軽声であると言う場合がある。これも文法的軽声である。

例えば，"去叫他"は「彼を呼びに行く」という意味で，この"他"はやや軽く発音される。しかし，"他"が対比の意味を含む場合や，"他"に意味上の重点が置かれる場合には強く発音される。

"去叫他"は"叫他去"としても同様の意味を表せるが，"叫他去"自体は「彼を呼びに行く」という意味と「彼に行かせる」という2通りの意味を持つ。前者の意味の場合，"他"は一般にやや軽く発音されるが，後者の意味の場合は"他"に意味上の重点があるため，"他"は強く発音される。前者の意味の場合のピンイン表記を"jiào ta qù"として，後者の意味の場合のピンイン表記を"jiào tā qù"とすれば，両者の意味の違いを異なるピンイン表記で表すことができるとも言える。しかし，もともとの漢字表記"叫他去"自体が2通りの意味を持っているのである。ピンインは単なる発音記号ではないとの考えに立ち，どちらの意味の場合も"jiào tā qù"と表記するのがよいと考える[注2]。

(注1)《新华拼写词典》でも同様のピンイン表記を用いている。また，本書では"不是"のように"不"が変調する場合，ピンインは変調後の声調で示した。

(注2)《语法讲义》"第十二章"に「彼を呼びに行く」という意味の"叫他去"の"去"について「後ろに置いて目的を表す"去"は軽声

で発音する」という記述がある。目的語の人称代詞"他"を軽声であると考え、さらにこのような"去"を軽声であると考えて、そのことをピンイン表記に反映させようとすると"jiào ta qu"と示すことになるが、この表記は学習者に非常に不親切である。ピンイン表記は単なる発音記号ではなく、漢字表記と等価のものであると考えるべきである。

11. 最後に「規範化」について

例えば「私は2度中国に行ったことがある。」という意味を表す中国語を漢字とピンインで表すと次の2通りになる。

（A）我去过两次中国。
（B）Wǒ qùguo liǎng cì Zhōngguó.

我々はピンインを漢字の発音記号であると思いがちである。確かにピンインは我々外国人が中国語の発音を学ぶための記号になっている。しかし、上の（A）と（B）はどちらも中国語であり、表記方法が異なるだけで、それ以外ではまったく等価のものであると考えるべきなのである。

中国語を本来の表記方法である漢字で表す場合には、いわば原稿用紙のます目に漢字をうめるように書けばよいが、ピンインで表す場合には、適当に「分かち書き」しなければならない。ピンインの「分かち書き」も「規範化」が求められる問題の1つである。

実際、中国語の文やフレーズをピンインで表記しようとすると、様々な困難にぶつかる。「中国語 常用軽声語辞典」の用例のピンイン表記は原則として、中国で1988年に発表された『漢語拼音正詞法基本規則』[注1]に従った。ただし、『漢語拼音正詞法基本規則』は原則的な規則であり、実際に運用してみると不明な点が多く現れる。「中国語 常用軽声語辞典」の用例のピンイン表記に違和感を覚える学習者もいるかもしれないが、『漢語拼音正詞法基本規則』に基づきつつも、筆者なりにこれまで考えてきたことを実践したつもりである。その点についてはこ

の文章の中でも随時述べた。また，任意的軽声についてはできるだけ本来の声調で示す方針をとった。任意的軽声について，学習者はまず非軽声の発音を覚え，その後で軽声で発音してもよいと考えていただきたい。

筆者は1977年に中国語を学び始めたが，かなり多くの語を軽声語として学んだ記憶がある。例えば，"错误""分析""干净""面积""批评"などを筆者は長らく軽声語だと思い込んでいた^(注2)。『現代漢語詞典』によれば，これらはすべて非軽声語である。実際にはこれらの語を軽声で発音する中国人も存在するが，「普通話」は「規範化」の方向に進むべきものである。「中国語 常用軽声語辞典」作成に当たって，ある語の軽声・非軽声に関しては『現代漢語詞典』を基本的に「規範」としたが，軽声語の減少傾向を踏まえて，あえて従わなかったものもある。

また，中国語の漢字表記も「規範化」されなければならないものである。本書では，中国語の漢字表記に関しては『現代漢語規範詞典』^(注3)に従った。

例えば，"比划 bǐ·huà"を『現代漢語詞典』第6版で調べると「"比画"に同じ」とあり，品詞や意味・用例に関しては"比画"の項を見ることになる。しかし，『現代漢語規範詞典』で"比画"を調べると「現在，一般に"比划"と書く」とある。そのほかにも，『現代漢語規範詞典』では漢字表記に関して「現在，…と書くのが規範的である」「…と書くのは適当でない」「…と書いてはいけない」という表示が細かに施されていて，学習者には分かりやすい。「中国語 常用軽声語辞典」の見出し語の漢字表記は『現代漢語規範詞典』が推奨するものを用い，許容される漢字表記を（ ）内に示した。また，「…と書くのは適当でない」「…と書いてはいけない」とするものは採用しなかった。その結果，「中国語 常用軽声語辞典」の見出し語の漢字表記は，『現代漢語詞典』のそれと異なるものも若干ある。

本書を作成しながら，「普通話」において軽声語が減少していることを強く感じた。「中国語 常用軽声語辞典」には絶対的軽声語を約600語，任意的軽声語を約200語収録したが，これ

らの軽声語が近い将来，非軽声語に変わる可能性もある。もちろん，非軽声語が将来，軽声語に変わる可能性もある。言葉は変化する。軽声語の今後の動向に注目を続けたい。

(注1)《汉语拼音正词法基本规则》。「参考文献」に挙げた《新华拼写词典》《国家语言文字政策法规汇编 (1949-1995)》《汉语拼音词汇 (1989年重编本)》《汉语拼音方案基础知识》《语言文字规范使用指南》《多功能汉语拼音词典》《语言文字规范手册第四版》などに収録されている。

(注2) その他に筆者が軽声語として学んだものに"太阳"がある。『現代漢語詞典』第6版で"太阳"は非軽声語から任意の軽声語に改訂された。現在，"太阳"を含めてここに挙げた語を軽声語とする辞典はほとんどないが，ただ2010年発行の《现代汉语学习词典》ではこれらの語をすべて任意の軽声語としている。

(注3)《现代汉语规范词典第2版》。

参考文献

《现代汉语词典第2版》，中国社会科学院语言研究所词典编辑室，商务印书馆，1983年1月。

《现代汉语词典修订本》，中国社会科学院语言研究所词典编辑室，商务印书馆，1996年7月。

《现代汉语词典2002年增补本》，中国社会科学院语言研究所词典编辑室，商务印书馆，2002年5月。

《现代汉语词典第5版》，中国社会科学院语言研究所词典编辑室，商务印书馆，2005年6月。

《现代汉语词典第6版》，中国社会科学院语言研究所词典编辑室，商务印书馆，2012年6月。

《现代汉语词典补编》，中国社会科学院语言研究所词典编辑室，商务印书馆，1989年4月。

《现代汉语小词典》，中国社会科学院语言研究所词典编辑室，商务印书馆，1980年6月。

《现代汉语小词典修订本》，中国社会科学院语言研究所词典编辑室，商务印书馆，1999年12月。

《现代汉语小词典第4版》，中国社会科学院语言研究所词典编辑室，商务印书馆，2004年7月。
《实用现代汉语语法（增订本）》，刘月华、潘文娱、故铧，商务印书馆，2001年5月。
《现代汉语语音答问》，曹文，北京大学出版社，2010月6月。
《新华拼写词典》，商务印书馆辞书研究中心，商务印书馆，2002年1月。
《现代汉语八百词（增订本）》，吕叔湘主编，商务印书馆，1999年1月。
《新华正音词典》，商务印书馆辞书研究中心，商务印书馆，2002年1月。
《语法讲义》，朱德熙，商务印书馆，1982年9月。
《国家语言文字政策法规汇编（1949-1995）》，语文出版社，1996年3月。
《汉语拼音词汇（1989年重编本）》，《汉语拼音词汇》编写组，语文出版社，1991年1月。
《汉语拼音方案基础知识》，周有光，语文出版社，1995年6月。
《语言文字规范使用指南》，李行健、费锦昌，上海辞书出版社，2001年7月。
《多功能汉语拼音词典》，吴欣欣、管锡华主编，书海出版社，2001年8月。
《语言文字规范手册第四版》，语文出版社，2006年4月。
《现代汉语学习词典》，商务印书馆辞书研究中心，商务印书馆，2010年8月。
《现代汉语规范词典第2版》，李行健主编，外语教学与研究出版社，2010年5月。
《普通话的轻声和儿化》，鲁允中，商务印书馆，1995年5月。
《普通话轻声词儿化词汇编》，王群主编，上海教育出版社，1999年1月。
《普通话水平测试指南》，北京市语言文字工作委员会，北京出版社，2001年3月。
〈《现代汉语词典》第5版轻声处理评析〉，朱宏一，《中国语文》2008年第6期。
『中国語軽声辞典』，香坂順一，光生館，1989年10月。
「揺れている軽声語彙」，上野惠司，『中国語の環』第92号，『中国語の環』編集室，2013年1月。
「辞書の記述をめぐって 第六五回『現代漢語詞典』第6版を読む

(一)」,荒川清秀,『東方』379,東方書店,2012 年 9 月。

「『現代漢語詞典』をめぐって 第一回 軽声・儿（アール）化について」,荒川清秀・三宅登之・遠藤雅裕,『東方』385,東方書店,2013 年 3 月。

「中国語の拼音表記について ―《汉语拼音正词法基本规则》をめぐって―」,小川郁夫,『名古屋大學中國語學文學論集』第七輯,1994 年 9 月。

「《现代汉语词典》と《现代汉语词典修订本》における軽声語の扱いの変化について」,小川郁夫,『下関市立大学論集』第 41 巻第 3 号,1998 年 1 月。

「中国語のピンイン表記に関するいくつかの問題」,小川郁夫,『福岡国際大学紀要』第 1 号,1999 年 3 月。

「中国語教育用『ピンイン正書法基本規則』」,小川郁夫,福岡国際大学紀要第 4 号,2000 年 7 月。

「中国語教科書での軽声語とアル化語の扱いについて」,小川郁夫,『日本の中国語教育 ―その現状と課題・2002―』,日本中国語学会中国語ソフトアカデミズム検討委員会編,日本中国語学会,好文出版,2002 年 3 月。

「軽声語と中国語教育」,小川郁夫,『福岡国際大学紀要』第 10 号,2003 年 7 月。

「軽声の規範化について」,小川郁夫,『福岡国際大学紀要』第 12 号,2004 年 7 月。

「《现代汉语词典》における軽声語とアル化語」,小川郁夫,『福岡国際大学紀要』第 16 号,2006 年 7 月。

「中国語辞典における"ＡＡＢＢ"型フレーズについて」,小川郁夫,『福岡国際大学紀要』第 20 号,2008 年 8 月。

「ピンイン表記に関する一考察 ―軽声と「分かち書き」を中心として―」,小川郁夫,『名古屋大學中國語學文學論集』第二十三輯,2011 年 12 月。

「《现代汉语词典》第 6 版における軽声語」,小川郁夫,『福岡国際大学紀要』第 30 号,2013 年 9 月。

著者

小川郁夫（福岡国際大学）
張　科蕾（青島大学）

中国語 常用軽声語辞典

2014 年 4 月 1 日　初版印刷
2014 年 4 月 8 日　初版発行

著　　者	小川郁夫・張科蕾
発 行 者	佐藤康夫
発 行 所	白帝社
	〒 171-0014　東京都豊島区池袋 2-65-1
	電話　03-3986-3271
	Fax　03-3986-3272（営）／03-3986-8892（編）
	info@hakuteisha.co.jp
	http://www.hakuteisha.co.jp
印　　刷	倉敷印刷（株）
製　　本	若林製本所
編集・組版	加藤浩志（木曜舎）

Printed in Japan〈検印省略〉6914
ISBN 978-4-86398-160-7
Ⓒ OGAWA IKUO, ZHANG KELEI
＊定価はカバーに表示してあります